Gefangen
im Netz der
Dunkelmänner

Für Christoph Seite

Freiheit, mein Stern,
Nicht auf den Himmelsgrund gezeichnet,
Über den Schmerzen der Welt
Noch unsichtbar
Ziehst du die Bahn
Am Wendekreis der Zeit.
Ich weiß, mein Stern,
Dein Licht ist unterwegs.

Peter Huchel

Berndt Seite, Annemarie Seite, Sibylle Seite

Gefangen im Netz der Dunkelmänner

Ein Gespräch von Berndt, Annemarie und Sibylle Seite mit dem fiktiven Gesprächspartner Klaus Feld über die Akten, die das MfS über die Familie Seite angelegt hatte

Inhalt

Vorwort 6

Die Gesprächspartner 7

Der Angriff des MfS 9

Die Familie und das Leben in der DDR ... 14

Die Werbung zum IM 17

Die OPK »Prediger« 29

Beruf Tierarzt 37

Die Kreistierärzte 53

Tierarzt im System 60

Umweltaktivitäten 61

Aktion »Schwalbe« 62

Die DDR – ein Staat von Spitzeln – Die Schuldfrage .. 66

Das MfS bleibt dran – Prediger ist ein Feind – Bericht von Sibylle Seite 68

Kirche – Die IM im kirchlichen Dienst – Auftreten in der Synode 72

Abteilung Inneres des Rates des Kreises – Disziplinierung 80

Gesundheit – IM in freier Praxis 82

Die Informellen Mitarbeiter 83

Reisen – Neue Bekannte 94

Sibylle darf nicht Germanistik studieren 98

Reise nach Boston 109

Der IM »Etzdorf« 110

Sibylle und die IM 118

Die Ständige Vertretung der Bundesrepublik Deutschland in der DDR (StäV) 124

Die Disziplinierung durch die Offiziere des MfS in Klink 128

Die Telefonüberwachung 136

Konterrevolutionär – Schule für Zivilverteidigung 142

Umweltaktivitäten – Das Leben des IMB »Hans Habicht« 144

Komplex B-Punkt 152

Aktion »Eisentür« 153

IM »Hans Habicht« 1989 – Charakter der Demonstrationen 162

Beginn der politischen Arbeit – Landratsamt 166

Die Überprüfungspraxis für den öffentlichen Dienst auf IM-Tätigkeit 168	Entschuldung und Schlussstrich? 199
Die SED macht u. a. die Treuhand als einen Schuldigen aus 170	Einzeltäter-Nachweis – Die SED-Mitglieder – Die Aufarbeitung der Vergangenheit 200
Verband der Tierärzte 172	Sind Sie glücklich? 203
Hader mit dem Rechtsstaat? 177	Reden vom Kommunisten – Kennen Sie nur die Farbe Schwarz-Weiß? 204
Die Familie sollte »zersetzt« werden – die IM tragen Mitschuld 180	Die Ständige Vertretung und die friedliche Revolution 205
Erfüllen die IM einen Straftatbestand? Lügen die Akten? Zeigen die IM Reue? 182	Tätige Reue der IM – Geht von ihnen noch eine Gefahr aus? Zu den Intellektuellen der DDR – Die Gesellschaft lebt von der Partizipation der Bürger 207
Die permanente Akteneinsicht – Wende gefällt mir nicht – Was blieb von der Revolution? 185	
Ost-Ministerpräsidentenkonferenz zur Aufhebung der Kappung von Rentenobergrenzen für systemnahe Kader 187	Das Ende des MfS, aber nicht das Ende der Verdächtigungen 209
Die DDR – ein Unrechtsstaat? 189	25 Jahre nach dem Fall der Mauer: Gibt es einen Stimmungsumschwung? 213
NVA-Soldat – Die Lex Kohl – Wie gehen spätere Generationen mit dem Thema Stasi um? 191	Resümee und Ausblick 215
DDR-Intellektuelle nach dem Mauerfall – Gauck und die Freiheit 193	Anhang 220
	Impressum 224
Kann man sich in die Rolle eines IM versetzen? .. 194	
Eigene Betrachtungsweise der Akten 196	

Vorwort

Deutschland erlebte im 20. Jahrhundert zwei Diktaturen. Die Nationalsozialisten gelangten 1933 durch reguläre Wahlen an die Macht, die Kommunisten putschten sich nach dem Ende der Hitler-Diktatur mit Hilfe der Sowjetunion in der Sowjetischen Besatzungszone an die Staatsspitze. Beide Diktaturen spannten ein Terrornetz über das Volk. Die Nazis töteten Hunderttausende ihrer politischen Gegner, versklavten und verschleppten unzählige Menschen, ermordeten 6 Millionen Juden. Die russische Besatzungsmacht verbrachte mit Hilfe der Kommunisten bis 1953 viele Nazis, Mitläufer, Denunzierte und politisch Andersdenkende oft in die Lager, in denen vorher die Nazigegner saßen. Nationalsozialisten und Kommunisten haben auch gemeinsam vor 1933 die erste deutsche Republik entschieden bekämpft. Ihr Ziel war es, die »Systemzeit« zu beenden, um ihre Ideologie in einem von ihnen beherrschten Staat zu installieren.

In Diktaturen gehören der Terror und die Ausschaltung von politischen Gegnern zum Handwerkszeug. Diese Maßnahmen sind systemimmanent, denn ohne sie ist eine Diktatur nicht aufrechtzuerhalten. Der folgende Text beleuchtet anhand der Akten des Ministeriums für Staatssicherheit (MfS) der ehemaligen DDR über Berndt, Annemarie und Sibylle Seite die Vorgehensweise der Diktatur, bei ihrem Versuch, die Familie zu disziplinieren und schließlich »zu zersetzen«. Nur der Mauerfall verhinderte das.

Demokratien sind fragile gesellschaftliche Konstruktionen, die zerbrechen, wenn sie von den Bürgern nicht getragen werden, daher sind Demokratien Dauerbaustellen, auf denen ständig gearbeitet werden muss.

Berndt Seite und seine Familie möchten sich die »Stasi« von der Seele schreiben, um nicht ein Leben lang mit der DDR-Diktatur konfrontiert zu bleiben. Der Text soll einen Beitrag zur Aufarbeitung der SED-Diktatur leisten. Das Gespräch befasst sich mit den Aufzeichnungen des MfS während der DDR, der Zeit nach dem Mauerfall und als Berndt Seite Ministerpräsident von Mecklenburg-Vorpommern war. Die Kommentierungen der historischen Vorgänge, der politischen Situation, geben die Meinung der Gesprächspartner wieder.

Die Gesprächspartner

Christoph, Sibylle, Annemarie und Berndt Seite (2015)

Dr. Berndt Seite

Geboren 1940 in Schlesien. Er studierte Veterinärmedizin an der Humboldt-Universität Berlin und praktizierte danach 25 Jahre als Tierarzt in Mecklenburg. Nach dem Mauerfall wurde er Landrat, Generalsekretär der CDU von Mecklenburg-Vorpommern und Ministerpräsident des Bundeslandes. Seit seinem Ausscheiden aus dem Amt hat er mehrere Bücher geschrieben.

Dr. Annemarie Seite

Geboren 1939 in Stralsund. Nach dem Abitur studierte sie Veterinärmedizin an der Humboldt-Universität Berlin und praktizierte anschließend bis 1990 als Tierärztin im Landkreis Röbel/Müritz. Sie ist verheiratet mit Berndt Seite. Das Ehepaar hat zwei erwachsene Kinder. Nach dem Mauerfall amtierte sie 19 Jahre als ehrenamtliche Bürgermeisterin ihres Heimatdorfes Walow. Zwei Jahre war sie Abgeordnete im Landtag von Mecklenburg-Vorpommern und vier Jahre Amtsvorsteherin des Amtes Malchow Land (Mecklenburg).

Sibylle Seite

Geboren 1966 in Malchow/Mecklenburg. Nach dem Abitur bekam sie keinen Studienplatz für das Fach Germanistik. Zwei Jahre arbeitete sie als Sekretärin in Berlin und studierte anschließend Deutsch und Englisch an der Humboldt-Universität Berlin. 1989 flüchtete sie nach Westdeutschland, studierte in Bonn, war Hilfslehrerin in England und kehrte dann an die Berliner Universität zurück, an der sie ihr Studium abschloss. Sie ist Studiendirektorin und unterrichtet Deutsch, Englisch und Darstellendes Spiel an einem Gymnasium in Berlin.

Der Angriff des MfS

Klaus Feld:
Herr Dr. Seite, können wir uns für den Ablauf des Gesprächs auf eine bestimmte Reihenfolge einigen, um die Dinge transparenter zu gestalten?

Berndt Seite:
Vielleicht beginnen wir mit dem Anwerbeversuch für eine Tätigkeit als IM (Informeller Mitarbeiter) und fahren mit dem ersten Maßnahmeplan des MfS fort, also mit der »Operativen Personenkontrolle« (OPK) »Prediger«. Und dann sollten wir den Aufzeichnungen in den Akten folgen, damit der Leser das Seil der Ereignisse in der Hand behält.

Klaus Feld:
Und dann weiter bis zur Auflösung des MfS?

Berndt Seite:
Ja, die Schilderung der Abfolge der Ereignisse ist wichtig, da sie die Entwicklung und den Untergang der DDR sichtbar macht. Wir sollten auch Schwerpunkte setzen, z.B. wie sich meine Vorgesetzten verhielten, welche Rolle der »Verband der Tierärzte in der DDR« (VdT) spielte oder unsere Kontakte zur »Ständigen Vertretung der Bundesrepublik Deutschland« in der DDR (StäV). Wichtig ist mir auch, die Aktivitäten einzelner IM zu beleuchten. Nach der Auflösung des MfS 1990 hatte ich mit dem »Erbe« weiter zu tun. Als Ministerpräsident war ich besonders davon betroffen. Zu Ende ist das Thema nie. Es wird sich im Verlauf des Gesprächs nicht vermeiden lassen, dass bestimmte Probleme, Ansichten und Aussagen sich wiederholen, weil viele Dinge miteinander verwoben sind. Und vergessen Sie nicht, auch wenn nach so langer Zeit einige Begebenheiten von uns locker erzählt werden, so waren sie damals bitterer Ernst, denn die Diktatur ließ nicht mit sich spaßen!

Klaus Feld:
Die Akte des MfS über Sie, Ihre Frau und Ihre Tochter ist sehr umfangreich. Aus fast 6.000 Seiten besteht das Konvolut. Über 40 IM haben über Ihre Familie geschrieben oder wurden an sie herangeführt.

Berndt Seite:
Die Deutschen sind Meister im Führen von Akten. Da geht es um Maßnahmepläne, um uns eine staatsfeindliche Tätigkeit nachzuweisen; um Fallen, die sie uns stellten, um Berichte der IM, »Einschätzungen«, Durchleuchtung unserer Verwandtschaft, Freunde, Bekannten; Mitschnitte von Reden, Telefonabhörungen, Kontrollen unseres Postverkehrs, Quittungen über ausgezahlte Geldbeträge an Informanten, Fotos, »Lagefilme«, Ablichtungen aus unseren Personalakten, Zeugnisse, Psychogramme etc. Sie wollten alles über unser Leben wissen.

Klaus Feld:
Wie haben Sie das verkraftet?

Berndt Seite:
Schwer, meine Frau noch schwerer. Und meiner Tochter ist dieser unerträgliche Vorgang erst jetzt beim Buchprojekt bewusst geworden. Sie war damals noch so jung und hoffnungsvoll. Es ist vorbei, aber vergessen werde ich das nie.

Klaus Feld:
Herr Seite, ist es nicht problematisch, sich an eine Zeit zu erinnern, die über 30 Jahre zurückliegt?

Berndt Seite:
Ja, wer in der Gegenwart von der Vergangenheit erzählt, hat es schwer, diese Zeit zu überbrücken. Man pendelt ständig zwischen Tatsachen, Bezichtigungen, eigenen Positionen und Vergessen hin und her. Historiker betrachten die Berichte von Zeitzeugen deswegen kritisch. Man muss sich bei anderen Menschen vergewissern, um nicht ins historische Abseits zu gleiten. Schwierig wird es für mich auch, der Tendenz zu begegnen, »*historische Prozesse nach*

heutigen moralischen Maßstäben zu beurteilen« (Gordon Craig). Das ist auch die entscheidende Frage bei der Beurteilung der Ereignisse in der DDR, speziell des Wirkens des MfS.

Klaus Feld:
Wenn Sie dieses Gespräch veröffentlichen, könnte man Ihnen dann unterstellen, dass Sie sich an Personen aus ihrer Vergangenheit rächen wollten?

Berndt Seite:
Rache ist ein Kriterium, das im niederen Bewusstsein des Menschen angesiedelt ist, also archaisch, obwohl es in bestimmten Kulturen bis weit in die Neuzeit Konjunktur hat. Rache passt nicht zu unserer Welt, die sich noch immer auf dem Weg der Aufklärung befindet. Heute versuchen wir Unrecht und Vergehen gegen die Menschlichkeit auf andere Weise aufzuarbeiten. Vor dem Internationalen Gerichtshof zittern jetzt viele, die gegen die Menschenrechte verstoßen haben. Die Diktatoren können sich nicht mehr sicher fühlen. Ich hege in meinem Fall keine Rachegefühle, obwohl ich nicht frei von Zorn bin.

Klaus Feld:
Ist ein Teil des Zorns auch, dass Sie die Namen der IM veröffentlichen?

Berndt Seite:
Ich habe lange gezögert und mich beraten lassen, ob ich sie veröffentliche, denn noch immer lebe ich mit einigen zusammen. Hätte – bitte sehen Sie mir diesen Allgemeinplatz nach – die DDR noch existiert und meine Familie und ich wären am Ende endgültig von der Macht zerstört oder im Jargon der Stasi *zersetzt* worden, wäre nie bekannt geworden, welchen Beitrag die IM zu unserem Untergang geleistet hatten. Informelle Mitarbeiter der Staatssicherheit waren Menschen, die in den Kulissen der Gesellschaft standen und auf die Nachtsonne warteten, damit sie wenigstens einmal ihre dunklen Gesichter erhellt. Sie besaßen keinen Schatten. Ich gebe, wie Peter Schlemihl in der Erzählung »Der Mann ohne Schatten«, den IM ihren Schatten zurück, den die Diktatur eingezogen hatte. Jetzt kann jeder Mensch sehen, wer diesen Stasi-Schatten besaß. Das gehört zur historischen Wahrheit, das bin ich den Tausenden Opfern der Diktatur auch schuldig. Meine Sympathien und Antipathien muss ich in unserem Gespräch nicht verbergen.

Klaus Feld:
Aber nun doch die Klarnamen?

Berndt Seite:
Die Klarnamen gehören dazu, denn viele Menschen wollen wissen, wer zu den Informanten gehörte, die das System vorsätzlich, aber geheim stützten. Mir ist wichtig, an den Texten das System der DDR-Diktatur zu zeigen, denn öffentlich gerierten sich die Machthaber, humanistisch zu handeln. Im Kern glich die DDR-Diktatur jeder anderen Diktatur, nur war sie an keinen Kriegshandlungen gegen den Westen beteiligt. Ich weiß auch um die tödliche Macht des öffentlichen Wortes, aber ich rede nicht falsches Zeugnis wider meinen Nächsten, wie es das achte Gebot fordert. *»Früher kannten sie unsere Namen – und jetzt nennen wir ihre Namen«* (Jürgen Fuchs).

Klaus Feld:
Bleibt da nicht doch ein fader Beigeschmack zurück?

Berndt Seite:
Noch einmal: Meiner Familie ist nicht daran gelegen, unsere Mitmenschen zu demütigen, zu beleidigen oder über sie den Stab zu brechen. Sie sind aber Teil der Akten und damit in einen historischen Prozess eingebunden, der Gegenstand der Erörterung bleibt. Sie aus dem Prozess zu entlassen, würde unserem Gespräch nicht gerecht werden.

Klaus Feld:
Ist die Beschäftigung mit den Stasi-Akten inzwischen nicht eine Angelegenheit von Spezialisten geworden? Ich habe den Eindruck, in der breiten deutschen Öffentlichkeit ist das kein Thema mehr.

Berndt Seite:
Den Eindruck kann man gewinnen, da immer öfter Debatten in der Öffentlichkeit nicht mehr in der intellektuellen Auseinandersetzung mit der Realität geführt werden, *»sondern als kalkulierte Kampagnen, die in*

immer kürzerer Folge in Redaktionsstuben ausgeheckt und dann wie Säue durch das massenmediale Diskursdorf getrieben werden« (Gundolf S. Freymuth). Zum einen ist die Beschäftigung mit den Akten des MfS mehr eine Angelegenheit der Bewohner der ehemaligen DDR. Das liegt in der Natur der Sache. Wer selten mit so einem Sachverhalt konfrontiert wurde, wie die Westdeutschen, den interessiert das Thema kaum. Zum andern: In den neuen Bundesländern ist das Interesse an der Akteneinsicht ungebrochen. Jetzt fragen die Kinder und Enkel der Bespitzelten nach und suchen nach Antworten in den Akten. Das ist sehr positiv, denn es ist von gesamtgesellschaftlicher Bedeutung aufzuzeigen, welche Gefahr der Demokratie droht, wenn die Bürger sich nicht für ihr System einsetzen. Die ehemaligen Täter haben ein Interesse, dass dieses Thema dem Vergessen anheimfällt, denn Ähnliches geschah nach 1945 auch.

Klaus Feld:
Aus dem Jahr 1989 gibt es ein Papier, das den Angriff des MfS gegen Ihre Familie dokumentiert.

Berndt Seite:
Es ist ein handschriftlich verfasstes Papier mit der Überschrift *»Persönlichkeitseinschätzung von Dr. Seite«*. Unter der Rubrik *»Zielstellung der operativen Bearbeitung«* wird vermerkt: *»Die op. B.(Bearbeitung) v. S.(Seite) als feindlicher Stützpunkt mit dem Ziel der Maßnahmen der Zersetzung den Stützpunkt zu liquidieren. Realisierung und Eingrenzung des Aktionsradius von S.(Seite), ideologische Beeinflussung von Dr. Seite durch Schaffung von Konflikten und Widersprüchen zu M.(Mitarbeitern) der STÄV, Vertretern der Kirche, insbesondere zu Bischof Stier und seinen Anhängern, Einleitung eines langfristigen Gewinnungsprozesses durch eine langfristige op. Kombination. Einbeziehung, Ausbildung der Kinder für Gespräche über zuständige Stellen nutzen.«* Das war der permanente Ansatz des MfS, um uns endgültig zur Strecke zu bringen. Eigentlich könnten wir schon jetzt das Gespräch beenden.

Klaus Feld:
Herr Seite, welches Gefühl hatten Sie, als Sie Ihre Stasi-Akten das erste Mal sahen? Ich kann mir vorstellen, dass dies ein besonderer Augenblick war. Schwang da nicht ein Stück Genugtuung mit, die Diktatur besiegt zu haben?

Berndt Seite:
Als ich die Akten sah, flogen die Erinnerungen heran, so spitz, dass sie mir das Zwerchfell durchbohrten; es tat weh und mir verging das Lachen. Was vorher war, ist nicht ausgelöscht, sondern liegt bleiern in der Kiste der Erinnerung. Du schaust im Leben nur noch einmal hinein, hatte ich mir geschworen. Und das geschieht jetzt.

Klaus Feld:
Und dann war die Erinnerung böse Gegenwart?

Berndt Seite:
Nachdem sich unsere Gruppe am 5. Dezember 1989 Zugang zur Kreisdienststelle des Ministeriums für Staatssicherheit in Röbel/Müritz verschafft hatte – ich habe darüber in meiner Erzählung »Weißer Rauch« geschrieben – gelangten wir nach Stunden des Wartens in den Raum, in dem die Stasi-Mitarbeiter die Akten aufbewahrt hatten wie Räuber ihre Schätze. Als ich dann vor den Akten stand, war ich enttäuscht.

Klaus Feld:
Und warum enttäuscht?

Berndt Seite:
Bei mir hatte sich eine große Erwartungshaltung aufgebaut. Ich stellte mir vor, einen Tresor zu betreten, in dem dieser unbekannte Schatz liegt. Den wollte ich heben. Und dann war es kein Tresor, sondern ein Raum, der so miefig, piefig eingerichtet war wie die meisten öffentlichen Räume in der DDR. Die Wände waren mit grünen Vorhängen verhüllt, und als wir gespannt warteten, zog der Leiter wie ein Zauberer einen der Vorhänge zurück, um dem staunenden Publikum das Kaninchen zu zeigen, das er aus dem Hut gezaubert hatte. Wir sollten Reihen von Hängeakten bestaunen, die in Packpapier eingewickelten Speckseiten glichen. Ich war enttäuscht, so banal hatte ich mir das nicht vorgestellt. Und der »Zauberer« trug auch kein glitzerndes Wams, sondern diese bekannte Arbeiterjoppe, die auch der Schauspieler

Günter Simon in dem SED-Zweiteiler »Ernst Thälmann« trug. Nicht anfassen, sagte der Leiter, die Akten unterliegen dem Dienstgeheimnis.

Klaus Feld:
Und Sie haben sich mit dieser Aussage abspeisen lassen, obwohl Sie sich als Revolutionäre fühlten?

Berndt Seite:
Der Revolutionsbegriff wurde erst später erfunden, der friedliche dazu. Niemand wusste, was beim Sturz des DDR-Regimes geschehen würde. Wir haben getan, was wir für richtig hielten. Unser Anliegen war, Missstände im System abzubauen, obwohl wir wussten, dass die Missstände systemimmanent waren. Aber immer begleitete uns die Angst, nicht zu erreichen, was wir erstrebten. Ich dachte so. Was meine Mitstreiter bewegte, wusste ich nicht genau. An die Einheit Deutschlands habe ich nicht gedacht, denn in der DDR befanden wir uns in einer Art Geiselhaft, einem Faustpfand der Russen im Kalten Krieg. Das prägte. Wir standen einem Gegner gegenüber, dem wir auch den Einsatz von Waffen zutrauten. So ähnlich handelten die chinesischen Machthaber einige Monate vorher auf dem Platz des Himmlischen Friedens in Peking. Egon Krenz lobte deren Handeln damals. Ich wollte in so einem Konflikt nicht umkommen. An meinem Leben lag mir viel, und ich dachte: Hoffentlich dreht so ein Stasi Mann nicht durch und zieht seine Waffe, als wir später in die Dienststelle des MfS gelangten. Irgendwie standen die Stasi-Männer da wie falsch angezogene Westernhelden, nur die Pistolen in ihrem Hosenbund waren modern und erinnerten mich an die Colts der Filmfiguren. Dass unsere Gegner so geschwächt waren und um ihr eigenes Leben fürchteten, wussten wir damals nicht, daher hielt auch unsere Sicherheitspartnerschaft nach dem Motto: Tut ihr uns nichts, dann tun wir euch auch nichts. Glauben Sie mir, mit uns »unsicheren Kantonisten« hätte die Diktatur ein ganz anderes Spiel aufgezogen, wenn ihr Ende nicht so schnell gekommen wäre.

Klaus Feld:
Und Sie, Frau Dr. Seite, wie empfanden Sie die Situation?

Annemarie Seite:
Bei der Besetzung der Dienststelle des MfS in Röbel/Müritz war ich nicht dabei. Es war später Vormittag und ich hatte in meiner Praxis zu tun, auch Arbeiten für meinen Mann zu erledigen, denn der war ja in Sachen Revolution unterwegs. So merkwürdig es heute klingt: Zwar zeichneten sich weltbewegende Ereignisse ab, aber »unsere Revolution« fand nur nach Feierabend statt. Keiner von den »noch Mächtigen« sollte uns vorwerfen können, wir würden unsere Arbeit vernachlässigen. Diesen Vorwand wollten wir denen nicht liefern. Unser Arbeitsethos stand über allen Anliegen der Revolution. Die Deutschen veranstalten schon seltsame Revolutionen, unsere war eine davon.

Klaus Feld:
Hatten Sie auch Angst, als Ihr Mann sich auf den Weg machte?

Annemarie Seite:
Natürlich, denn die Seele wird ständig von der Angst bedrängt. Angst sorgt für Misstrauen und Einsamkeit, das haben wir auch erfahren. Die Diktatur hat die Angst instrumentalisiert und damit vorsätzlich eine Angstkulisse aufgebaut. Das zeigte auch Wirkung, weil der Mensch danach hart und auch unerbittlich gegen sich selbst und gegen andere wurde. Der Begriff »Angstbeißer« kommt daher, um es einmal mit tierärztlichen Worten zu sagen. Aber die Angst kann man auch bekämpfen, indem man sich ein Umfeld schafft, in dem es freundlich und offen zugeht. Das haben wir im Zusammenleben mit unseren Freunden und Bekannten versucht. Zum Teil ist uns das gelungen, aber nicht ganz.

Klaus Feld:
Sie hatten auch Angst vor der Zukunft?

Annemarie Seite:
Ja, wenn Sie wie in einem Kerker leben, dann immer. Dort versuchten die Aufseher, um im Bild zu bleiben, ständig zu bestimmen, was und wie wir zu denken hatten. Und kein Ende war abzusehen! Ich befand mich ständig in einem Wechselbad der Gefühle; einmal, sobald meine Gedanken euphorisch große Schritte machten, und schließlich, wenn mich Niedergeschlagenheit befiel und ich mich wie auf Bleisohlen durch den Tag schleppte.

Klaus Feld:
Sie haben dann nach dem Fall der Mauer in Neubrandenburg, in der Außenstelle »des Bundesbeauftragten für die Stasiunterlagen« (BStU), die Akten lesen dürfen. Was hatten Sie da für ein Gefühl?

Annemarie Seite:
Das war eine andere Situation als 1989. Wir hatten gewonnen, die DDR gab es nicht mehr, und meine Heimat Mecklenburg-Vorpommern war jetzt Teil der Bundesrepublik Deutschland. Endlich war es so weit, und die Einheit hatte uns Flügel beschert. Als ich mit meinem Mann Ende 1992 in den Akten las, war es nicht die Neugier, die uns nach Neubrandenburg führte, sondern der Vorwurf des Landtagsabgeordneten der CDU, Diederich, mein Mann, der Ministerpräsident, hätte für östliche und westliche Geheimdienste spioniert. Unter dem Aspekt dieser Anschuldigungen lasen wir die Akten, schnell und oft quer, ob irgendwo Anzeichen dafür vorlagen. Wir wussten, dass dies nicht zutraf, aber gegenüber der Öffentlichkeit zählte das nicht. Leider war es damals so, dass jeder Ostdeutsche, der in dem neuen Staat ein höheres Amt bekleidete, unter Generalverdacht stand, Zuträger der Stasi gewesen zu sein. Genährt wurde dieser Verdacht durch spektakuläre Enthüllungen wie bei Wolfgang Schnur, Ibraim Böhme und anderen. Um sich von dem Verdacht zu befreien, lag die Beweislast beim Beschuldigten, und das war das Fatale.

Klaus Feld:
Später gab es noch ein Ereignis, das Sie bis heute belastet?

Annemarie Seite:
Ja, das war 1993 der Auftritt der zwei Mitarbeiter der Stasiunterlagenbehörde Neubrandenburg vor der Fraktion der CDU im Landtag von Mecklenburg-Vorpommern, der ich zwei Jahre angehörte. Die beiden Mitarbeiter der Behörde sollten den Mitgliedern der Fraktion anhand der Akten unser vergangenes Leben in der DDR erklären. Mein Mann hatte sich für diesen Schritt entschieden, um endgültig die Verdächtigungen gegen seine Person ausräumen zu lassen. Die Mitarbeiter taten nur ihre Pflicht, aber der Vorgang an sich hat mich tief verletzt. Es war so, als würde der Vorhang von dreißig Jahren Zusammenleben zur Seite gezogen, und wir standen wie nackt da. Ich war entsetzt, unser Leben vor fremden Menschen ausgebreitet zu sehen, damit mein Mann politisch überleben konnte. Ich empfand die gesamte Veranstaltung als eine Zumutung und wollte sie verlassen. Nur raus hier! Nur fort von hier! Sieh dich nicht um! rief es in meinem Inneren. Doch ich blieb, wegen meines Mannes. Ich fühlte, nun hat uns die Diktatur doch noch erreicht, um uns zu zerstören.

Klaus Feld:
Herr Seite und wie empfanden Sie den gesamten Vorgang?

Berndt Seite:
Anders als meine Frau, denn ich hatte es so gewollt, um mit einem Befreiungsschlag politisch zu überleben. Ich war mir meiner Sache sicher und nutzte die Veranstaltung dazu, meine Widersacher in der Fraktion in die Schranken zu weisen, indem ich den Ausschluss des Diederich forderte. Keiner aus der Fraktion wagte es, gegen den Ausschluss zu stimmen. Vielleicht hatten die Mitglieder der Fraktion gemerkt, dass die Gemeinheit nicht nur dadurch entsteht, dass man sie tut, sondern dass man sie gewähren lässt. Ich hatte eine entscheidende Machtprobe gewonnen, denn auf dem Feld der Systemferne konnte kaum einer in der Fraktion mit mir gleichziehen. Das Konzept meiner Gegner war nicht aufgegangen, mich vielleicht zu stürzen, um selbst ins Amt zu gelangen. Ein Teil der Fraktion und der Fraktionsvorsitzende wollten nie begreifen, dass sie Stütze des eigenen Ministerpräsidenten sein müssen. Wie generell in den »neuen Ländern« am Anfang nach der Wiedervereinigung die Funktionsweise des parlamentarischen Regierungssystems, dass da Regierung und Parlamentsmehrheit gegen die Opposition stehen und nicht die gesamte Volksvertretung der Regierung am Zeug flickt, nicht verstanden wurde. Die Lust zu zündeln, amateurhaft nur an den eigenen Vorteil zu denken, hat später entscheidend zum Machtverlust der CDU in Mecklenburg-Vorpommern beigetragen.

Die Familie und das Leben in der DDR

Klaus Feld:
Herr Seite, wann hatten Sie das erste Mal Kontakt zur Stasi?

Berndt Seite:
Wie bitte? Sie meinen doch die Stasi zu mir, oder? Ich lege Wert auf eine korrekte Wortwahl.

Klaus Feld:
Nein, so habe ich das nicht gemeint.

Berndt Seite:
Mit Mitarbeitern der Staatssicherheit kam ich 1957 als Schüler der Landesschule Pforta in Kontakt. Die Stasi/KGB/NKWD, damals machte meine Familie zwischen diesen Organisationen keinen Unterschied, war mir aus den Erzählungen meiner Eltern bekannt. Mit denen wollte meine Familie nichts zu tun haben. Sobald diese Leute auftauchten, drohten Ende der vierziger Jahre des vergangenen Jahrhunderts Gefängnis oder Verschleppung. Als Schüler der 11. Klasse wurde ich von zwei Mitarbeitern der Staatssicherheit in der Schule, natürlich mit Wissen und Unterstützung der Schulleitung, in Gesprächen gelockt, hauptamtlicher Mitarbeiter zu werden. Die Mitarbeiter des MfS stellten mir in Aussicht, ein Fach meiner Wahl zu studieren, Bezüge zu erhalten und später in den Dienst des Ministeriums zu treten. Ich lehnte ab, denn ich wollte nur eines, Tierarzt werden. Unter Druck wurde ich von den Mitarbeitern nicht gesetzt, als ich mich weigerte, trotzdem hatte ich Angst. Einige Mitschüler traten nach dem Abitur in den Dienst des MfS. Wie viele sich noch als Informelle Mitarbeiter anwerben ließen, ist mir nicht bekannt.

Klaus Feld:
Und dann in Berlin, als Student, einem heißen Pflaster der Spione im »Kalten Krieg«?

Berndt Seite:
Während meines Studiums traf ich nur einmal auf die Stasi, als ich bei einem ausgedehnten Kneipenbummel durch Ost- und Westberlin vor dem Mauerbau auf einen Mitarbeiter traf. Ob der Mann »echt« war, weiß ich nicht. Trotzdem war ich einige Tage danach wie benommen und fürchtete mich, dass der Mann wieder auftauchen könnte. Er kam nicht.

Klaus Feld:
In der alten Bundesrepublik kamen Jugendoffiziere der Bundeswehr in die Schulen, um über Sinn und Zweck der Bundeswehr zu berichten. Stand dahinter nicht eine ähnliche Werbekampagne?

Berndt Seite:
Ich möchte nicht besserwisserisch auftreten, aber in einem demokratischen Rechtsstaat, abgesichert durch parlamentarische Kontrolle, ist eine Verpflichtung unter Druck nicht möglich. Natürlich versuchen auch dort Leute zu tricksen, wenn nicht ausreichend kontrolliert wird. Anders in der DDR. Dort haben die Mächtigen Kinder und Jugendliche mit Vorsatz ihren Häschern ausliefert, um sie zu Spitzeldiensten zu nötigen. Der Direktor meiner Oberschule war so ein williger Helfer und die bis zum Ende der DDR amtierenden Direktoren vermutlich auch. Ich empfinde diese Duldung behördlicher Repressalien in Schulen als einen ungeheuerlichen Vorgang, eine Form von Kindesmissbrauch.

Klaus Feld:
Die Auseinandersetzung mit dem MfS begann, als Sie Mitglied der Synode der Evangelisch-Lutherischen Landeskirche Mecklenburgs wurden. Oder gab es vorher schon während Ihrer beruflichen Tätigkeit Anknüpfungspunkte?

Berndt Seite:
Fast keine. Ich war nur Zuschauer bestimmter Abläufe, wie andere Bürger auch. Es gab in den siebziger und achtziger Jahren im Kreis Röbel/Müritz einige spekta-

kuläre Brände, die Polizei und Stasi in Atem hielten. Es gelang nicht, den oder die Brandstifter zu ermitteln. Eine offizielle Erklärung gab es nie. Vielleicht hatten die Brände auch ganz natürliche Ursachen, aber in Diktaturen gehen die Mächtigen immer von Sabotage aus. Die Sowjets haben mit ähnlichen Anschuldigungen in der Ukraine in den 30er-Jahren des vorigen Jahrhunderts Millionen von Menschen in ihrem Herrschaftsbereich verhungern lassen oder umgebracht. Es ist schwer, dies den nachfolgenden Generationen zu erklären, so abstrus erscheint das alles. Daher ist es wichtig, bei der Erklärung von historischen Abläufen immer die Rahmenbedingungen der damaligen Zeit sichtbar zu machen. Einmal bestellte mich ein Mitarbeiter des MfS ein, als es bei einer Maßnahme, die ich im Rahmen einer Tierseuchenbekämpfung angeordnet hatte, zu einem kleinen Brand kam; man gab sich mit meinen Erklärungen zufrieden, weil die Maßnahme an sich kein Vorsatz für den Brand war, sondern das Fehlverhalten eines Arbeiters vorlag. Wohl war mir nicht, als ich in ihrer Dienststelle saß. Sofort tauchten aus meinen Kindheitserinnerungen wieder Ereignisse auf, wie nach dem Krieg Jugendliche von der GPU verhaftet, verschleppt, getötet oder zu langen Freiheitsstrafen verurteilt wurden, weil sie angeblich »Werwölfe« waren. Nach dem Mauerfall wurde uns das ganze Ausmaß dieser Vorgänge bekannt.

Klaus Feld:
Kann ich davon ausgehen, dass Sie seit Ihrer Jugend eine gewisse Abneigung gegenüber dem SED-Regime hatten?

Berndt Seite:
Ja, geprägt von meinem Elternhaus. Die »Kommunisten« – so nannten sie sich selbst in der Spätphase der DDR – gehörten zu den Feinden meiner Familie. Sie hatten den Bauern in den 50er-Jahren das Land genommen und sie in Arbeitskollektive gezwungen. Das traf den selbstständigen Bauern bis ins Herz. Bei uns zu Hause traute man den Trägern der »Ochsenaugen« oder »der abgehackten Hände«, also der SED-Parteiabzeichen, nicht über den Weg. Mehr noch, so ein »Abzeichenträger« war verdächtig, uns das Leben schwer zu machen. Die SED war eine »Russenpartei«. So wurde sie auch wahrgenommen. Die Russen haben in ihrer Besatzungszone die SPD mit der KPD zwangsvereinigt, die Partei gehätschelt und gestützt, und als die Russen nach dem Mauerfall abzogen, zerfiel sie. Während der DDR-Zeit habe ich auch einige Mitglieder der SED schätzen gelernt, trotzdem habe ich mich gefragt, warum wurden solche Menschen Mitglied der SED.

Klaus Feld:
Und trotzdem waren Sie bis zu ihrem 16. Lebensjahr vom System eingenommen. Sie waren in ihrer Klasse FDJ-Klassensprecher.

Berndt Seite:
Ja, kurze Zeit war ich auch vom System eingenommen. Im angeschlossenen Internat der Schule befanden sich die Schüler wie in einem abgeschotteten Raum, in dem man leicht politisch indoktriniert wurde. Ein Lehrer hat mir 1956 auf dem Hintergrund der Ereignisse in Ungarn politisch die Augen geöffnet. Von da an hatte ich mich innerlich vom System abgenabelt. Es gibt vermutlich im Leben jedes Menschen entscheidende Weichenstellungen, entweder nehmen sie das wahr und schlagen einen neuen Weg ein oder sie bleiben auf dem vorgegebenen Pfad. Es war ein Glück, dass ich dem Rat des Lehrers gefolgt bin.

Klaus Feld:
Stimmt es, dass die Mitarbeiter des MfS versuchten, tief in die Gesellschaft einzudringen?

Berndt Seite:
Die Partei war der Träger der Diktatur und versuchte, die Menschen in ihr System einzubinden. Das MfS war ein sehr wichtiges Instrument, um das System zu stabilisieren, »sich seiner Feinde zu entledigen«, wie es im Jargon der Partei hieß. Die KPD war während der Naziherrschaft so traumatisiert worden, dass sie sich nach deren Ende schwor, die erhaltene Macht mit allen Mitteln zu verteidigen. Nach dem Mauerfall gelang es der SED, die Stasi als Urheber aller Terrorakte gegen die Bevölkerung zu denunzieren, um sich für »die Zeit danach« alle Optionen für einen Neustart offen zu halten. Zu Beginn der Herrschaft, als die SED mit Hilfe der Russen durch Terror und Wahlfälschungen an die Macht gelangte, wollte sie in offenen Diskussionen ihr System den Menschen näherbringen. Dafür setzten sie »Beschleuniger«

ein, so nannte man die SED Funktionäre, die in dieser Angelegenheit unterwegs waren. Manchmal waren sie auch bemüht, eine offene Auseinandersetzung zu führen. Mit jungen Leuten hatten die Funktionäre leichtes Spiel, denn die wussten noch nicht, dass die Zeiten der Diskussionen bald vorüber sein würden. Sie glichen noch Kindern, die lachend in Gewässern, in denen Raubfische schwimmen, baden gingen. Trotzdem, viele Menschen blieben misstrauisch, immer auf dem Sprung, sich in Sicherheit zu bringen, um nicht »zu viel zu sagen«, sich zu »verplappern«. In meiner Akte gibt es einmal einen Eintrag, dass man beabsichtige, »*mich wieder zu ihnen zurückzuholen*«, nachdem vorher erklärt worden war, dass ich ein Feind sei und zersetzt werden müsse.

Klaus Feld:
Wie erklären Sie sich das?

Berndt Seite:
In ihrem ideologischen Ansatz kann ich mir das vorstellen, aber die Praxis sah anders aus. Das haben schon in den 30er-Jahren des vorigen Jahrhunderts Intellektuelle wie Hans Sahl, Willi Münzenberg und andere erfahren, die mit der KPD im Exil brachen, weil Theorie und Praxis nicht mehr übereinstimmten. Das wurde sehr deutlich, als bei der Unterzeichnung des Hitler-Stalin-Paktes die Hakenkreuzfahne über dem Kreml wehte. Andere wie Bertolt Brecht, Anna Seghers, Egon Erwin Kisch blieben der Partei treu. Typisch dafür ist der Ausspruch von Erich Mielke, dem Stasi-Minister, der zum Ende der DDR vor der Volkskammer erklärte, er »*liebe doch alle*«. Stalin streichelte auch Kinder.

Klaus Feld:
Wie beurteilen Sie die Haltung dieser Schriftsteller?

Berndt Seite:
Ihr Menschenbild war und ist ein anderes. Es ging ihnen nie um die Einzigartigkeit des Menschen, sondern der Mensch war Verfügungsmasse für ihre Ideologie. Das kostet Opfer, egal wie viele. Ein Beispiel ist der Text »Die Maßnahme« von Bert Brecht.

Klaus Feld:
Kann man davon ausgehen, dass es in der DDR politische Lager gab, die sich unversöhnlich gegenüberstanden?

Berndt Seite:
Ja und nein. Ein altes Verhaltensmuster der Menschheit ist die Gruppenbildung. Entweder man gehört dazu oder nicht. Die Übergänge sind fließend. In der DDR Zeit war das Lager des »Nicht-Dazugehörens« kaum sichtbar. Teile der DDR Bevölkerung hielten nichts von diesem Staat, aber sie mussten in ihm leben. Diese »Andersdenkenden« hielten sich bedeckt, um nicht Verhaftung und Gefängnis zu riskieren. Den Staat hatte sich die SED zur Beute gemacht. Es ist unser Staat, lockte die SED die Menschen, aber er war nur ihr Instrument und diente als Larve für ihre Ideologie. Die parteilose Mehrheit in der Bevölkerung verhielt sich indifferent, wenig auffällig. Menschen richten sich im Leben ein, sie besitzen nur eines und wollen überleben. Und das ist eine uralte Lebensweisheit. Die Menschen sagen: Wenn du unter Wölfen bist, musst du mit den Wölfen heulen. »*Unterjochte Völker haben ihre eigene Philosophie, die sie mit dem Leben aussöhnt*«, sagte der bulgarische Dichter Iwan Wasow. Das Ende des SED-Staates kennen wir: Aus der parteilosen Mehrheit wurde das »Volk«.

Klaus Feld:
Es fällt mir auf, dass Sie klar und schnörkellos reden. Reden Sie nicht manchmal zu hart?

Berndt Seite:
Fällt Ihnen nicht auf, dass es anscheinend viele Deutsche Demokratische Republiken gab? Die DDR wurde so wahrgenommen, wie der Einzelne sie erlebte, sich in ihr zu Hause oder ausgegrenzt fühlte; ob er Armeeoffizier, Künstler, Pastor, Arzt, Diakon, Funktionär, IM, Rektor einer Universität oder Spitzensportler war. Im Kern blieb die DDR eine Diktatur mit allen ihren Facetten, und das verschwiegen die Machthaber auch nicht. Diktaturen sind immer Unrechtsstaaten. Die DDR gehörte dazu.

Die Werbung zum IM

Klaus Feld:
Wann gerieten Sie endgültig in den Fokus der Staatssicherheit?

Berndt Seite:
1977, als ich Synodaler der Evangelisch-Lutherischen Landeskirche Mecklenburgs wurde. Schon nach der ersten Tagung wurde ich von der Volkspolizei einbestellt, »zwecks Klärung eines Sachverhalts«. In meinem Buch »Schneeengel frieren nicht« erzählt der Protagonist davon. Im Volkspolizeikreisamt traf ich nicht die Polizei, sondern zwei Mitarbeiter des MfS an. Sie forderten mich auf, sie über die Tagungen der Synode zu informieren – dazu wäre ich als Staatsbürger verpflichtet. Im Amt hatte ich das Gefühl, dass die Macht mit mir spielte und ich ihr ausgeliefert war. Auf einmal war alles anders, eine Anspannung hüllte mich ein und gleichzeitig fühlte ich mich gewarnt, keinen Fehler zu begehen. Über den Verlauf des Gesprächs musste ich kein Protokoll unterschreiben, danach war ich wie benommen, als hätte mich ein böser Traum heimgesucht. Erst Stunden später ließ die Anspannung nach und das Erlebte verflüchtigte sich wie mit dem Wind, der neue Ereignisse herbeiwehte. Doch später kam die Angst wieder und die Furcht, bei neuen Treffen mit dem MfS nicht standzuhalten. Ich befand mich in einer vertrackten, misslichen Lage.

Abschrift der Abteilung XX/4 der Staatssicherheit, vom 9.3.1977
Bericht über das 1. Kontaktgespräch mit Dr. Bernd Seite, wh. Walow, Kr. Röbel

Am 8. März 1977 führten die Gen. Major Baenz und FW. Klage in den Räumen der VP Röbel ein Kontaktgespräch mit dem Synodalen der Mecklenburgischen Landeskirche, Dr. Seite, Bernd, geb. am: 22.4.40 in: Hahnswalde, wh: Walow/Kr. Röbel, tätig: Tierarzt durch.

Das Ziel dieses Gespräches bestand darin, mit Dr. Seite Kontakt herzustellen, und diesen für eine weitere inoffizielle Zusammenarbeit mit dem MfS auszubauen. Im Verlauf des Gespräches wurden Fragen der Synode, Stellung der Kirchenleitung zum Staat und Fragen der Volksbildung behandelt. Der Kandidat nahm offen Stellung zu den aufgeworfenen Problemen. In seinen Aussagen kam Sachlichkeit und Überlegenheit zum Ausdruck. Dr. Seite äußerte, dass sich das Verhältnis zwischen Staat und Kirche in den letzten Jahren wesentlich verbessert hat, und es nur eine Frage der Zeit ist, bis die alten Anschauungen einiger kirchlicher Amtsträger überwunden sind. Dabei nannte er keine Namen. Er bezeichnete sich selbst als Laien in der Synode, da er nur 2 Mal im Jahr an diesen teilninimmt. Über aufgezeigte Probleme innerhalb der Kirchenleitung in Verbindung mit den staatlichen Organen konnte er keine Auskunft geben.

Dr. Seite bemüht sich um ein gutes Nebeneinander zwischen Staat und Kirche, was er, nach eigenen Aussagen, auch in Synodaltagungen versucht durchzusetzen.

Er leistet in seinem Verantwortungsbereich eine gute fachliche Arbeit und ist bestrebt, die sozialistische Entwicklung auf dem Dorf weiter voranzutreiben.

Durch die Mitarbeiter des MfS wurden dem Kandidaten Beispiele genannt, und erläutert in denen das negative Auftreten einiger kirchlicher Amtsträger zum Ausdruck kommt. Zum Fall Brüsewitz sagte er, dass er die Tat als Solches verurteilt, aber den Menschen nicht, da dieser ein Christ wie er ist. Über das Gespräch des Gen. Seigewasser, Staatssekretär für Kirchenfragen, mit der Mecklenburgischen Kirchenleitung konnte der Kandidat keine Auskunft geben.

Der Bischof Dr. Rathke äußerte in der KL (Kirchenleitung), dass es den Kirchen schon einmal besser gegangen ist und stellte sich damit gegen die Worte des Gen. Honecker auf dem 9. Parteitag. Dazu äußerte Dr. Seite, dass das nicht stimmt. Er versteht die Worte von Rathke so, dass die Kirche es vor Jahren leichter gehabt hat, Menschen vom christlichen Glauben zu überzeugen. Zur Zeit bestehen mehrere Konfrontationen zw. Staat und Kirche, deshalb ist es für die Kirche zu der Zeit besser gewesen.

Zu den Vorschlägen der neuen Kirchenleitung befragt, konnte Seite noch keine Auskunft geben.

Dr. Seite wurde noch einmal auf seine Pflichten, die er als staatlicher Angestellter hat, hingewiesen, indem er in der Synode der Mecklenburgischen Landeskirche die Politik unseres Staates mit durchsetzt. Der Kandidat ist bereit mit dem MfS weitere Gespräche zu führen. Er äußerte aber, dass er eigentlich über innerkirchliche Probleme keine Auskunft geben darf. Dr. Seite hat durch seine Mitgliedschaft in der Synode Verbindung zu leitenden kirchlichen Persönlichkeiten. Es wird angestrebt, ihn allmählig für eine inoffizielle Zusammenarbeit mit dem MfS zu gewinnen. Ein neuer Termin, sowie eine Verpflichtung wurden nicht abgeschlossen.

Kluge, Fw.

Klaus Feld:
Frau Seite, was empfanden Sie, als Ihr Mann zurückkam?

Annemarie Seite:
Er kam ziemlich niedergeschlagen zurück. Aber als er dann erzählte, wurde er immer wütender. Einmal, dass man ihm eine Falle gestellt hat und er hineingetappt war. Das mögen Männer schon gar nicht, das nagt an ihrem Selbstbewusstsein. Und dann entlud sich sein Zorn über die Volkspolizei, obwohl die auch nur ein Werkzeug des MfS war.

Berndt Seite:
Aber ein willfähriges Werkzeug!

Annemarie Seite:
Als mein Mann ruhiger wurde, haben wir über die eingetretene Situation beraten. Wir suchten nach Wegen, wie wir die Falle umgehen und wer uns dabei helfen könnte. Die Leute vom MfS haben von meinem Mann verlangt, sich konspirativ zu verhalten, also niemandem von dem Gespräch zu berichten, auch mir nicht.

Klaus Feld:
Mir fällt auf, dass Sie beide wieder in den Tonfall der damaligen Zeit zurückfallen, obwohl es schon über dreißig Jahre her ist.

Berndt Seite:
Die Sprache verwendet immer die Begriffe, die die Gesellschaft in ihrer Zeit besonders benutzt. Sehen sie sich die heutige Sprache an. Zuerst kritisieren die Sprachwissenschaftler die neuen Ausdrücke noch, dann kapitulieren sie vor ihnen und sie werden in den Duden aufgenommen. Heute spricht niemand mehr von »Maßnahmeplänen«, aber damals war es ganz normal, weil vom Plan, seiner Erfüllung, die Existenz des Systems abhing. Diktaturen operieren immer mit Plänen. Auch die Nazis hatten Drei- und Fünfjahrpläne. Maßnahmen zu ergreifen bedeutet immer Krise. Die DDR war ein permanenter Krisenherd. Das MfS, wie auch ich bei der Tierseuchenbekämpfung, arbeitete nach solchen Plänen. Die Firma, die heute in Konkurs geht, hat vermutlich vergessen, rechtzeitig Maßnahmen gegen die Insolvenz einzuleiten. Der Insolvenzverwalter liquidiert dann die Firma oder stellt einen »Sanierungsplan« auf.

Klaus Feld:
Die erste Begegnung mit dem MfS war sehr unerfreulich für Sie?

Berndt Seite:
Freundlichkeit konnte man von denen nicht erwarten, und so vorgeführt zu werden, hatte ich noch nicht erlebt. Ich fühlte mich gedemütigt. Später versuchte das MfS, bei seinen Disziplinierungs- und Zersetzungsmaßnahmen die Demütigung mit in seinen Katalog aufzunehmen, aber da hatte ich schon dazugelernt.

Klaus Feld:
Das war eine ziemlich schwierige Situation für Sie beide?

Berndt Seite:
Ja, denn in so einer schwierigen Lage befanden wir uns noch nie. Jetzt erschien uns der Himmel wie zugenagelt, grau, ohne einen einzigen Sonnenstrahl. Unser Leben verlief bis dahin in ruhigen Bahnen. Es ging uns materiell gut, von den allgemeinen Beschwernissen des Systems einmal abgesehen. Wir hatten uns in unserer Nische eingerichtet und versuchten aus unserem Leben das Beste zu machen. Was das Beste ist, darüber kann man streiten. Wenn überhaupt, dann

will das rechte Leben des »inneren Menschen« der sozialen Organisation und den gesellschaftlichen Rahmenbedingungen erst einmal abgerungen werden. Das war schwierig genug. Wir lebten in einem Einfamilienhaus, bezogen für DDR-Verhältnisse ein gutes Einkommen und standen mit Freunden und Bekannten in einem regen geistigen Austausch. So war es leichter für uns und für unsere Freunde bestimmt auch, doch jetzt war es mit der Freundlichkeit vorbei. Wir mussten uns entscheiden. Nicht für eine IM-Tätigkeit, die kam nicht in Frage, sondern wie wir diese schwierige Situation bewältigen konnten. In meinen Träumen damals stand oft ein Mensch hinter mir, der mir die Luftröhre zudrückte. Schweißgebadet wachte ich auf.

Klaus Feld:
Ihre Freunde zogen Sie nicht ins Vertrauen?

Annemarie Seite:
Das schien uns zu gefährlich. Uns fehlte auch der Mut dazu. Und zu einigen hatten wir in dieser außergewöhnlichen, politisch brisanten Situation kein Vertrauen. Daran sehen Sie, wie die Diktatur uns schon verformt, aber unsere Instinkte geweckt hatte.

Klaus Feld:
Aber dann sprachen Sie mit Ihrem Bischof?

Berndt Seite:
Wir brauchten einen Verbündeten, denn allein konnten wir den Stein nicht stemmen, dem Sisyphos gelang das auch nicht. Zu unserem Landesbischof Heinrich Rathke hatte ich großes Vertrauen. Ich konnte mir nicht vorstellen, von ihm enttäuscht zu werden, obwohl es auch unter den Seelsorgern Verräter gab, wie wir nach dem Mauerfall erfuhren. Als ich ihm von unserer Lage erzählte, sagte er, dass einige Synodale sich in einer ähnlichen Situation befänden. Wie die Frauen und Männer sich entschieden, wüsste er nicht. Aber eines bliebe: Wer ja sage zu einer IM-Tätigkeit, der komme von der Stasi nicht mehr los. Verweigere man sich, dann bekäme man vielleicht Schwierigkeiten, aber man behielte ein reines Gewissen. Das wäre sehr viel wert und sei immer ein Pfand für die Zukunft. Da wusste ich, was ich zu tun hatte.

Klaus Feld:
Er hat Ihnen die Entscheidung überlassen?

Berndt Seite:
Ja, denn das berührt das evangelische Grundverständnis. Entscheiden muss man immer selbst. Der Gläubige trifft seine Entscheidung allein vor Gott, ein anderer mehr aus seinem Gewissen. Daher hat mich auch seine Ruhe und Gelassenheit beeindruckt. Er sagte nicht, ich müsse jetzt dieses oder jenes unternehmen, sondern benannte nur die Alternative. Und dann – für mich besonders eindrucksvoll – wie sich der Einzelne in dieser Phase entscheide, wisse er nicht. Da habe ich mich gefragt: Was treibt den Mann an und stattet ihn mit so einer Gewissheit aus? Sein Glaube, dass Gott mit ihm, mit uns auf dem Weg ist? Oder, dass es nicht darauf ankommt, wie viele IM in der Synode sitzen, sondern nur für uns in Anspruch zu nehmen, auch hier leben zu dürfen, unseren Glauben zu praktizieren und »*der Stadt Bestes*« (Platon) zu suchen?

Klaus Feld:
Dann gab es ein weiteres Kontaktgespräch mit dem MfS?

Berndt Seite:
Am 27.2.1978. Inzwischen hatte ich vom MfS nichts mehr gehört und war froh, dass es so war, obwohl ich oft an das Gespräch dachte. Die Geheimnisse und die Niederlagen eines Menschen melden sich immer wieder, auch wenn sie sich tief in seinem Inneren verbergen. Auch ein schlechtes Gewissen, ein getanes Unrecht tritt oft zur Unzeit zutage. Ich glaube, die Evolution setzt auf Niederlagen, aus denen sich der Mensch befreien muss, um weiter zu bestehen. Immer wieder ärgerte ich mich, dass ich damals in ihre Falle getappt war. Wurde im Freundeskreis von der Stasi gesprochen, schreckte ich innerlich auf und die Männer vom MfS traten an eine imaginäre Rampe, zeigten auf mich und riefen: Seht her, der gehört bald zu uns! Was würden die Freunde sagen, wenn ich ihnen davon erzählen würde? Ich blieb stumm, eingehüllt in mein/unser gesponnenes Geheimnis. Von der sogenannten »Volkspolizei« hielt ich schon früher wenig, aber jetzt hatte ich sie als willfährigen Büttel des Systems erlebt. Und trotzdem glaubte ich noch immer, dass von ihr ein

gewisser Schutz und ein wenig Fürsorge ausginge. Mitnichten. Die Volkspolizei hatte sich ihre eigenen Informanten geschaffen. Die »Helfer der Volkspolizei«.

Klaus Feld:
Dann war es wieder so weit. Man hatte Sie nicht vergessen?

Berndt Seite:
Ein Mitarbeiter des MfS aus Neubrandenburg kam zu uns. Er gab sich als Experte für landwirtschaftliche Fragen aus. Das MfS muss gemerkt haben, dass mich die plumpe Art einiger seiner Mitarbeiter – mit Sprüchen wie »Der Frieden ist ein hohes Gut«, »Der Sozialismus ist es wert, verteidigt zu werden«, »Jeder Bürger muss dazu einen Beitrag leisten« – nicht beeindrucken konnte. Es war ihr gesamtes »Agitprop-Repertoire«, das sie sonst zum Einsatz brachten. Das Thema Landwirtschaft war für mich fast maßgeschneidert, um mich aus der Reserve zu locken. Ich tat das dann auch und spulte die Schwierigkeiten wie von einer großen Problemrolle ab. Je mehr ich von der Landwirtschaft rede, desto weniger fragen sie mich nach einer IM-Tätigkeit, glaubte ich.

Klaus Feld:
Von diesem Anliegen haben Sie gewusst?

Berndt Seite:
Nur geahnt, denn umsonst kamen sie nicht. Jetzt legte der Mann seine süße, klebrige Leimrute wie ein Vogelfänger aus. Er säuselte wie der warme Frühlingswind, indem er erklärte, wie wertvoll so ein Gespräch für sie sei, da es offen und kritisch geführt werde. Zu oft würde dem MfS die Situation in der Landwirtschaft von den eigenen Genossen zu rosig dargestellt.

Der Bericht vom 28.2.1978 schildert seine Version des Gesprächs.
Abt. XX/4, Nbg. d.28.2.78
Kontaktgespräch mit Dr. Seite
Mitglied der Landessynode Schwerin

Das Gespräch fand am 27.2.78 in der Wohnung des Kandidaten in Walow Krs/Röbel statt. Ich wurde vom Kandidaten entgegen allen Erwartungen sehr freundlich empfangen.

Über einige persönliche Probleme sowie seines Berufslebens wurden mit anderen Problemen, die das kirchliche Leben betreffen besprochen. Es konnte festgestellt werden, dass der Kandidat allen Fragen wesentlich aufgeschlossener gegenüber stand als das beim ersten Gespräch der Fall war. Günstig wirkte dabei, daß er bereit war mich umfassend über seine Tagesprobleme zu informieren. Dadurch ergab sich eine gute Gesprächsgrundlage. Es wurde dadurch erreicht beim Kandidaten bestimmte Vorurteile abzubauen und eine gewisse Vertrauensbasis zu schaffen.

Das hatte zur Folge das der Kandidat gegen weitere Gespräche keine einwände zeigte, sondern im Gegenteil zum Ausdruck brachte, bereit sei sich mit mir über interessierende Probleme zu unterhalten. Offen sagte er, das ihn das erste Gespräch nicht sehr befriedigte da nach seiner Meinung bestimmte Dinge die die Kirche betreffen zu hart beurteilt hätte. Er ist auch der Meinung das wir als MfS bzw. auf staatlicher Seite einige Probleme der Kirche stärker tolerieren sollten, doch der Kirche müßte zugestanden werden das sie manche Probleme anders sieht und beurteilt. Dem Kandidaten wurde gesagt, daß es ohne Zweifel ge… und auch an den Tatsachen ab lesbar sei, den niemand tut der Kirche etwas solange sie sich auf ihrem Weg bewegt. Das Interesse des Staates bestehe in einem positiven Verhältnis zur Kirche und in einer guten Zusammenarbeit im Interesse der Bürger. Dennoch sei nicht von der Hand zu weisen das es Kräfte gibt die diesem Verhältnis entgegen wirken. Das gestand der Kandidat ein, konnte aber dafür aus seiner Sicht kein überzeugendes Beispiel nennen, die ihm aber meinerseits dargelegt wurden. Zu den Problemen der Synode die am kommenden Wochenende in Schwerin beginnt hatte der Kandidat kein besonderes Anliegen. Er nannte mir die vorliegende Tagesordnung(sie ist bekannt) außer den Dingen ist nach seiner kenntnis nichts anderes geplant oder vorgesehen. Er hofft auch nicht das Anträge eingebracht werden die eine besondere Stellung einfordern wie das bei der letzten Synode durch Pastor Burghardt der Fall war. Der Kandidat vertritt auch den Standpunkt, daß er Anträge nochmals unterstützen wird die einen negativen politischen Charakter tragen bzw. solche die einen Konflikt zwischen Staat und Kirche hervorrufen. Er ist über das derzeitige verhältnis von Staat und Kirche sehr erfreut und hofft, daß es weiterhin positiv entwickelt. Als sehr positiv wird durch ihn bewertet, daß der Staat den Kirchen die Möglichkeit einräumt in Neubaugebieten Kirchliche Räume zu schaffen, daß es jedoch auf Valutabasis geschieht hält er für weniger gut. sagt aber anderseits daß die westdeutschen Kirchen ruhig zahlen könnten. Sehr bedauerlich wird vom Kandidaten die Konferenz in Belgrad bewertet. Falls es dort nicht zu einem Schlussdokument kommt sieht er dann eine Gefahr für die Kirchen in der DDR die Möglicherweise eine Verhärtung der Fronten nach sich zieht.

Abschließende Einschätzung
Die Bereitschaft des Kandidaten zu weiteren Gesprächen über kirchliche Probleme insbesondere der Synodaltagungen und seine Darlegungen zur Unterstützung positiver Beschlüsse kann als wesentlicher Erfolg der Gewinnung angesehen werden. Diese Kontaktphase ist weiter auszubauen und um das Vertrauensverhältnis weiter zu stabilisieren. Es ist gegenwärtig unzweckmäßig von einer direkten Zusammenarbeit auf inoffizieller Basis zu sprechen oder eine Anwerbung des Kandidaten vorzunehmen. Ein derartiges Vorgehen würde die gegenwärtige Kontaktphase stören und sich auch künftig negativ auf die Zusammenarbeit auswirken. Ich schätze ein das der Kandidat ein derartiges Ansinnen nicht versteht.
 Da seine Bereitschaft zur Diskussion vorliegt, ist vorerst das maximum erreicht, darauf ist weiter aufzubauen.
 Baetz
 Major

Klaus Feld:
Da war das MfS in Ihrem Haus angekommen und der Major Baetz war überrascht von Ihrer Freundlichkeit und Offenheit. Das war doch der Mann, der das erste Gespräch mit Ihnen geführt hatte?

Berndt Seite:
Warum sollten wir nicht freundlich sein? Meine Großmutter war eine einfache, kluge Bauersfrau und hatte für alle Lebenslagen ein Sprichwort parat, denn Sprichwörter sind komprimierte Lebensweisheiten. Eines war: »Ein freundliches Gesicht vertreibt den Ärger des Tages.«

Abgesehen davon, dass die Staatssicherheit mich erneut bedrängte, was mich bedrückte, war ich stabiler als beim ersten Gespräch. Jedes Mal, wenn der Mann sprach und mich ansah, nahm mein Lebenstakt zu und meine Lebenszeit rasant ab. Aber jetzt waren wir nicht mehr allein. Sobald Hilfe in Sicht ist, wird alles leichter, denn die Hoffnung beruhigt sehr. Es ist wie bei einem Brand. Ertönt das Martinshorn, wird alles besser. An den Namen des Mannes konnte ich mich nicht erinnern, und daran wie er aussah, auch nicht. Ich hatte vergessen, dass es einer der Männer vom ersten Gespräch war. Diese Menschen sehen in meiner Erinnerung alle gleich aus, wie Figuren aus einer Form gestochen, ohne Grat, den Menschen aus den heutigen Science-Fiction-Filmen ähnlich. Damals war ich mit meinem Inneren, meiner Angst so beschäftigt, dass ich auf sein Äußeres nicht geachtet hatte. Ich war oft in mich gekehrt, und mein Körper suchte in allen Schubladen nach Material für die Abwehr. Für mich gab es nur eins: Wie muss ich antworten, ohne mich in Gefahr zu bringen? Und wie komme ich hier raus? Bei dem zweiten Gespräch konnte ich nicht mehr überrumpelt werden, denn meine Frau und ich wussten jetzt, wir würden mit »d e n e n« nie zusammenarbeiten. Dies zu wissen, hat uns frei und stark gemacht.

Klaus Feld:
Nach diesem Gespräch verfasste das MfS am 17.5 78 einen Vorschlag zur Gewinnung eines IMS (Informeller Mitarbeiter Sicherheit). Sie sollten IMS »Bernhard« werden. War Ihnen das bekannt oder hatten Sie einen Verdacht?

Berndt Seite:
Natürlich nicht, denn alles, was außerhalb der drei Gespräche geschah, haben wir erst nach 1989 aus den Akten des MfS erfahren.

Abt XX/4 Nbg. 17.5.78
Vorschlag
Zur Gewinnung eines IMS

Es wird vorgeschlagen den Kandidaten………………………
IMVA Reg. Nr. 3/509/77 als IMS auf der Linie evgl. Kirche zu gewinnen.

Zur Person
Dr. Seite, bernhard, geb.22.4.40 in Hahnswalde, Soziale Herk: Arbeiter, Sozialer Stand: Angestellter, Beruf: Veterinärmediziner, Tätigkeit: Tierarzt Staatliche Tierarztpraxis WalowKr/Röbel, Familienstand: verheiratet 2 Kinder, politisch nicht organisiert, Religion: evangelisch, wohnhaft: Walow kr/Röbel

Bekanntwerden des Kandidaten
Der Kandidat ist gläubiger Christ der Evgl. Kirche und seit 1977 gewähltes Mitglied der Synode der Mecklenburgischen Landeskirche Schwerin. In dieser Eigenschaft wurde der Kandidat dem Mitarbeiter bekannt.

Entwicklung des Kandidaten
Dr. Seite ist Sohn eines Landwirts und gebürtiger Schlesier. Er besuchte die Grundschule und bis 1958 die Oberschule. Im Jahr 1958 nahm er an der Humboldt Universität ein Studium für Veterinärmedizin auf und schloss dies 1962 mit Erfolg ab. Nach Beendigung des Studiums war er bis 1963 als Pflichtassistent im Kreis Neustrelitz tätig und unterstand dem Kreislandwirtschaftsrat. Seit 1964 ist er als Tierarzt im Kreis Röbel tätig und ist Leiter der staatl. Tierarztpraxis in Walow Kr/Röbel die er gemeinsam mit seiner Ehefrau Annemarie Seite, geb. Brand die ebenfalls Tierärztin tätig führt.

Dr. Seite sowie auch seine Ehefrau werden als gute Fachkräfte beurteilt die sich durch eine gute Einsatzbereitschaft auszeichnen. Maßgeblichen Anteil haben beide Ehepartner an der Zurückdrängung von Tierseuchen im Kreis Röbel und bei der Steigerung der Produktion in der Viehwirtschaft.

Politische Einstufung
Dr. Seite sowie seine Ehefrau sind nicht politisch organisiert, stehen aber dem politischen Geschehen aufgeschlossen gegenüber. Negative Meinungen zur gesellschaftlichen Entwicklung sowie zur Politik von Partei und Regierung wurden nicht bekannt, das betrifft in gleicher Weise die Staatspolitik der DDR in Kirchenfragen. In den Gemeinden seines Wirkungsbereiches setzt sich Dr. Seite konsequent für die Durchsetzung der Probleme der Ökonomie ein und führt offensive Auseinandersetzungen bei Pflichtverletzungen mit den Genossenschaftsbauern. Im Kreise seiner Berufskollegen ist er geachtet und anerkannt. Dr. Seite betätigt sich am gesellschaftlichen Leben in der Gemeinde. Negative Verhaltensweisen zu gesellschaftspolitischen Höhepunkte wurden nicht bekannt. Obwohl Dr. Seite kirchlich gebunden ist und der Synode der Mecklenburgischen Landeskirche Schwerin angehört, kann nicht von einem bestimmten Fanatismus gesprochen werden. Bisher wurde nicht bekannt das er in den Synodaltagungen negativ in Erscheinung tritt. Er vertritt den Standpunkt der Loyalität und ist an einem guten Verhältnis von Staat und Kirche interessiert und setzt sich auch dafür auf der Ebene des Kirchenkreises ein. Als persönliches Hobby betreibt das Ehepaar die Ponyzucht. Im allgemeinen wird das Ehepaar positiv beleumdet. Kontakt und Verbindungen in die BRD unterhält Dr. Seite nach Helmstädt. Hierbei handelt es sich um eine Nichte der Ehefrau, Wolter Käthe, wohnhaft Helmstädt, Gustav Steinbrecherstr.44. Persönlichen Umgang pflegt die Familie mit Arzt Dr. Klaus Zerbel aus Walow tätig als Chirurg im Krankenhaus Röbel.

Persönliche Einschätzung
Aus den bisher persönlich geführten Kontaktgesprächen kann die Schlußfolgerung gezogen werden, daß Dr. Seite den politischen Problemen und dem Anliegen des MfS aufgeschlossen gegenüber steht. Er zeigt keine Abneigung sich auch zu kirchlichen Fragen zu äußern. Spürbar ist seine enge Bindung zur Kirche aber auch seine Bereitschaft seinen Beitrag zu leisten das Verhältnis von Staat und Kirche positiv zu gestalten.

Dieses Interesse ist auch das Motiv seiner Bereitschaft zu Gesprächen mit dem Mitarbeiter anzuregen. In der Folgezeit kommt es sehr darauf an die Vertrauensbasis weiter zu entwickeln und zu stabilisieren. Die gegenwärtige Kontaktbasis reicht aus den Gewinnungsprozeß abzuschließen.

Mit dem Kandidaten wird ein weiteres Gespräch am 18.5.78 geführt.

Grund der Gewinnung
Auf der Grundlage der Koordinierungsvereinbarungen mit der BV Schwerin, Abt.20/4 steht als zentrale Aufgabe durch die Gewinnung von inoffiziellen Kräften die Landessynode durch progressive Kräfte zu stärken mit dem Ziel: dadurch Einfluß auf eine Veränderung der Kirchenpolitik zu nehmen, negative Kräfte zu erkennen und zurückzudrängen, negative Einflüsse zu verhindern

bezw. entgegenzu wirken und den erforderlichen Informationsbedarf in Vorbereitung der Synodaltagungen zu sichern. Der Kandidat ist entsprechend seiner politischen haltung und gesellschaftlichen Stellung zur Realisierung der Operativen Zielstellung geeignet.

Der Einsatz des Kandidaten ist neben anderen Problemstellungen in der Hauptsache in vorgenannter Richtung vorgesehen.

Gewinngespräch
Die Gewinnung des Kandidaten erfolgt auf der Basis der Überzeugung durch den weiteren Ausbau der bestehenden Kontaktbasis u. auf der Grundlage der weiteren Stabilisierung des Vertrauensverhältnisses. Dieser Prozeß ist Natlos zu gestalten. Von einer schriftlichen Verpflichtung wird Abstand genommen da eingeschätzt wird das sich diese Methode störend auf die Stabilisierung des Gewinnungsprozesses auswirken könnte. Zum gegenwärtigen Zeitpunkt scheint das maximale erreicht. Deshalb wird bei der Zusammenkunft mit dem Kandidaten auch nicht von einer inoffiziellen Tätigkeit gesprochen. Seine Bereitschaft auf Vertrauensbasis mit dem MfS zu wirken und das von sich aus gegenüber anderen zu konspirieren entspringt der operativen Zielstellung. Solche und ähnliche Fragen werden dem Kandidaten gestellt. Die Zusammenarbeit mit dem Kandidaten erfolgt vorerst durch den unterzeichneten persönlich.
Bestätigt: Baenz
Major

Klaus Feld:
In den Berichten treten doch erhebliche Widersprüche auf. Wie sehen Sie das?

Berndt Seite:
Von den inhaltlichen Fehlern abgesehen – Gott sei Dank wusste das MfS auch nicht alles –, schien dieser Mann irgendwie unter Druck zu stehen. Heute ist den Nachgeborenen kaum zu vermitteln, dass das Ministerium für Staatssicherheit genauso an der »Planerfüllung« und am »Sozialistischen Wettbewerb« beteiligt war wie die anderen Bereiche des »gesellschaftlichen Lebens« in der DDR auch. Vermutlich gab es in den Bezirksämtern des MfS und den Kreisdienststellen auch eine »Straße der Besten«, eine Wandzeitung, und wahrscheinlich kämpften die Mitarbeiter um den Titel »Kollektiv der sozialistischen Arbeit«. Auch Auszeichnungen bekamen ihre Genossinnen und Genossen an den politischen Feiertagen. Der Mann musste etwas vorweisen, daher verfasste er das Papier für die Anwerbung, obwohl er nach dem zweiten Gespräch davor noch gewarnt hatte. Mir wurde für die Anwerbung die »weiche Tour« beschert: Werbung auf Vertrauensbasis. Ungeheuerlich, wie dieser »humanistisch« auftretende Staat Vertrauen mit Füßen trat! Wussten Sie, dass die DDR ihren Strafvollzug als humanistisch bezeichnete? Abscheulich, verlogen, wenn man weiß, wie die Machthaber mit ihren Gefangenen umgingen, Kinder und Jugendliche politisch missbrauchten. Inzwischen sind auch ihre Methoden bekannt. Je nach der Persönlichkeitsstruktur ihrer »Opfer«, setzten sie Methoden ein, um sie für ihre Zwecke willfährig zu machen. Die »scharfen Instrumente« galten dann als das letzte Mittel, die u.a. bei Menschen zur Anwendung kamen, die das MfS bei kriminellen Handlungen festsetzte, die »fremdgingen« oder bei Agenten einer fremden Macht, um sie »umzudrehen«. Den genauen Katalog ihrer Maßnahmen kenne ich nicht.

Annemarie Seite:
Bis zu diesem Zeitpunkt gehörten wir noch zu den braven, loyalen, fleißigen, nicht negativ auftretenden Staatsbürgern. Wir besaßen einen guten Leumund, gehörten zwar zu den Christen, aber galten nicht als »fanatisch«. Außerdem traten wir für ein gutes Verhältnis zwischen Staat und Kirche ein, schrieben sie auf. Später, nachdem sich mein Mann einer IM-Tätigkeit verweigert hatte, sollte alles anders werden.

Klaus Feld:
Es hält sich bei einer Reihe von Menschen der Vorwurf, die Akten seien teilweise gefälscht. Hat dieser Vorwurf nicht Bestand, wenn man diesen Vermerk liest?

Berndt Seite:
Ich glaube nicht. Der Mann hatte zwar den Bericht zu optimistisch verfasst, aber eine Fälschung liegt nicht vor. In anderen Textstellen unserer Akten, wenn »zu dick« aufgetragen wurde, sind die entsprechenden Passagen von Vorgesetzten korrigiert worden. Warum sollte die Behörde ihre eigenen Texte fälschen, wo doch

KOPIE durch BStU

Abt. XX/4   Ntz, d. 9.3.77

Bericht über das 1. Kontaktgespräch mit
Dr. Bernd, Seite, wh. Walow/Kr. Röbel

Am 8. März 1977 führten die Gn. Major Baens
und FW. Klage in den Räumen der VP Röbel
ein Kontaktgespräch mit dem Synodalen der
Mecklenburgischen Landeskirche

Dr. Seite, Bernd
geb. am: 22.4.40 in: Hohenwalde
wh.: Walow/Kr. Röbel
tätig: Tierarzt

durch.

Das Ziel dieses Gespräches bestand darin, mit Dr. Seite
Kontakt herzustellen, und diesen für eine weitere
inoffizielle Zusammenarbeit mit dem MfS auszubauen.
Im Verlauf des Gesprächs wurden Fragen der Synod,
Stellung der Kirchenleitung zum Staat und Fragen der
Volksbildung behandelt.
Der Kandidat nahm offen Stellung zu den aufgeworfenen
Problemen. In seinen Aussagen kam Sachlichkeit und
Überlegtheit zum Ausdruck.
Dr. Seite äußerte, daß sich das Verhältnis zwischen
Staat und Kirche in den letzten Jahren wesentlich ver-
bessert hat, und das es nur eine Frage der Zeit ist,
bis die alten Anschauungen einiger kirchlicher Amtsträger
überwunden sind. Dabei nannte er keine Namen.

die Diktatur auf »ewig« angelegt war? Tausend Jahre sind bei Diktaturen mindestens das Ziel! Hier hieß es nach Erich Honecker: »*Den Sozialismus in seinem Lauf hält weder Ochs noch Esel auf!*« Dazu kommt, dass die Diktatur nie daran gedacht hatte, dass die Akten je von ihren Opfern gelesen werden könnten. Heute wird von den Tätern der Diktatur wie immer das gleiche Spiel betrieben: »*Alles Lüge!*«, rufen sie.

Klaus Feld:
Nach dem 2. Gespräch haben Sie sich entschieden, die Gespräche mit dem MfS zu beenden. Und wie sollte das geschehen?

Annemarie Seite:
Die Entscheidung trafen wir schon vor dem Gespräch, unabhängig davon, was sie nach sich ziehen würde. Wir hatten auch Angst vor den Konsequenzen, aber wir konnten mit diesen Belastungen nicht weiterleben. In so einer Situation möchte man sich bestätigt fühlen, so und nicht anders gehandelt zu haben. Beim Ratgeben ist es ähnlich und beim Nach-Rat-Fragen auch. Als mein Mann vom Bischof zurückkam, erschien er wie befreit, freudig gestimmt und aufgeräumt, anders als vor dem Gespräch. Wir verbrachten einen schönen Abend zusammen.

Klaus Feld:
Und wann kam der Mitarbeiter des MfS wieder? Da wollten Sie endgültig Schluss machen, oder hatten Sie wieder Zweifel?

Berndt Seite:
Er kam am 19. Mai 1978. Kaum hatte er Platz genommen und meine Frau Kaffee gebracht, teilte ich ihm mit, dass dies das letzte Gespräch mit dem MfS wäre. Meine Frau und ich könnten es nicht länger ertragen, so bedrängt zu werden. Wenn diese Zumutungen nicht aufhörten, würden wir öffentlich erklären, dass wir unseren Dienst beenden müssten, weil die Mitarbeiter des MfS uns an einer ordentlichen tierärztlichen Tätigkeit hindern würden. Der Mann rührte die Kaffeetasse nicht mehr an und erklärte, »*das alles müsse ein Missverständnis sein. Niemand habe die Absicht, uns zu bedrängen.*«
Er stand auf, griff nach seiner schweren Tasche, in der vermutlich das Aufzeichnungsgerät steckte, und verließ das Haus.

Klaus Feld:
Das war sehr mutig von Ihnen. Dachten Sie da auch an die Folgen?

Annemarie Seite:
Mutig? Die Angst vor den Folgen kam erst später. Wir verbargen sie. Bei so einer Entscheidung kommt es immer auf den ersten Satz an. Hat man den Stein aufgenommen und geworfen, denkt man nicht mehr an das Ziel. Es ist ein Teil der Befreiung.

Klaus Feld:
Und Sie, Herr Seite?

Berndt Seite:
Ja, ich fand mich befreit, so eine klare Entscheidung getroffen zu haben, obwohl die Ungewissheit über die Folgen blieb. Bei anderen Entscheidungen bleibt auch ein gewisser Spielraum, wenn man die Entscheidung überdenkt. Aber hier ging das nicht. Es hieß: entweder – oder.

Klaus Feld:
Der Bericht des Mannes von dem Gespräch am 19.5.1978 liegt vor. Wie beurteilen sie ihn?

Berndt Seite:
Natürlich gibt er nur die Version der Staatssicherheit wieder und nicht unsere Einlassungen. Den Text hat der Mann geschönt, aber nicht in seinen zentralen Aussagen – nachdem er schon gedacht hatte, mich am Haken zu haben – um nicht ganz blamiert dazustehen. Unsere »Drohung« muss so gewirkt haben, dass er nach den Richtlinien des MfS den Anwerbeversuch abgebrochen hat. Wir wussten damals nicht, dass die Stasi die Dekonspiration wie der Teufel das Weihwasser scheute. Vielleicht wären wir mutiger gewesen, hätten wir davon gewusst, aber das ist hypothetisch. Es wäre besser gewesen, die berühmte Reißleine schon früher zu ziehen, denn klare, überschaubare Verhältnisse zu schaffen, zahlt sich meistens aus. Ich weiß nicht, ob ich das so durchgestanden hätte, wäre meine Frau kleinmütig und ängstlich gewesen. Ich

hatte Glück, denn nicht jeder hat eine starke Frau an seiner Seite oder einen seriösen Ratgeber.

Abt.XX/4 Nbg. d. 30.5.78
Abschlußbericht
Zur IMVA 3/509/77

Auf der Grundlage des Vorschlages zur Gewinnung vom 17.5.78 und den geführten Kontaktgesprächen die im wesentlichen eine positive Einschätzung beinhalten war vorgesehen den Gewinnungsprozeß abzuschließen.

Zu diesem Zweck wurde der Kandidat am 19.5.78 in Walow Kr/Röbel aufgesucht. Das Gespräch bezog sich in der Hauptsache auf die im Bezirk Neubrandenburg zu hohen Tierverluste und die entstandene Situation in der Fleischversorgung. Schon in diesem Gesprächspunkt war gegenüber vorherigen Gesprächen spürbar, daß Dr. Seite nicht an weiteren Gesprächen mit dem MfS interessiert ist. Er brachte zum Ausdruck das diese Probleme sicher nicht der eigentliche Grund meines Erscheinens darstellt, sondert vermutet das es seine Zugehörigkeit zur Landessynode der Meckl. Landeskirche betrifft. Ich hatte keinen Grund ihm auf diese Begründung zu verneinen. Darauf sagte Dr. Seite, daß er mit seiner Ehefrau gesprochen habe und das Gespräch darüber von ihnen nicht erwünscht sei und daß ich Abstand davon nehmen müßte. Deshalb erübrigt sich ein weiteres Vordringen in dieser Richtung. Er sagte das er das nicht könne und auch nicht dazu bereit sei. Von einer Anwerbung wurde nicht gesprochen. Abschließend ist einzuschätzen das der Kandidat für eine offizielle Zusammenarbeit aus den vorgenannten Gründen nicht geeignet ist und niemals mehr durch das MfS angesprochen werden sollte da hier die Gefahr der Dekonspiration zu groß ist. Da die religiösen Bindungen vorallem durch die Ehefrau gepflegt werden, sie durch Dr. Seite selbst informiert ist, ist damit zu rechnen das die Kirche davon in Kenntnis gesetzt wird. Aus dem Grunde wird vorgeschlagen von einem weiteren Kontaktierungsversuch Abstand zu nehmen und die Akte in das Archiv der Abt. 12 abzulegen.

Ferner wird vorgeschlagen Dr. Seite durch die KD Röbel KK zu erfassen.

Baenz, Major

Auf der Rückseite des Beschlusses, über das Anlegen einer IM-Vorlaufakte IMS »Bernhard« vom 12.5.77, steht vermerkt:
Gründe für die Einstellung der Im-Vorlauf-Akte bzw. des IM- Vorganges:

»Der Kandidat lehnt künftig jeglichen Kontakt mit dem MfS. ab. Es ist deshalb zu vermeiden ihn nochmals anzusprechen bzw. für eine inoffizielle Zusammenarbeit zu gewinnen. Vermutlich informiert der Kandidat die Kirchenleitung über unsere Kontaktabsichten. Es wird vorgeschlagen die IMVA in das Archiv der Abt 12 abzulegen«. Baenz, Major.

Klaus Feld:

Das war ein bedeutendes Zusammentreffen. Das MfS wollte Sie in dem 3. Kontaktgespräch auf »Vertrauensbasis« werben und gleichzeitig fassten Sie mit Ihrer Frau den Entschluss, die Gespräche zu beenden. Ist das Schicksal, Glück oder wer stand Ihnen da nahe?

Berndt Seite:

Ach, ich weiß nicht. Glück muss man im Leben haben, auch Glück, wie man sein Leben beginnen darf. Und eine Portion Gottvertrauen gehört auch dazu – und die hatten wir. Über das Glück an sich, dieses unfassbare Gefühl, gibt es viele Interpretationen. Dichter, Philosophen, jeder Mensch erfährt es anders. Der Anlass aber ist entscheidend. Während der Evolution ist dem Menschen fast der Sinn für eine heraufziehende Gefahr abhanden gekommen. Wir waren so mit uns beschäftigt, um der drohenden Gefahr zu begegnen, dass wir uns um andere Dinge gar nicht kümmerten. Das war eine echte Bewährungsprobe für uns, denn bisher lief unser Leben gemächlich dahin. Jetzt war unsere Zeit gekommen, uns zu wehren.

MfS/BV/Verw. Neubrandenbg.   Neustrelitz, den 12.5.77
Diensteinheit XX/4
Mitarbeiter Klage   Reg.-Nr. III/ 509/77

KOPIE durch BStU

Beschluß

über das Anlegen
einer IM-Vorlaufakte

1. Vorgesehene IM-Art: IMS
2. Vorläufiger Deckname: "Bernhard"
3. Wohnadresse: Walow, Kr. Röbel
4. Laufzeit der Akte bis Dez.-1977 verlängert bis _____

eines IM-Vorganges

1. IM-Art
2. Deckname
3. Wohnadresse

(benötigte Teile angeben)
Teile:

über die Umregistrierung einer IM-Vorlauf-Akte zum IM-Vorgang

1. IM-Art
2. Deckname
3. Wohnadresse

Gründe für das Anlegen bzw. die Umregistrierung:

Dr. Seite ist Mitglied der Synode der Mecklenburgischen Landeskirche. Er ist Tierarzt der Gemeinde Walow/ Kr. Röbel. Der Kandidat zeigte sich im Kontaktgespräch aufrichtig und Ehrlich gegenüber den Mitarbeitern des MfS. Um ein positives Verhältnis zw. Staat und Kirche, auch in der Synode, ist er bemüht. Zu Gesprächen mit dem MfS ist er weiterhin bereit. Es ist vorgesehen, den Kontakt zu Dr. Seite auszubauen, um ihn auf dieser Basis für eine inoffizielle Zusammenarbeit mit dem MfS zu gewinnen.

Klage   Feldwebel
Mitarbeiter

OSL
Leiter der Diensteinheit

Bestätigt am: _____   vom _____
Unterschrift

* Anmerkung: Zusätzlich Name und Dienstgrad mit Maschine bzw. Druckschrift angeben.

Form 1a   356 573 100.0

über die Veränderung der IM-Art

1. Neue IM-Art _____

Gründe für die Veränderung:

KOPIE durch BStU

_____
Mitarbeiter *

_____
Leiter der Diensteinheit *

Bestätigt am: _____ vom * _____
Unterschrift

Gründe für die Einstellung
der IM-Vorlauf-Akte bzw. des IM-Vorganges:

Der Kandidat lehnt künftig jeglichen Kontakt mit dem MfS ab. Es ist deshalb zu vermeiden ihn nochmals anzusprechen bzw. für eine inoffizielle Zusammenarbeit zu gewinnen. Vermutlich informierte der Kandidat die Kirchenleitung über unsere Kontaktabsichten.
Es wird vorgeschlagen die IMVA in das Archiv der Abt. XII abzulegen.

Der Vorgang ist — gesperrt — nicht gesperrt * — abzulegen
* Nichtzutreffendes streichen

Inhalt der Akte _57_ Blatt

_____
Mitarbeiter *

_____
Leiter der Diensteinheit *

Bestätigt am: _____ vom * _____
Unterschrift

* Anmerkung: Zusätzlich Name und Dienstgrad mit Maschine bzw. Druckschrift angeben.

Die OPK »Prediger«

Klaus Feld:
Noch einmal zum Verständnis. Über alles, worüber wir jetzt reden, haben Sie zum großen Teil aus den Akten nach dem Mauerfall erfahren. Ist das richtig?

Berndt Seite:
Ja, aber es wird sich nicht vermeiden lassen, dass Parallelen zur Gegenwart gezogen und kommentiert werden müssen. Eine Gegenwart ohne Vergangenheit gibt es nicht. Bestimmte Dinge muss man erklären, und die fließen aus der Vergangenheit in die Gegenwart, sonst wäre die Gegenwart wie ein Fluss, der wenig Wasser führt. Unser Gedächtnis haftet an Bildern und Orten, und die Gegenwart gibt ihre eigenen Bilder dazu.

Klaus Feld:
Mir fällt auf, dass Sie umfangreich und im Detail berichten. Wissen Sie das alles noch so genau?

Berndt Seite:
Die Vorgänge liegen 30 Jahre und länger zurück. Das ist eine lange Zeit. Ich klettere durch meine Erinnerungen wie durch das Geäst eines Baumes. Manchmal bleibe ich dabei auch hängen. Mit meinen Erinnerungen gehe ich vorsichtig um. Da meine Frau die Dinge miterlebt hat, kommen meine Erinnerungen den abgelaufenen Vorgängen sehr nahe, aber manchmal sind wir auch unsicher. Spekulationen liegen mir fern, und wenn ich sie anstelle, dann bezeichne ich sie auch so.
 Als ich 1993 im Amt des Ministerpräsidenten beschuldigt wurde, dem MfS, dem KGB oder einem anderen Geheimdienst gedient zu haben, habe ich den Rechtsanwalt Petran von der Kanzlei Petran-Schmidt-Muth-Vielhaben aus Hamburg, beauftragt, auf meine Kosten die MfS-Akten aufzuarbeiten, um bei einem eventuellen Prozess eine Verteidigungslinie aufzubauen. Zu einem Prozess ist es nie gekommen. Aus der Zusammenfassung seines Berichts kann ich zusätzlich zu meinen Aktenstudien entsprechende Rückschlüsse ziehen.

Klaus Feld:
Da waren Sie dem MfS durch ihre klare Absage entwischt. Aus dem verweigerten, zukünftigen »Späher« für die Stasi wurde jetzt der »Ausgespähte« durch das MfS. Noch mehr: Sie wurden zum Feind erklärt. Doch die Notiz in den Akten des MfS, *»er ist von Seiten des MfS n i e mehr anzusprechen«*, hat Ihnen nach dem Mauerfall sehr geholfen.

Berndt Seite:
Natürlich, da es schon nach der ersten Durchsicht der Akten am 3./4.12.1992 zweifelsfrei feststand, dass meine Frau, meine Tochter und ich n i c h t mit dem MfS zusammengearbeitet haben. Nach meiner Weigerung, ein Informeller Mitarbeiter zu werden, begann die Stasi mit uns eine neue Partie. Die »Operative Personenkontrolle« (OPK) mit dem Decknamen »Prediger« – man beachte im gesamten Ablauf der Stasi-Akten die Decknamen, die von dem MfS verwandt wurden und die eine gewisse, fast literarische Umschreibung beinhalten! – wurde angelegt, um Informationen zu Handlungen und Verhaltensweisen zu erhalten, die zum Nachteil des Staates sind.
 Die OPK »Prediger« wurde am 1.11.1982 unter dem Aktenzeichen III/894/82 eröffnet, aber schon am 23.10.1980, also nach dem erfolglosen Anwerbeversuch als IM vom 19.5.1978, wurde ich als operativ interessante Person – oppositionelle Haltung – eingestuft.

Klaus Feld:
Wie sah die OPK »Prediger« genau aus?

Berndt Seite:
Jeder Bürger konnte Gegenstand einer OPK werden. Das MfS versuchte damit die Menschen auseinanderzunehmen und nach ihren Erkenntnissen wieder zusammenzusetzen. Das war dann ein anderer Mensch, einer ohne Seele, aber zu ihrem Gebrauch. Sein gesamtes Leben wurde mit allen zur Verfügung stehenden Mitteln erforscht, durchleuchtet, bewertet und bei Bedarf in

einen Operativen Vorgang (OV) überführt, um den Menschen zu disziplinieren oder zur Strecke zu bringen. Ergab eine OPK keinen Anlass zur Weiterverfolgung, wurde der Vorgang geschlossen, aber bei uns war das bis zum Fall der Mauer nicht der Fall.

Klaus Feld:
Warum wurde für Sie eine OPK eröffnet?

Berndt Seite:
Das Ziel der OPK »Prediger« war nach der vorhandenen Aktenlage die Erarbeitung von Informationen zu Handlungen und Verhaltensweisen, die geeignet sind, die feindlich-negativen Wirkungsmöglichkeiten in der kirchlichen Arbeit einzuschränken und den Observierten aus der Kirche herauszulösen. Außerdem: Verkürzung des feindlich-negativen Wirksamwerdens als Tierarzt und der negativen Beeinflussung anderer Personen. So ungefähr klang das in ihrer Sprache.

Klaus Feld:
Das waren schwere Anschuldigungen.

Berndt Seite:
Ja. Die Stasi stellte fest:
»Dr. Seite hat eine politisch, negative Haltung. In seiner Funktion als Synodaler zählt er zu den reaktionären Kräften der Synode. Seine Teilnahme an Umweltkonferenzen läuft auf einen Konfrontationskurs mit dem Staat hinaus. Es ist eine zunehmende Aggressivität in der Vortragstätigkeit des S. festzustellen, der sich offen von der Gesellschaft des Sozialismus distanziert und gegen ausgewählte Ziele der DDR polemisiert. Von ihm ist eine negative Beeinflussung von anderen Personen zu erwarten. Die Ehefrau Dr. Annemarie Seite vertritt ebenfalls eine negative politische Einstellung.«

Klaus Feld:
Aber das MfS ging mit seinem Vorgehen gegen Sie und Ihre Frau noch weiter.

Berndt Seite:
Ja, sie wollten uns auch Fehler bei der Berufsausübung nachweisen: *»inwieweit durch berufliche Handlungen des Dr. S und seiner Ehefrau als Tierarzt Pflichtverletzungen begangen werden und begünstigende Bedingungen im Verantwortungsbereich des Dr. S zum Ausbruch von Tierseuchen vorhanden sind.«*

Klaus Feld:
Was bedeutet das genau?

Annemarie Seite:
Das MfS versuchte meinem Mann und mir nachzuweisen, dass wir v o r s ä t z l i c h den uns als Tierarzt anvertrauten Tierbestand einer LPG oder eines VEG zum Nachteil der Gesellschaft schädigen. Damit sollten wir beruflich diskreditiert oder aus dem Beruf entfernt werden.

Klaus Feld:
Dieser Schachzug gelang nicht, sehr zum Missfallen des MfS?

Annemarie Seite:
Nein, deren Denkweise war nicht die unsere. In ihren Denkschemata kam der Begriff der Ethik nicht vor. Das MfS konnte sich nicht vorstellen, dass Menschen in ihrem Wollen und Handeln sittlichen Normen unterworfen sind. Diese Normen gab es bei denen nicht. Denken Sie nur an die Zustände in den Gefängnissen und Arbeitslagern der DDR. Unsere Freundin Heidelore Rutz saß im berüchtigten Gefängnis Hoheneck. Bei den Bausoldaten der NVA war es ähnlich, so wird berichtet.

Klaus Feld:
Auch die IM mussten bestätigen, dass Sie und Ihr Mann sich in Ihrem Beruf tadellos verhielten. Noch mehr, Sie führten ständig Auseinandersetzungen mit den Verantwortlichen, um Missstände abzustellen. Warum dann auch in diesem Bereich das Misstrauen?

Annemarie Seite:
Misstrauen ist das entscheidende Kriterium für das Überleben einer Diktatur. Ich bin Tierarzt geworden, weil ich mir eine Lebensaufgabe gestellt habe, und die lag nicht vorrangig im Geldverdienen. Ergreift man diesen Beruf, dann wird er auch von der Ethik begleitet, anderen Kreaturen Hilfe zu leisten. Die Zustände in der damaligen Landwirtschaft waren so, dass die Beschäftigten »nur ein mangelhaftes Verhältnis als Produzenten zu den Produktionsgegenständen

[handschriftliche Notiz oben:] gemeinsame Absprache zum OV bei mir mit XVIII, XX + 6 KD Röbel, Ref. II für den 13.3.85 vorbereiten.

KOPIE durch BStU
Kreisdienststelle Röbel   Röbel, 16. 1. 1985

[handschriftliche Notiz:] Ein operativ sehr bedeutender OV. Mit der formuliehten Zielstellung ist auch der Nachweis des Feindangriffs gegen die sozial. Landwirtschaft zu erbringen!

bestätigt: ....

Zu dem OV haben MA des Ref. XX + XVIII direkt mitzuarbeiten.

Im Maßnahmenplan sind die Aufgaben für diese MA konkret festzulegen. Maßnahmenplan ist dann mir vorzulegen.

Eröffnungsbericht zum OV "Prediger", Reg.-Nr. III/794/82

Name, Vorname: Dr. Seite, Berndt
geboren am: 22. 4. 40 in Hahnswalde
wohnhaft: 2071 Walow, Kisserower Str. 05
Beruf: Tierarzt
Arbeitsstelle: Rat des Kreises Röbel
Tätigkeit: Tierarzt und Leiter der StAP Walow
Schulbildung: Diplomveterinärmediziner
soziale Herkunft: Bauer
soziale Stellung: Intelligenz
Vorstrafen: keine
Familienstand: verheiratet, 2 Kinder
  Sybille   - 1966
  Christoph - 1969
Parteizugehörigkeit: ohne
Massenorganisationen: keine
Religion: evangelisch

Begründung

[handschriftliche Notiz:] genau analysieren, welche Personen + Personenkreise. Wie zeigt sich die Wirksamkeit im Handeln dieser Personen. Bes. untersuchen

Dr. S. steht im Verdacht, Personen durch pazifistische Friedens- und Ökologieauffassungen negativ zu beeinflussen, im Sinne landesverräterischer Tätigkeit gem. §§ 99 und 100 StGB wirksam zu sein oder nachrichtendienstlich abgeschöpft zu werden. Es kann davon ausgegangen werden, daß Dr. S. als Zielperson des Gegners einzuordnen und ein Feindinteresse an seiner Person abzuleiten ist bzw. wäre aus folgenden Momenten/Fakten:

[handschriftliche Notiz:] Personen aus dem Bereich Landwirtschaft

K O P I E durch BStU

Abteilung IX Neustrelitz, 25. 2. 1985

Strafrechtliche Einschätzung
zur vorgesehenen Anlegung eines OV

Durch die KD Röbel wurde die OPK "Prediger", in der der Tierarzt

Dr. SEITE, Berndt
geb. am: 220440 4 0391 0 in Hahnswalde
wohnhaft: 2071 Walow, Kisserower Str. 5
Arbeitsstelle: Leiter der StAP Walow,

seit dem 8.11.1982 bearbeitet wird, zur strafrechtlichen Einschätzung mit dem Ziel der Anlegung eines OV in der Bearbeitungsrichtung der §§ 99 und 100 StGB vorgelegt.

Grundlage für die Einleitung dieser OPK waren die von "Prediger" als Synodale der evangl.-luth. Landeskirche Schwerin auf der 12. Tagung der XI. Landessynode vom 5. - 11.8.1981 in Schwerin öffentlich dargelegten, nicht eindeutig einzuordnenden politischen Äußerungen über die sozialistische Entwicklung in der DDR, sein intensives Engagement in der Mecklenburgischen Landeskirche zu Fragen der Ökologie und des Umweltschutzes sowie seine umfassenden Verbindungen und Kontakte zu Personen in der DDR und in das NSW.

Wie aus den vorliegenden Stellungnahmen der Abt. XX vom 8.1.1985 und der Abt. XVIII vom 18.5.1984 hervorgeht, wird der weiteren operativen Bearbeitung des Verdächtigen in einem OV zugestimmt.

Zum Stand der bisherigen op. Bearbeitung:

Dr. SEITE leistet nach erarbeiteten Informationen der KD Röbel in seinem Beruf eine gute fachliche Arbeit. In seinem Verantwortungsbereich tritt er mit hohem Fachwissen auf und zeichnet sich durch Gewissenhaftigkeit und Zuverlässigkeit im Arbeitsprozeß aus. Dadurch besitzt der Verdächtige im Wohn- und Arbeitsbereich Ansehen. Gesellschaftspolitisch ist Dr. SEITE in der Gemeinde Walow als Vorsitzender der Schiedskommission aktiv tätig. Seit 1976 ist er Synodale und gehört der Mecklenburgischen Landeskirche (MLK) Schwerin an. Im Rahmen der Tätigkeit als Synodale ist er im Ausschuß "Kirche und Gesellschaft" tätig und orientiert sich vorrangig auf die Gemeindearbeit sowie auf die Ökologie- und Umweltproblematik. "Prediger" unterhält umfassende und politisch-operativ sehr bedeutsame Verbindungen sowohl in der DDR als auch in nichtsozialistische Staaten. Im Auftrag der MLK unternahm er u. a. 1979 eine Reise nach Boston/USA und 1984 in 2 Fällen Reisen nach Kiel und Wuppertal/BRD zu kirchlichen Tagungen.

hatten«, wie es der Marxismus-Leninismus postulierte. Und oft hatten wir es im Beruf mit den Folgen dieser Zustände zu tun. Ständig ging es darum, die Menschen anzuhalten, ihren Aufgaben nachzukommen.

Klaus Feld:
Über den Umgangston Ihres Mannes bei seiner tierärztlichen Tätigkeit wird öfter gesprochen. Der soll nicht immer gut gewesen sein?

Annemarie Seite:
Mein Mann schlug manchmal einen rauen Ton an. Mangelndes Engagement, Schludrigkeit bei der Arbeit und allgemeine Disziplinlosigkeit waren ihm ein Gräuel. Ich war da anders, habe es mehr auf die elegante Tour getan.

Berndt Seite:
Es stimmt schon, Freunde habe ich mir damit nicht gemacht. Wenn allen alles gehört, dann gehört niemandem etwas. Das System hat nicht funktioniert. Obwohl uns das MfS Verfehlungen nicht nachweisen konnte, wurde die OPK nicht archiviert, sondern in einen »Operativen Vorgang« (OV) »Prediger« überführt. Das war so nicht üblich, aber was ist in einer Diktatur schon üblich? Sie vermuteten laufend, dass ich durch mein Auftreten Menschen motiviere, über die Verhältnisse in der DDR nachzudenken. Damit lagen sie in ihren »Einschätzungen« damals richtig.

Klaus Feld:
Auf dem Hintergrund dieser »Erkenntnisse« des MfS wurden dann die entsprechenden Maßnahmen eingeleitet? Und in den »Operativen Vorgängen« OV »Prediger« und OV »Sanddorn« konkretisiert?

Berndt Seite:
In der OPK »Prediger« gelang es dem MfS bereits, unser persönliches Umfeld »aufzuklären«, unsere kirchlichen Aktivitäten zu erfassen, unsere Freundschaften auszukundschaften, unsere Feste unter Teilnahme von Angehörigen der »Ständigen Vertretung der Bundesrepublik Deutschland in der DDR« (StäV) zu beobachten und unsere zeitweilige Teilnahme am Vipperower Friedenskreis um Markus Meckel zu erfassen.

Klaus Feld:
Warum leitete jetzt das MfS einen »Operativen Vorgang« ein, wo doch die »Operative Personenkontrolle« schon nach Ansicht des MfS die feindlich-negative Haltung des Dr. S. offenbarte?

Berndt Seite:
Der Übergang zum operativen Vorgang beinhaltete nach der Richtlinie 1/76 von Erich Mielke die Kriminalisierung und Zersetzung der Zielperson. In unserem »Fall« waren zwei schwerwiegende Anlässe entscheidend: Die Zentrale des MfS in der Normannenstraße in Ostberlin vermutete, dass ich einer nachrichtendienstlichen Tätigkeit nachgehe und der StäV davon berichte und mich verstärkt in die kirchliche Friedens- und Umweltpolitik einbringe. All das trage zu einer Destabilisierung der DDR bei. In dem entsprechenden Maßnahmeplan wird das festgestellt.

Der OV »Prediger« wurde am 16.1.1985 eröffnet. Am 30.12.1985 wurde der OV »Prediger« in OV »Sanddorn« umbenannt, ohne dass neue Erkenntnisse gegenüber »Prediger« vorlagen. Die Vorhaltungen des MfS gegenüber meiner Familie hatten sich nicht verändert, sondern wurden in Teilen noch verstärkt. Konkret wurde berichtet:

»Dr. Seite steht im Verdacht, Personen durch pazifistische Friedens-und Ökologieauffassungen negativ zu beeinflussen, im Sinne landesverräterischer Tätigkeit gemäß §§ 99 und 100 StGB wirksam zu werden. Es kann davon ausgegangen werden, dass Dr. S. als Zielperson des Gegners einzuordnen und ein Feindinteresse an seiner Person abzuleiten bzw. wäre aus folgenden Momenten/Fakten:
- *Dr. S. ist gewähltes Mitglied der Synode der MKL und widmet sich in starkem Maße Problemen der Ökologie und des Umweltschutzes;*
- *Er hat Kontakt zu Mitgliedern des »Vipperower FK«, insbesondere zu Pastor M (OV »Wanderer«);*
- *Dr. S. ist Tierarzt und mit ökonomischen Problemen des Kreises mehr oder weniger vertraut;*
- *Er hat eine politisch-negative bzw. kritische Haltung zu gesellschaftlichen Entwicklungsprozessen in der DDR;*
- *Dr. S. unternahm in der Vergangenheit aufgrund seiner Synodaltätigkeit NSW-Reisen;*
- *Er wohnt im Kreis Röbel, in dessen Umfeld militärische Objekte stationiert sind.«*

KOPIE durch BStU

Röbel, 18. März 1985

Quelle: IMS "Blitz"
entgegengenommen am: 13. 03. 85
                durch: Major Hagel

Einschätzung zu Tierarzt Dr. Seite

Ich kenne Dr. Seite seit etwa 10 Jahre, ich schätze Dr. Seite als einen guten Fachmann ein. Wenn ich erkrankte Tiere habe, führe ich die Absprachen zur Behandlung telefonisch morgens um 7.00 Uhr. Wir vereinbaren dann einen Zeitpunkt den er meistens pünktlich einhält, gelegentlich ist es zu Abweichungen bis zu 1 Std. gekommen. Dr. Seite begrüßt mich mit Handschlag und spricht mich mit Herr an, dann begibt er sich unverzüglich in den Stall und nimmt die Behandlungen vor, dabei ist er sehr sachlich, er gibt dann auf Anfrage fachliche Hinweise zur Weiterbehandlung der Tiere, das Haus hat er nur zweimal betreten, um seine Instrumente zu säubern. Dr. Seite verabschiedet sich ebenfalls mit Handschlag. Frau Seite tritt genauso korrekt wie ihr Mann auf und gleicht ihm in ihrer Arbeitsweise. Ein Gespräch zu irgendwelchen Problemen konnte ich bis jetzt mit beiden nicht führen. Die Gespräche wurden nur auf das Fachliche geführt. Engeren Kontakt zur Familie Seite haben Klaus Meierhoff aus Lebbin und Volker Jonnson aus Wendhof.
Diese Information stammt aus gesprächen mit Genossenschaftsbauern. Ich selbst habe einige Male wahrgenommen, daß die Autos von Maierhoff und Jonnson dort standen.
Jonnson habe ich das letzte Mal am Donnerstag, den 7. 3. 85 dort gesehen. Jonnson und Meierhoff haben Seites 1984 des öfteren von der Arbeit aus besuch und sich zum Frühstück oder Kaffee eingefunden.

F.d.R.

KOPIE durch BStU

3.1.2. Der IMS "Krüger" wird personenbezogen peripher zur operativen Kontrolle im Wohngebiet eingesetzt. Durch ihn sind Informationen zu erarbeiten über:

- Auftreten und Verhalten des Dr. S. im Wohngebiet
- Feststellung und Identifizierung von Personen, die engen Kontakt zu Dr. S. und dessen Familie haben
- Abschöpfung der Familienmitglieder des Dr. S. zu Plänen und Absichten in der Freizeitgestaltung
- Ergänzung und Vervollständigung der Persönlichkeitsbilder des Dr. S. und der Familienmitglieder

Termin: 20. 10. 85
verantwortlich: Major Hagel

3.1.3. Die IMS "Biene", "Planitz", "Blitz" und "Ohne" werden auf Grund ihrer beruflichen Möglichkeiten und Voraussetzungen eingesetzt zum Nachweis und zur Dokumentierung des feindlich Wirksamwerdens des Dr. S. unter Beschäftigten der Landwirtschaft.

- Anfertigen von Einschätzungen zum Verhalten und Auftreten, zu politischen Meinungsäußerungen und Einflußnahme auf Personen, Erfüllung seiner beruflichen Pflichten als Tierarzt unter Beachtung folgender Aspekte:

  . sind seine Meinungsäußerungen geeignet, eine politisch-negative Beeinflussung oder Massenwirksamkeit zu erreichen?

  . stehen seine Meinungsäußerungen der sozialistischen Umwelt, Verteidigung und Landwirtschaft entgegen?

  . bringt er in seinen Meinungsäußerungen seine feindliche Haltung zum Ausdruck?

  . löst er Aktivitäten zur Kontrolle der Durchsetzung der Rechtsvorschriften, insbesondere auf dem Gebiet des Veterinärwesens aus?

  . kommt er seinen Aufgaben bei der Durchsetzung der staatlichen und veterinärmedizinischen Tagesaufgaben nach?

  . übt er Einfluß und Anleitung auf die Qualifizierung der mittleren leitenden Kader und Tierpfleger aus?

  . erfüllt er seine Aufgaben auf dem Gebiet der ZV?

Termin: 15. 10. 85
verantwortlich: Major Scheel
Major Hagel

3.1.4. Weiterführung der Überprüfung und Auswahl von Personen für die Eignung als IM aus dem bekannten Verbindungskreis des Dr. S. mit dem Ziel der Einführung in die operative Bearbeitung und Herstellung von vertraulichen Beziehungen in enger Zusammenarbeit mit den Abteilungen XVIII und XX.

K O P I E durch BStU

- Zu den vorgesehenen Maßnahmen der Einbeziehung der Abt. Inneres des Rates des Kreises Röbel wird festgelegt, daß kein erneuter Einfluß durch die KD ausgeübt wird, um von staatlicher Seite auf "Prediger" einzuwirken.

- Durch die Abt. XX ist zu prüfen, ob "Prediger" durch Aktivitäten zum Umwelttag auf sich aufmerksam macht.

- Durch die Abt. XVIII ist eine Expertise zu dem Bio-Verfahren Schwein anzufertigen sowie seine fachlichen Pflichten herauszuarbeiten.

- In die vorzubereitende konspirative Durchsuchung sind das Wohnhaus, Objekt Woldzegarten, Auto und Garage mit einzubeziehen.

- Der Abt. IX ist bei Anfall sofort das Material zur Verfügung zu stellen mit dem Ziel, eine obj. strafrechtliche Einschätzung durchzuführen

- Die KD Röbel erstellt auf der Grundlage dieser Beratung eine Ergänzung zum Operativplan des OV

Termin: 15. 6. 85

Die weiteren Beratungen beim Stellv. Operativ erfolgen vierteljährlich.
Die nächste Beratung findet Anfang September statt.
Einladungen erfolgen dazu durch die Abt. XX.
Schwerpunkte der nächsten Beratung stellen dar:

- Abrechnung der Ergebnisse des IM-Einsatzes
- Abrechnung der Ergebnisse zum Nachweis, daß "Prediger" ein Feind und feindlich tätig ist.

Mitarbeiter

Hagel
Hagel
Major

Bei der erfolgten Bestätigung der OV-Eröffnung am 5.3.1985 durch die Leitung der Bezirksverwaltung Neubrandenburg wurde zusätzlich vermerkt:
»Ein operativ sehr bedeutender OV. Mit der formulierten Zielstellung ist auch der Nachweis des Feindangriffes gegen die sozialistische Landwirtschaft zu erbringen! An dem OV haben MA der Abt. XX und XVIII direkt mitzuarbeiten. Im Maßnahmeplan sind Aufgaben für diese MA konkret festzulegen. Maßnahmeplan ist mir dann vorzulegen«.

Sachstandsbericht Operativer Vorgang »Sandorn« vom 24.1.1987.

An diesen Operativen Vorgängen hielt das MfS bis zu seinem Ende fest.

Beruf Tierarzt

Klaus Feld:
Ihre Frau und Sie waren 25 Jahre als praktische Tierärzte im Kreis Röbel/Müritz tätig. In den Berichten der Informanten an die Staatssicherheit zu Ihrer beruflichen Tätigkeit werden Ihre Frau und Sie als qualifizierte Fachleute beschrieben und trotzdem versuchte das MfS, Ihnen Fehlverhalten nachzuweisen. Ihr Auftreten sei konsequent, kompetent und unbestechlich. Sie wären pünktlich, zuverlässig und kritisch und würden keinem Problem aus dem Weg gehen. Sehr positiv, was da über Sie geschrieben wurde.

Berndt Seite:
Das trifft für andere Tierärzte auch zu. Wie in jedem Beruf gab es einige, die es leichter nahmen. Dazu kam, dass man sich in »sozialistischen Kollektiven« gut verstecken, auch vor der Arbeit drücken konnte. Heute steht jeder Freiberufler für sich allein da. Kümmert er sich nicht um seine Belange, kann er nicht bestehen.

Klaus Feld:
Sie waren kritisch gegenüber dem System?

Annemarie Seite:
Unsere Kritik bezog sich vor allem auf die Unzulänglichkeiten/Missstände in unserem beruflichen Umfeld. Und die gab es ausreichend. Natürlich war es das System, das die Missstände produzierte. Noch schlimmer, die Missstände waren systemimmanent, aber das konnte man nicht benennen, nur denken. Es hat uns auch Spaß gemacht, die Finger in diese Systemwunden zu legen, manchmal auch übermütig. Aber niemals haben mein Mann und ich mit Vorsatz einen Schaden in unserer beruflichen Tätigkeit herbeigeführt oder sie nicht mit der gebotenen Sorgfalt verrichtet. Uns berufliche Fehler und einen Vorsatz nachzuweisen, darauf wartete das MfS nur. Die vorgefundenen Berichte belegen das. Wir ahnten und spürten, dass wir uns keine Blöße geben durften. Oft mussten wir besser sein als mancher unserer Kollegen.

Klaus Feld:
Wäre durch passiven Widerstand eventuell das System schneller zusammengebrochen?

Berndt Seite:
Vielleicht, aber wie sollte das geschehen? Nein, man reagiert immer aus den Rahmenbedingungen der Zeit heraus. Es gab keine Anzeichen einer kommenden revolutionären Situation, aber nach der Gründung der »Solidarnosc« in Polen bekam der Ostblock einen feinen, aber tiefen Riss, wie nach einem leichten Erdbeben, ohne sichtbare Schäden. Von diesem »Erdbeben-Aufzeichnungsgerät« aber wussten wir damals nichts. Von meinem Arbeitsethos her kam ein Widerstand beruflich nicht infrage. Nein, das ging nicht. So war es auch im Herbst 1989. Meine Frau hat schon davon gesprochen. Unsere »revolutionären Aktivitäten« fanden

K O P I E durch BStU

Haupttierarzt

274   23. 2. 1966

Beurteilung des Tierarztes Bernd Seite

Tierarzt Bernd Seite, geboren am 22. 4. 1940, ist seit dem Jahre 1964 als Leiter der staatlichen Tierarztpraxis Walow tätig.

Der Kollege Seite hatte im ersten Jahr seiner Tätigkeit gewisse Schwierigkeiten. Es gelang ihm anfänglich schwer, auf Grund seiner ungenügenden Erfahrung das richtige Verhältnis zu den Genossenschaftsbauern zu finden.

Da er sich aber immer bemüht hat seine Fehler einzusehen kann man nun sagen, daß er sich gut eingearbeitet hat.

Tierarzt Seite ist in seiner Arbeit fleißig und zuverlässig.

KOPIE durch BStU

Rat f. landwl. Produktion u.
Nahrungsgüterwirtschaft
Abt. Veterinärwesen

207 Röbel/Müritz

Beurteilung des Kollegen Bernd Seite

Der Tierarzt Bernd Seite ist seit 1. 1. 1964 als Leiter der Staatlichen Tierarztpraxis Walow I, Kreis Röbel, tätig.

Zu Beginn seiner Tätigkeit hatte der Kollege Seite Schwierigkeiten im Umgang mit dem Menschen. Es gelang ihm nicht immer das für eine erfolgreiche Zusammenarbeit notwendige Vertrauensverhältnis zu den Genossenschaftsbauern herzustellen.

Seine anfängliche Fehleinstellung zu den beruflichen Aufgaben beruhte z. gr. Teil auf Mängel in der Ausbildung, die zu wenig praxisverbunden war.

Nach entsprechenden Aussprachen hat der Kollege seine Fehler eingesehen und hat es schnell verstanden sich den Realitäten anzupassen.

Heute genießt der Kollege ein hohes Ansehen bei den Genossenschaftsbauern und wird nicht nur wegen seines Fleißes sondern auch wegen Gewissenhaftigkeit überall geschätzt.

Er hat ein ausgeprägtes Selbstbewußtsein.

Eine einmal gefaßte Meinung vertritt er hartnäckig. Ist er von der Notwendigkeit bestimmter Maßnahmen überzeugt, so setzt er sich mit allen Mitteln für die Realisierung ein. Kollege Seite hat ein umfangreiches Wissen und ist bemüht, sich laufend fortzubilden.

In Vorstandssitzungen und Brigadeversammlungen tritt er nicht nur für die Durchführung von tierärztlichen Belangen ein, sondern auch für die Entwicklung der sozialisti-

KOPIE durch BStU

schen Landwirtschaftsbetriebe auf Grund zentraler Beschlüsse. Mißständen gegenüber verhält er sich auseinandersetzend und ist bereit sie zu beseitigen. Sachliche Auseinandersetzungen werden von dem Kollegen Seite nicht gescheut.

Auf Grund seines Wissens und seiner Intelligenz könnte er noch größere Erfolge in seiner Arbeit verzeichnen. Der Kollege Seite hat ein offenes und hilfsbereites Wesen und ist deshalb bei allen Kollegen beliebt.

Für die Gründung der zweiten Gemeinschaftspraxis im Kreis Röbel setzt sich Kollege Seite aktiv ein. Kollege Seite wird Mitglied dieser Gemeinschaftspraxis.

TA Hellwig
Stellvtr. d. KTA

TA Seite

Röbel, den 2. 12. 1970

KOPIE durch BStU

Veterinärwesen

Rat für landw. Produktion
und Nahrungsgüterwirtschaft
des Kreises
Veterinärwesen
Kollegen TA Seite

Röbel

14.03.1973

Werter Kollege Seite !

Im Ergebnis der in den letzten Wochen seit Auslösung der Alarmstufe I durchgesetzten umfangreichen Seuchenschutzmaßnahmen ist es gelungen, die Ausbrüche akuter Tierseuchen, insbesondere der Maul- und Klauenseuche, im Bezirk Neubrandenburg zu verhindern.

Vor allem ist es das Ergebnis der von Ihnen gemeinsam mit dem Offizier des VPKA systematisch durchgeführten Anleitungs- und Kontrolltätigkeit. Es ist ganz entscheidend mit Ihr Verdienst bei der Herstellung von Ordnung und Sauberkeit in den sozialistischen Landwirtschaftsbetrieben. Durch vorbildliche Einsatzbereitschaft, getragen von hohem Verantwortungsbewußtsein, haben Sie die übertragenen Aufgaben zur Sicherung einer von akuten Tierseuchen störfreien Produktion beispielhaft erfüllt.

Dafür spreche ich Ihnen, werter Kollege Seite, im Namen des Genossen Trojan, Vorsitzender des RLN (B), im Namen der leitenden Tierärzte des Bezirkes sowie in meinem eigenen Namen den herzlichsten Dank und Anerkennung aus.

Mit sozialistischem Gruß

OVR Dr. Hummel
Bezirkstierarzt

Neubrandenburg, 12. Nov. 1987

KOPIE BStU

Einschätzung "Sanddorn"

1. fachliche Seite

- Seit 1972 Leiter der staatlichen Tierarztpraxis Walow, gehört zu den dienstältesten Tierärzten im Kreis Röbel.

- Hat als Tierarzt einen sehr guten Leumund, besitzt hohes fachliches Wissen und Können, ist engagiert und einsatzbereit, diszipliniert und konsequent sowie sachlich und korrekt im Verhalten und Auftreten (geht für seine Arbeit auf; um stets hohe Arbeitsergebnisse bemüht, genießt dadurch Achtung der Genossenschaftsbauern).

- Ist gegenüber Mängeln, Mißständen schonungslos konsequent, übt Kritik unabhängig von der Person und bezieht klare Positionen im Interesse der positiven Veränderung des Zustandes. (mit gegenwärtiger Ist-Situation in LW völlig unzufrieden)

- Stellt hohe Anforderungen an das Kollektiv, aber auch an sich selbst, handelt nach der Maxime: was ihm abverlangt wird, verlangt er auch von anderen, bzw. was von ihm gefordert wird, fordert er auch von anderen (bezeichnet es als "seine Gerechtigkeit").

- Pflegt im Umgang mit anderen Personen, auch unter seinen Kollegen, ein durchgängiges "Sie"-Verhältnis – will sich in keine Abhängigkeiten begeben.

- Hinterläßt durch seine Art, Kritik zu üben – direkt, energisch, fordernd –, sowie durch die Vermeidung von "Du"-Kontakten den Eindruck der Überheblichkeit und Anmaßung.

- Haltung zur sozialistischen Landwirtschaft – seine Meinung: "Die sozialistische Landwirtschaft ist positiv, die Schwächen, die sie hat, sind menschliche Schwächen, die in zu großem Umfang toleriert werden."

- Ist Leiter der Kreisarbeitsgruppe "Biotechnische Verfahren beim Schwein" – Leistungen im Vergleich zu anderen Kreisen nicht zufriedenstellend.

Beachten:

Aus A-Maßnahme geht hervor, daß in den LPG Göhren/Lebbin, die in dem Zuständigkeitsbereich von "Sanddorn" liegen, im Vergleich zu anderen LPG immer zuerst Schweinekrankheiten auftreten.

KOPIE durch BStu

Kreisdienststelle
Röbel

Röbel, 27. Apr. 1983

Tonbandabschrift

Quelle: IMS "Ohne"
entgegengenommen am 27. 4. 83
      durch Hptm. Scheel

Zum Verhalten des Tierarztes Dr. Berndt Seite

Dr. Seite sowie seine Ehefrau setzen sich aktiv dafür ein, daß die Festlegungen zur Senkung der Tierverluste in den LPG (T) weitestgehend durchgesetzt werden. Soweit ich weiß, haben sie beide jedoch große Schwierigkeiten dabei, d. h., daß Frau Seite in der LPG Walow von der Leitung der LPG so gut wie keine Unterstützung erhält. Ebenso ist es bei Herrn Seite in der LPG Kogel. Beide sind über diesen Zustand sehr unzufrieden. Von ihnen angeregte Veränderungen zur Beseitung von begünstigenden Bedingungen für Viehverluste werden von den Leiter der LPG nur zur Kenntnis genommen, jedoch oft gar nichts zur Veränderung der Situation eingeleitet. Gegenwärtig ist die Haltung der Seites so, daß sie unzufrieden sind und dieses auch offen aussprechen. Sie sehen sich außerstande, in den genannten LPG'en ihren geforderten Beitrag zur Senkung der Tierverluste sowie Gewährleistung der Tiergesundheit sowie des Seuchenschutzes zu leisten, da sie nur sehr wenig Unterstützung von den Leitungen der LPG'en erhalten bzw. werden ihren veterinärmedizinischen Forderungen zu wenig Beachtung geschenkt.
Auf der Arbeitsberatung der Tierärzte im März 1983 beim Kreistierarzt erregte sich Seite, Berndt sehr darüber, daß er mit seinem Benzinkontingent nicht mehr zurecht kommt. Er könne mit 70 ltr. Benzin im Monat seinen Aufgaben nicht mehr erfüllen. Tatsache ist jedoch, daß er auch wenn er das Kontingent überzogen hatte, etwas nachbekam.
Seite äußerte verärgert, daß man dann doch offen sagen sollte, daß er als Tierarzt zur Arbeit mit dem Fahrrad fahren muß bzw. soll. Auch auf der Rechenschaftslegung der Vorsitzenden der LPG (T) und der Bereichstierärzte beim Vors. d. Rates des Kreises am 22. 2. 83 sprach Seite offen diese Probleme an, wobei er insbesondere in den Fragen der Unterstützung durch die Leitungen der LPG, die allgemein noch unzufrieden sind, Recht hatte. Er stellte sie dort jedoch sehr drastisch dar auf Grund seiner Verärgerung.
Die Festlegungen dieser Rechenschaftslegung waren für Seite nicht ausreichend. Die kleinen Probleme wurden nicht berücksichtigt. So wurde z. B. für Kogel aus der Fülle der durchzuführenden dringenden Sofortmaßnahmen nur die Gewährleistung der ganztägigen Geburtenüberwachung festgelegt sowie, daß das Futter im Sortiment für Kühe nicht so einseitig bereitgestellt werden sollte. Mit diesen Festlegungen war Seite nicht einverstanden.

Ich werde, wie vereinbart, ihn nächste Woche aufsuchen und mit ihm die ihn bedrückenden Probleme besprechen.

F.d.R.d.A.

Schee/Hptm

KOPIE durch BStU

Kreisdienststelle Röbel   Röbel, den 12. 07. 1988

Quelle: IMS "André"
entgegengenommen am 7. 7. 1988
durch Major Scheel

Bericht zum Tierarzt Dr. S e i t e , Bernd, wohnhaft: Walow

Der IMS informierte, daß Dr. Seite seit dem Frühjahr 1988 verstärkt solche Verhaltensweisen zeigt, die auf eine Absicht gegen gewohnte demokratische Gepflogenheiten und Abläufe vorzugehen, hindeuten. So durch ein offenes Ansprechen von bestimmten Dingen, um Sympathisanten für seine Vorstellungen zu finden und Konfrontationen zu schaffen.
Der IMS begründete dies mit folgenden Aktivitäten des Dr. Seite:

- Dr. Seite will nunmehr, nachdem er 1987 das Angebot, im Kooperationsrat Penkow mitzuarbeiten, erhielt, mitarbeiten. Er macht Front, weil er mit den Aussagen des Kooperationsratsvorsitzenden M e n c w e l l nicht einverstanden ist, der bei einer Aussprache mit ihm sagte, daß Dr. Seite sich als Tierarzt nicht um die Belange des Bodens kümmern soll, sondern um die Tiergesundheit. Dr. Seite beruft sich jetzt auf die Forderung, daß er als Tierarzt aktiv in der Kooperation mitzuwirken hat, jedoch nicht mehr zu Sitzungen des Kooperationsrates geladen wird. Er hat jetzt deswegen eine Eingabe beim Vorsitzenden des Rates des Kreises gemacht, um dieses Problem der "Einschränkung der demokratischen Mitbestimmung" auf eine höhere Diskussionsebene zu heben.

Auf Befragen äußerte Dr. Seite dann gegenüber dem IMS, daß er es sich überlegt habe, nicht "außen" zu stehen. Er habe viel zu sagen und möchte die ihm gebotenen Möglichkeiten dazu nutzen. Er lasse sich nicht außerhalb stellen. Die Zeit sei da, um aktiv an Veränderungen zu arbeiten und mitzuwirken.

- Während eines politischen Gespräches durch den Sekretär für Agit./Prop., Genn. Ruppersberg, mit den Tierärzten des Kreises Röbel wurden von der R. die Ereignisse im Zusammenhang der kirchlichen Tagung in Dresden 1988 ausgewertet. Es erfolgte die Wertung der R., daß sich dort die Konterrevolutionäre unter dem Dach der Kirche versammelt hätten.
Dr. Seite nahm dann aufgeregt das Wort und hielt dagegen, daß dies nicht wahr sei. Wenn dies von der SED so gesehen werde, dann sei er ja auch ein Konterrevolutionär, denn er war dort auch Teilnehmer.
Hierüber entbrannte dann ein Disput, indem die Genn. R. von ihrer Position nicht abwich. Hierüber ist Dr. Seite verärgert und macht bei gelegentlichen "Spitzen" vom Ausspruch Gebrauch, daß er ja zu einem Konterrevolutionär gestempelt sei.

K O P I E durch BStU

- Dr. Seite richtete Anfang Juli als Schlußfolgerung des Studiums der 6. Tagung des ZK der SED, wie er sagte, ein Schreiben an die Bürgermeisterin von Walow als örtliches Staatsorgan mit dem Antrag auf eine Kandidatur für die Wahlen 1989. Auf Befragen des IMS sagte Dr. Seite, daß er nicht ein neues Wahlgesetz anstrebe, jedoch sei er gegen das praktizierte Auswahlprinzip der Kandidaten, wobei nur Parteien und Massenorganisationen Kandidaten nominieren dürften. Er sei für eine wirkliche freie Wahl der Kandidaten. D.h. auch, daß man sich selbst zu einer Wahl stellen kann.

- Im Zusammenhang der Realisierung von Gehaltserhöhungen auch im Bereich des Veterinärwesens wurde eine Gewerkschaftsversammlung durchgeführt, in der Dr. Seite gegen den Vorschlag der kollektiven Beratung hinsichtlich der zu zahlenden Leistungszuschläge auftrat. Er vertrat hartnäckig den Standpunkt und warb dafür um Sympathie bei den anderen Tierärzten, daß nicht die Gewerkschaft ihre Meinung zu dem Vorschlag des Kreistierarztes zu sagen hat, sondern, daß die Gewerkschaft berät und festlegt, was der Kreistierarzt bzw. der Arbeitgeber zu zahlen hat. Die Gewerkschaft müsse unabhängig agieren und den Mut besitzen, auch gegen die Betriebsleitung für die Beschäftigten aufzutreten.

In dieser Richtung hat Dr. Seite bereits in der Vergangenheit gearbeitet. Jetzt erhält er auch aufgrund seiner geschickt vorgetragenen Problemdiskussionen von anderen Tierärzten teilweise Zustimmung, was ihn wiederum ermutigt, Probleme aufzugreifen und zum Spielball ernsthafter Diskussionen zu machen.

Der IMS berichtete, daß im ersten Halbjahr 1988 in der StAG, die von Dr. Seite geleitet wird, Kontrollen auf die Durchsetzung der Arbeitsorganisation, der Ökonomie und des Veterinärwesens vorgenommen wurden.
Es konnte festgestellt werden, daß Dr. Seite eine vorbildliche Tierarzttätigkeit betreibt und bei den geforderten Parametern meist Bestwerte erzielte. Alle Unterlagen, Nachweise usw. werden durch ihn exakt geführt, so daß es auf dem Gebiet der beruflichen Tätigkeit bei ihm keinerlei besondere Beanstandungen gab.
Gegenüber anderen StAG und Tierärzten ist Dr. Seite Vorbild. Dieses führt auch dazu, daß er von "schwächeren" Tierärzten als "Vorbild" angesehen und angenommen wird.
Es ist jedoch erkennbar, daß Dr. Seite diese Situation nutzt, um bestimmte Probleme an Tierärzte heranzutragen, um darüber zu diskutieren, wie das bereits jetzt zu den Vorgängen in der SU der Fall ist.

Stellv. Leiter der KD

S c h e e l
Major

2. Einschätzung seiner beruflichen Fähigkeiten und Handlungen sowie seiner Ehefrau

- welche beruflichen Aufgaben und Pflichten hat er lt. Funktionsplan zu lösen

- welches ist sein konkreter Verantwortungsbereich

- wie setzt er sich für die Einhaltung der Seuchenschutzbestimmungen und der Durchsetzung der Beschlüsse des Rates des Kreises ein

- sind bei Dr. S. sowie seiner Ehefrau Pflichtverletzungen festzustellen

- Wie ist der Einsatz von Medikamenten und wie setzt er die Tierhygiene in den Stallanlagen durch

- Wie tritt er gegenüber Pflichtverletzungen von Tierpflegern und Brigadieren in den Stallanlagen auf

- umfangreiche Erarbeitung von Ursachen und begünstigende Bedingungen die zu einem Ausdruck von Tierseuchen in Verantwortungsbereich des S. geführt haben

    durch IMS "Ohne"

immer nach Feierabend statt. Erst die Arbeit, dann die Revolution. Vielleicht ist das auch typisch deutsch. So sind wir.

Klaus Feld:
Im beruflichen Umgang mit den Menschen scheinen Sie distanzierter gewesen zu sein als Ihre Frau. Sie wären mit allen Leuten per »Sie«, verzeichnen die Akten. Noch schlimmer, sie ließen sich im Stall »bedienen«, verlangten ein sauberes Handtuch, Seife und warmes Wasser. Spielte da nicht eine gewisse Arroganz eine Rolle mit?

Berndt Seite:
Man wird schnell als arrogant bezeichnet, wenn man sich mit bestimmten Dingen nicht zufrieden gibt. Schon die Hygiene forderte, dass solche Dinge bereitgestellt wurden. Es gab Kollegen, die nahmen die Gegebenheiten hin. Kumpanei ist der Anfang vom Ende einer Arbeitsbeziehung. Da alle gleich sein sollten, so versiegte auch jegliche Innovation. Alle wollten im »Sozialismus« Chef sein, alle gleich, aber bekanntlich sind einige immer gleicher. Das Ende der DDR ist bekannt. Per »Sie« zu sein und zu bleiben, war auch eine Schutzfunktion, um nicht vereinnahmt zu werden, Distanz zu halten, um seine Vorstellungen besser durchsetzen zu können. Der kumpelhafte Umgang der Genossen, ohne Ansehen der Person, hat mich von Anfang an abgeschreckt. Ein ähnlicher Umgang in den heutigen Parteien gefällt mir auch nicht. Ein Kreistierarzt wollte mich einmal maßregeln, weil ich auf einem Betriebsfest einem LPG-Vorsitzenden das »Du« abgeschlagen hatte. Andere hatten dazu eine andere Meinung. Ich erinnere mich noch an die Äußerung des Oberarztes Dr. Gängel in der Chirurgie der Veterinärmedizinischen Fakultät in Ostberlin, der uns einmal am Biertisch unsere Perspektive in der zukünftigen Praxis so beschrieb: »*Wenn ihr erst einmal Betriebstierärzte in einer Kolchose seid, dann bekommt ihr höchstens 200 Mark im Monat und vier Sack Hafer, wenn die Ernte gut ausfällt; außerdem seid ihr nur der Laufbursche des Vorsitzenden.*« So schlimm wurde es dann doch nicht. Fazit: Ich wollte nicht als namenloses Gesicht im System untergehen. Etwas anders zu sein, kann man mir schon als Arroganz zuschreiben.

Klaus Feld:
Ihre Frau wurde als zugänglicher und freundlicher beschrieben!

Berndt Seite:
Ja, sie war diplomatischer und freundlicher als ich, aber sie konnte auch »anders« sein.

Annemarie Seite:
Wir waren ein Team. Mein Mann bildete die Speerspitze, um die harten Auseinandersetzungen zu führen, und ich legte dann »weiße Salbe« auf. Es stimmt schon, manchmal war er zu heftig, ich musste das dann ausbügeln, wenn die Leute sich bei mir beschwerten. Der GMS »Frank« hat das in einem Bericht an die Stasi vom 14.10.1989 sehr deutlich formuliert. Er war entsetzt, berichtete er, als er mir zum 50. Geburtstag gratulierte und »*die Kollegin Seite vom nahen Ende der DDR sprechen hörte. Hier zeige die Konterrevolution ihr wahres Gesicht und Frau Seite steht mitten drin.*« Das hatte er von mir nicht erwartet. Ein Jahr später, als mein Mann aus der Praxis ausschied und Landrat wurde, bot derselbe Mann mir eine Praxisgemeinschaft an! Welch eine Chuzpe! War das Absicht oder Dummheit, Verdrängung oder kein vorhandenes Unrechtsbewusstsein? Darüber sollten wir auch reden, denn das ist ein Kernpunkt der späteren Entwicklung in Ostdeutschland.

Klaus Feld:
Herr Seite, Sie waren zwei Jahre hauptamtlich für die Sanierung einer bestimmten Tierkrankheit in Ihrem Kreis zuständig und mehrere Mal in anderen Kreisen zur Seuchenbekämpfung im Einsatz. Warum Sie und kein Genosse? Sie haben darüber fiktiv in Ihrem Buch »Die Rampe oder an der Lethe wachsen keine Bäume« geschrieben. Merkwürdig ist, dass der IM »Ohne«, ihr erster Kreistierarzt, dem MfS über Sie berichtete und Sie dann wieder für besondere Aufgaben einsetzte. Wie passt das zusammen?

Berndt Seite:
Das ist ein Dilemma, in dem sich die IM oft befanden. Ich muss nicht in ihr Seelenleben eintauchen, das überlasse ich ihnen selbst, aber je nach »Tagesform« haben sie sich so oder anders verhalten.

Kreisdienststelle   Röbel, den 14. 10. 1989
Röbel

- Tonbandabschrift -   K O P I E durch BStU

Quelle: GMS "Frank"
entgegengenommen am: 14.10.1989
durch: Ltr.d.KD - Gen. OSL Roß

Bericht zu Dr. Seite und Ehefrau

Am 13. Februar 1989 war Gen. Frank Liebig in Vertretung des Kreistierarztes als BGL - Vorsitzender bei Dr. Seite in Walow, um der Tierärztin Frau Dr. Seite Geburtstagsglückwünsche zum 50. Geburtstag zu übermitteln. Daran nahm die Tierärztin, Genn. Menke, Sabine, teil, in der Funktion des StGP-Leiters.
Dort wurden wir stark konfrontiert mit dem "Neuen Forum", bzw. mit den Gedanken des "Neuen Forum". Es wurde offensichtlich, schon am Eingang, in der Diele, wo praktisch auf einen dunklen Hintergrund mit weißen Druckbuchstaben das "Neue Forum" stand, darunter ein Bild von Gorbatschow, als Klappkarte, wenn man sie aufklappte, dann war Gorbatschow in einer Badehose bekleidet mit 2 leichtbekleideten Mädchen links und rechts und tanzten Kassaschock und es wurde allen die dort eintraten praktisch vorgeführt als ein Gaudi.
Die Gespräche selbst waren eigentlich angelegt nur auf Konfrontationen. Auf familiäre Probleme wurde kaum eingegangen. Solche Äußerungen wie: Die SED ist nicht mehr in der Lage die führende Rolle zu übernehmen - die Regierung muß weg - sie hat ausgespielt - solche Dinge wurden dort laufend angeführt. Die ganzen Gespräche wurden immer wieder auf das Thema der jetzigen Situation in der Republik zurückgeführt. Auf Schwerpunkte, die jetzt auch unter der Bevölkerung diskutiert wurden, wie z.B. die ganze Frage der Leistungsvergütung, des Preisanstieges sowie auch auf dem Gebiet der Leitungsebene - er sprach von dem Wasserkopf und der aufgebauschten Leitungsebene, daß 58 % der arbeitenden Bevölkerung in Staatsapparaten, in der Partei, der VP, Staatssicherheit arbeitet, also ein kleiner Teil arbeitet produktiv. Ich hatte das Gefühl, daß der Zeitpunkt der kommenden ZK - Tagung eigentlich der Stichpunkt ist, für das "Neue Forum". Weil er immer wieder sagte, die ZK - Tagung muß man abwarten. Er sagte, die Demonstrationen gehen aber weiter dieses wüßte er mit Sicherheit um Druck auszuüben auf Partei und Regierung. Er sagte auch, auch wenn die Grenzen dicht gemacht werden, werden die, die ausreisen wollen, bis einschließlich nach Moskau fahren, um dort die Botschaft zu besetzen und von Moskau aus reisen, gleich welche BRD - Botschaft, die Unterstützung ist da, wenn es jetzt nicht irgendwelche Regelungen gibt. Er ging sogar soweit und sagte, daß die Blockparteien und Massenorganisationen unter dem Druck der Partei stehen und keiner traut sich. Als ich sagte, er sollte mal die Zeitung lesen, wo sich die DBD geäußert hat - ja sagte er - das ist nur der Schein nach außen. Er hat auch sogar seine eigenen kirchlichen Würdenträger in Mißkredit gebracht, - das ist nur der Schein nach außen - Er bezog sich hierbei auf das Gespräch.

Annemarie Seite:
Da gibt es in den Akten die Passage, wo der Kreistierarzt gegenüber einem Mitarbeiter des MfS erklärt, dass mein Mann in seiner kritischen Haltung von meinem Vater beeinflusst wird. Es war den Machthabern bekannt, dass mein Vater ihr System ablehnte, genauso wie das der Nazis. Mein Vater war ein Nationalkonservativer und ein preußischer Beamter. Als Kreistierarzt des Kreises Stralsund lehnte er es nach 1933 ab, Freibankfleisch an die Insassen des KZ Barth auszugeben. Als die Russen kamen, wurde er 1945 sofort wieder in sein Amt eingesetzt. 1957 protestierte er beim ADN (Allgemeiner Nachrichten Dienst der DDR) gegen die Berufung eines einstigen NSDAP-Mitglieds zum Minister für Landwirtschaft. Nach drei Tagen gab der Mann sein Amt auf. Das mag die Machthaber der DDR gekränkt haben, aber meinen Mann musste mein Vater nicht beeinflussen, der ging seinen eigenen Weg.

Klaus Feld:
Und warum auf diesem Hintergrund die Berufung für besondere Aufgaben bei der Tierseuchenbekämpfung?

Annemarie Seite:
Mein Mann ist ein Organisationstalent und er bringt auch die nötige Schärfe und Unduldsamkeit bei der Durchsetzung der Maßnahmen mit. Das wurde bei den Einsätzen bemerkt, daher wurde er immer wieder angefordert. Und im Kreis war er als Parteiloser ein Einzelkämpfer, den man bei Fehlschlägen problemlos ausmustern konnte. Dem Kreistierarzt konnte er das Amt nie streitig machen, obwohl der wegen seiner bürgerlichen Herkunft als Genosse nur begrenzt akzeptiert wurde. Das ist meine Sicht der Dinge, andere werden eine andere Meinung dazu haben.

Klaus Feld:
Sie haben auch Auszeichnungen erhalten, Herr Seite. Wie stehen Sie heute dazu?

Berndt Seite:
(Lacht) Ja, das stimmt. Als »Junger Pionier« habe ich auch solche Abzeichen erhalten, für gute Arbeit etc. Als Tierarzt dann im Zuge meiner Tätigkeit als »Seuchenkommissar«. Ich fand die Bezeichnung furchtbar, denn der Begriff war tausendfach besetzt. Einmal durch die Nazis mit dem »Kommissarbefehl«, als diese Leute während des Krieges sofort liquidiert wurden. Und dann der Sowjetkommissar, der die eigenen Soldaten gewaltsam in den Kampf trieb. Und dann die Zustände in der Sowjetunion an sich, an denen Kommissare entscheidend beteiligt waren. Es war also ein aus dem Russischen eingedeutschtes Substantiv, wie es solche aus dem Amerikanischen auch in den westlichen Zonen gab. Ich habe mich dann um eine andere Bezeichnung bemüht. Noch einmal: Ich habe die Auszeichnungen für meine fachliche Arbeit erhalten, wie »Aktivist der Sozialistischen Arbeit« oder »Verdienter Genossenschaftsbauer« (obwohl ich nie Genossenschaftsbauer war) und dazu gab es Geld (350 M) aus dem »K+S-Fonds« (Kultur- und Sozialfonds), den es auch bei der Abteilung Veterinärwesen des Rates des Kreises gab.

Klaus Feld:
Hätten Sie die Auszeichnungen nicht ablehnen können?

Berndt Seite:
Natürlich, hätte ich. Aber warum sollte ich Öl ins Feuer gießen bei einer Gelegenheit, bei der es um wenig Substanzielles ging. Eine gewisse Eitelkeit ist auch dabei, wenn man bei einer Auszeichnung genannt wird.

Klaus Feld:
Sehen Sie das auch so bei den IM, die eine Auszeichnung erhielten?

Berndt Seite:
Lieber Herr Feld, ich muss mich doch nicht in das Innere eines IM begeben! Ich mag es nicht, aber gut, ich kann es einmal versuchen. Das war in diesem Fall ein sehr armes Schwein, denn der Orden wurde ihm geheim übergeben, und ihn zeigen und davon reden durfte er auch nicht. Was muss das für eine armselige Runde gewesen sein, als der IM »Heinz Krüger« im konspirativen Objekt »Schumann«, im Dorf Minzow, sich mit dem Dienststellenleiter Roß und dem Führungsoffizier, nachdem man ihm den Orden an die Brust geheftet und den Text der Urkunde verlesen hatte, zuprostete! Und wofür? Dass er über seinen Nachbarn viele Jahre lang berichtet hat?

Oder andere IM, die Geld bekommen und dazu beigetragen haben, »feindliche Elemente« hinter Schloss und Riegel zu bringen? Oder IM, die ihre Wohnungen gegen Geld für konspirative Treffen zur Verfügung gestellt haben? Ich spreche nur von den Vorkommnissen, die mir aus den Akten bekannt sind. Bestimmt gibt es viele andere Beispiele.

Klaus Feld:
Es wird von der damaligen Bürgermeisterin in einem Bericht bemängelt, dass S. in der Gemeinde nicht mitarbeitet.

Berndt Seite
Ich war zu dieser Zeit weder Mitglied der Gemeindevertretung, noch war ich gewillt, an irgendwelchen »Subbotniks« teilzunehmen. Als Mitglied des Kirchgemeinderates war ich an der Renovierung unserer Kirche beteiligt. 1988 begann ich, eine Eichenallee anzupflanzen, ohne dass mich eine staatliche Stelle daran hinderte. Die waren froh, dass dies geschah, nehme ich an. Heute wäre so eine Aktion unmöglich.

Klaus Feld:
Etwas außerhalb Ihrer Gemeinde standen Sie schon?

Berndt Seite:
Ja, das war so gewollt.

Klaus Feld:
Die Akten berichten, dass Sie zurückgezogen lebten und gutbürgerlich eine Haushälterin beschäftigten, was zu DDR-Zeiten ungewöhnlich war. Auch zu ihren Nachbarn pflegten Sie nur ein distanziertes, freundliches Verhältnis. Gleichzeitig feierten Sie mit Freunden aus anderen Teilen der DDR und mit einigen aus dem Westen im Jahr Feste, aber Menschen aus Ihrer unmittelbaren Umgebung waren kaum dabei. Sie nahmen auch an Erntefesten und LPG-Betriebsfeiern teil. Davon ist in den Berichten nie die Rede, sondern nur, wenn Leute des Objekts 499 (StäV) zu Gast bei Ihnen waren. Sie fuhren oft nach Berlin. Warum?

Berndt Seite:
Das Dorf war unser Arbeitsort, aber Kultur konnte es uns kaum bieten. Das Westfernsehen war nur schemenhaft zu empfangen und warum sollten wir uns im Ostfernsehen ansehen, was wir täglich erlebten? Dafür lief bei uns im Haus der Deutschlandfunk. Im Lauf der Jahre legten wir uns einen umfangreichen Buchbestand zu und frequentierten die Öffentlichen Bibliotheken. Dort gab es viele Zeitungen, Periodika, Magazine. In denen konnte man oft etwas zwischen den Zeilen lesen, und nicht immer war alles auf die Politik ausgerichtet.

Klaus Feld:
Sie wollten also mehr als nur Arbeit im Dorf?

Berndt Seite:
Anspruchsvolle Gesprächspartner waren und sind dünn gesät. Diese Haltung legte man uns als Arroganz aus, wie die Akten berichten. Um uns einzukreisen, von anderen Gesprächspartnern abzuhalten, war das MfS bemüht, für uns geeignete Gesprächspartner zu finden, die natürlich in ihren Diensten stehen sollten. Sie dachten da an Ärzte, Biologen, Förster etc., aber sie bedachten nicht, dass wir mit solchen Berufsgruppen in unserer Freizeit nur bedingt etwas zu tun haben wollten. Unsere berufliche Tätigkeit war schwer und schmutzig. Große Teile der DDR waren unansehnlich geworden, grau in grau, die Innenstädte begannen zu verfallen. Anscheinend haben das heute schon viele Menschen vergessen. Wir brauchten dringend einen Ausgleich und sehnten uns nach schön gedeckten Tischen, interessanten Gesprächen und gleichgesinnten Menschen. Das Leben ist kurz. Es sollte nicht so schnell an uns vorüberrauschen. Heute ist vieles anders, dank der modernen Kommunikationsmittel, aber zu guten Gesprächen muss man auch reisen.

K O P I E durch BStU

Kreisdienststelle Röbel   Röbel, den 13. 2. 1987

Mündlicher Bericht des IMS "H. Krüger"
entgegengenommen am 13. 2. 1987
durch Major Hagel

B e r i c h t

Am 13. 2. 1987 um 10.00 h wurde mit dem IMS "H. Krüger" unter Teilnahme des Leiters in der KW "Schuhmann" ein Treff durchgeführt. Ziel des Treffs war es, den IMS aus Anlaß des 37. Jahrestages des MfS auszuzeichnen.

Im Verlauf des Treffs berichtete er zu "Sanddorn" und dessen familiäre Situation sowie zu seinem spezifischen Charakter. Trotz des erneut bestätigten guten Nachbarverhältnisses konnte der IMS über die Motive des "S" zur Unterhaltung der Kontakte zu MA des Objektes 499 keine Erklärung finden. Der IMS brachte erneut seine Verwunderung darüber zum Ausdruck, daß immer neue Gesichter als Freunde der diplomatischen Vertretungen auftauchen und diese Bindung an die Vertretung nicht abreißt. Scheinbar wird der "S" von einem MA zum anderen übergeben. Er versteht nicht, auf welcher Grundlage diese Freundschaften entstehen und welche Basis sie haben.
Die schon Tradition gewordenen Veranstaltungen von "S" mit diesen Leuten werden auf Initiative von "S" durchgeführt. Seine Ehefrau macht hier mit, ist davon jedoch nicht so begeistert. Vor Jahren wurde dem IMS durch "S" angeboten, an einer Veranstaltung teilzunehmen, was er jedoch ablehnte. Sein Schwiegersohn wurde ebenfalls eingeladen, hat die Veranstaltungen jedoch verlassen, da es aus der Sicht des Alkoholgenusses ausartete. Weitere Einladungen zu einem späteren Zeitpunkt wurden von "S" nicht mehr ausgesprochen.

Auf die Frage des Genossen OSL Roß, ob der IMS die Wohnung des "S" kennt und ob ihm aufgefallen sei, daß "S" über Zeitschriften aus der BRD verfügt, brachte der IMS zum Ausdruck, daß er Zeitschriften (wie "Spiegel" u. ä. Dinge) bei "S" noch nicht festgestellt hat. Es kann sein, "S" räumt diese Dinge, bevor er Besucher empfängt, weg. Bei den Eigenheiten im Charakter des "S" wäre solch ein Verhalten möglich.
Auf die Frage, über welche Themen "S" bei gegenseitigen Besuchen spricht, meinte der IMS, daß es auch Gespräche zu seiner Arbeit gibt (Chemisierung), jedoch allgemein ohne fachspezifisch oder konkret zu werden.

K O P I E durch BStU

Kreisdienststelle Röbel   Röbel, den 16. 11. 1988

Quelle: KP Reggentin
erhalten Genosse Obltn. Schulz

Information zu Dr. Seite

- Dr. Seite, Tierarzt in Walow, hat sich für eine Kandidatur als Gemeindeabgeordneter in Walow für die Wahlen 1989 beworben.

- Da ihm die Bearbeitungsfrist einer Bewerbung/Eingabe nicht fristgemäß erschien, hat er sich an den Ratsvorsitzenden in Röbel gewandt.
  Dieser soll sich dem Seite gegenüber so geäußert haben, daß das in die Kompetenz der Gemeinde fällt.

- Der einzige, der sich über diese Kandidatur des Seite erstaunt zeigte und sich auch dementsprechend dem Seite gegenüber äußerte, war Klaus H e n n i n g s .
  Der H. soll den S. gefragt haben, wo er überhaupt drin ist (Mandatsträger), worauf der S. geäußert haben soll - im FDGB.
  Der H. soll sinngemäß dazu gesagt haben, daß der S. noch nicht mal darin gehört.

- Der Bürgermeister hat nun vor einer evtl. Kandidatur des S. Angst, da dieser stets seinen Bildungsstand in den Vordergrund stellt und bisher, außer, wenn es um kirchliche Belange geht, nichts für die Gemeinde getan hat. Sogar wählen ist er regelmäßig im Sonderwahllokal in Röbel gegangen.

- Sinngemäße Äußerungen der Bürgermeisterin, "wenn die Möglichkeit besteht, daß der S. Abgeordneter wird, gibt sie ihre Bürgermeisterfunktion ab".

- Die Tochter von S. hat sich gegenüber Jugendlichen geäußert, als der Krach an der Maurer war (Jugendkonzert), war sie auch dabei und will ihren Äußerungen zufolge in Berlin eingesperrt gewesen sein.
  Damit tat sie sich vor den Jugendlichen groß (genauer Zeitpunkt nicht mehr bekannt.) Die Familie S. zeigt ein Geltungsbedürfnis, was nach Meinung der Bürgermeisterin nicht im Sinne unserer Gesellschaft ist.

Mitarbeiter

Schulz
Oberleutnant

Die Kreistierärzte

Klaus Feld:
Die Aktivitäten des MfS richteten sich gegen Sie als Synodalen, Ihre Verbindungen zur Ständigen Vertretung der Bundesrepublik Deutschland in der DDR und weil man in Ihnen einen »Menschenfänger« erkannte. Ihre berufliche Tätigkeit spielte dabei eine besondere Rolle und gewann an Brisanz, da Sie beim Staat angestellt waren. Wie haben Ihre Vorgesetzten, also die Kreistierärzte, dem MfS über Sie berichtet?

Berndt Seite:
In der fachlichen Zusammenarbeit gab es keine Schwierigkeiten. Die Kreistierärzte waren »Staatliche Leiter« und am Ende der DDR fast alle Mitglied der SED. Natürlich gaben sie auf Nachfrage dem MfS Auskunft, aber sie mussten nicht gleichzeitig IM sein. Im Gespräch des Oberstleutnant Roß, Dienststellenleiter der KD des MfS Röbel/Müritz mit dem Kreistierarzt Wolfgang Freese, vom 17.7.1989, wurde die Berichtspflicht beschrieben. Ich habe meine Vorgesetzten unterschiedlich erlebt. Der eine hat als IMS »Ohne« berichtet und sich einspannen lassen, obwohl auch hier der Mann in der Aktenlage gehemmt erscheint. Wie man berichtet hat, hängt auch mit der Persönlichkeitsstruktur zusammen. Sein Nachfolger gab als IMS »Andre« auch mündliche Berichte. Doch hier merkt man, wie er sich bei seiner Berichterstattung gewunden hat, um meiner Frau und mir nicht die Schlinge um den Hals zu legen. Während seiner Dienstzeit lud er mich einmal zu einem »Waldspaziergang« ein. Das war damals ein einmaliger Vorgang. Er wüsste, wie meine Frau und ich vom MfS und den Verantwortlichen des Rates des Kreises observiert würden. Er rate zur Vorsicht. Trotzdem, so ganz habe ich ihm nicht getraut. Als »offizieller Gesprächspartner« wurde er vom MfS für mich benannt und vom Stellvertreter des Chefs der Abteilung Inneres beim Rat des Bezirkes, Dr. Geißler, eingewiesen. Und dann gibt es die Aufzeichnung eines Telefonats des MfS vom 20. Oktober 1989 – da war er nicht mehr Kreistierarzt – in der er mir mitteilt, dass er die erste »Versammlung für demokratische Erneuerung« sehr gut fand. Und der letzte Kreistierarzt, Wolfgang Freese, der erst am Beginn seiner Karriere stand und nach der Aktenlage als IM nicht verpflichtet war – da lag die DDR schon fast auf dem Totenlager –, der war bereit, mich zu disziplinieren. Er bot sich dem MfS direkt zur Mitarbeit an.

Aus einem Bericht zu einem Gespräch mit dem Kreistierarzt Freese durch die KD des MfS Röbel/Müritz vom 17.7.1989.
Die Kopie der BstU ist von so schlechter Qualität, dass eine Abschrift erstellt wurde. Das Gespräch führte Oberstleutnant Roß, Leiter der Kreisdienststelle.

Am 17.7.89 wurde in der Zeit von 13,00 bis 14,30 Uhr im Arbeitszimmer des Vorsitzenden des Rates des Kreises ein Gespräch mit Dr. Freese durch den Unterzeichnenden geführt mit der Zielstellung der weiteren Einweisung zum Vorbereitungsgespräch mit Dr. Seite. Die Einweisung erfolgte auf der Grundlage der Konzeption für Gespräche mit Vertretern der Kirche zur Weltpolitik der DDR. Zu dieser Konzeption bemerkte Dr. Freese, dass ihm die Probleme des Umweltschutzes nicht unbekannt sind, da er sich viel mit Umweltschutzproblemen (auch Material der UNO) beschäftigt, jedoch Mißbrauchshandlungen durch kirchliche Kreise waren ihm in der Konzeption dargelegten Form nicht bekannt. Dr. Freese stellte die Frage, ob Dr. Seite des »grünen ökologischen Netzwerkes Arche angehört, welches verneint wurde.

Im Verlauf des Gespräches wurde Dr. Seite von Dr. Freese charakterisiert bzw. entsprechend begutachtet:

Dr. Freese kennt Dr. Seite bereits seit mehreren Jahren aus gemeinsamer Tätigkeit in der Gemeinschaftspraxis, in der Dr. Freese bis zu seiner Tätigkeit als Kreistierarzt Leiter war. Dr. Freese schätzt Dr. Seite als einen guten Tierarzt ein, der sehr konsequent und korrekt ist, jedoch auch Schwächen und Mängel wie jeder andere TA aufweist.........

Dr. Freese schätzt Dr. Seite als einen TA ein, der gegenüber den anderen TÄ sehr gesellschaftskritisch auftritt. Dies war der Fall in bisher durchgeführten Gewerkschaftsversammlungen. Aber auch in Beratungen mit den TÄ tritt er derartig auf. U. a. lehnte er auch die Weiterbildungslehrgänge ab, da ihm ach seiner Auffassung diese ihm nicht viel geben. Er zieht es vor, sich selber durch das Studium von Fachzeitschriften weiter zu bilden. In seiner Tätigkeit als Synodale hatte Dr. Freese mit Dr. Seite nur zu tun bei Freistellungen für Tagungen der Synode bzw. Teilnahme an anderen Veranstaltungen der Kirche. Gespräche über seine Tätigkeit als Synodale wurden in Abstimmung mit der Abt. Inneres bisher nicht durch den Kreistierarzt, sondern nur durch die Genn. Klein der Abteilung Inneres geführt. Über Verbindungen und Kenntnis zum Objekt 499 hatte Dr. Freese keine Kenntnis.

Dr. Seite und seine Ehefrau haben sehr hohe Ansprüche hinsichtlich des Besuchs von Kulturveranstaltungen. Er weiß aus Gesprächen mit Dr. Seite, dass beide des öfteren zu Veranstaltungen nach Schwerin und auch in die Hauptstadt der DDR fahren. Ansonsten lebt Dr. Seite sehr zurückgezogen und auch seine Ehefrau. Sie unterhalten keine Kontakte zu TÄ des Kreises. Auch zu TÄ außerhalb des Kreises hat Dr. Seite keine Kontakte und Verbindungen.

Dr. Freese wurde bereits von dem ehemaligen Kreistierarzt Dr._____ eingewiesen, dass er mit der KD des MfS zusammenarbeiten muß hinsichtlich der Einstellung von neuen TÄ bzw. des Informationsaustausches in Bezug von groben Verstößen gegen die Tierhygienebestimmungen.

Dr. Freese erklärte seine Bereitschaft für eine derartiges Zusammenwirken mit dem MfS, gab aber zu bemerken, daß Gespräche in seinem Arbeitszimmer kaum möglich sind, da die Wände sehr hellhörig sind und man sich kaum unterhalten kann, ohne daß die Sekretärin nicht Einzelheiten von diesem Gespräch mitbekommt. Er schlug vor, derartige Absprachen in unserer KD zu führen, welches vom Unterzeichnenden abgelehnt wurde.

Mit Dr. Freese wurde vereinbart, daß nach Genesung des Genossen Major Fencik eine terminliche Abstimmung erfolgt zwecks Ort und Zeitpunkt für weitere Gespräche.

Damit erklärte sich Dr. Freese einverstanden. Dr. Freese war während des Gespräches sehr zugänglich und aufgeschlossen. Es war zu bemerken, daß er das Bedürfnis hatte, sich mit dem Unterzeichnenden über Dr. Seite zu unterhalten. Er war mitteilungsbedürftig und berichtete ohne Ansehen der Person.

Leiter der Kreisdienststelle
Roß, Oberstleutnant

Klaus Feld:
Bevor der spätere Kreistierarzt Wolfgang Freese ins Amt kam, hat er Sie schon am 20. Mai 1986 als Gruppenleiter der BGL (Betriebsgewerkschaftsgruppe) in einem Bericht denunziert. Sie sollten an einer Versammlung teilnehmen, in der es um den 11. Parteitag der SED ging.

Berndt Seite:
Erinnern kann ich mich nur noch vage, aber der Bericht liegt vor. Meine Frau und ich haben immer darauf geachtet, dass wir nicht in den Sog der »Parteiarbeit« gelangten, der die Mitglieder der SED und der Blockparteien nicht ausweichen konnten. Uns war der Unterschied zwischen dem Staat und der Partei wichtig. Aber die Funktionäre reagierten ärgerlich auf diesen Unterschied, denn was die SED beschloss, ging alle an. Nach den Diktaturkriterien stimmte das schon, aber wir wehrten uns dagegen und signalisierten, dass die SED nicht der Staat sei.

Klaus Klaus Feld:
Sie lehnten also eine Teilnahme an dieser Versammlung ab?

Berndt Seite:
Ja, da sollten schon die üblichen Ergebenheitsadressen abgegeben werden, obwohl der 11. Parteitag der SED gerade begonnen hatte, aber die Ergebnisse schon feststanden. Den Genossen war unsere Haltung ein Ärgernis. Wir verhielten uns ein wenig wie der bekannte Soldat Schwejk, der Bescheid wusste, aber rhetorisch alles infrage stellte.

Klaus Feld:
Gab es Schwierigkeiten danach?

Berndt Seite:
Nein. Später vermutlich ja, aber da implodierte die DDR bereits.

KOPIE durch BStU

Kreisdienststelle Röbel   Röbel, den 20. Mai 1986

Aktenvermerk

zum OV "Sanddorn" der KD Röbel

Am 21. 4. 1986 wurde bekannt, daß "Sanddorn" eine Einladung des BGL-Vorsitzenden (Tierarzt Freese) zu einer FDGB-Gruppenversammlung der Veterinärmediziner des Kreises Röbel, die sich mit einer kurzen Auswertung und Stellungnahme zu den Ergebnissen des XI. Parteitages und persönlichen Verpflichtungen befassen wollte, strikt ablehnte.
Aus seiner Begründung dafür geht eine negative Haltung und Einstellung gegenüber der SED hervor.
Wörtlich sagte Dr. S. als Begründung seiner Nichtteilnahme:

"Da können sie mich ausblenden, ich gebe keine Stellungnahme ab. Ihre Meinung können sie äußern, aber ich nicht. Das ist ein Parteitag der SED und ich bin nicht Mitglied der SED. Ich laß mich so nicht verpflichten. Ich bin Mitglied, vielmehr Mitarbeiter des Veterinärwesens, aber eine politische Stellungnahme gebe ich nicht ab. Ich arbeite hier, gebe mein Bestes, aber eine politische Stellungnahme gebe ich nicht ab, das müssen sie verstehen. Mich sehen sie da nicht, weil ich zu tun habe. Ich weiß von anderen Leuten, die mußten schon am Donnerstag um 11.00 Uhr, obwohl um 10.00 Uhr erst der Parteitag begann, Stellung nehmen. Solche Kindereien können sie nicht mit mir machen.

"Wenn sie Stellungnahmen und Verpflichtungen abgeben wollen, ist das ihre Sache, aber nicht meine. Ich mache meine Arbeit bewußt. Das sage ich jedem, aber eine Stellungnahme gebe ich nicht ab. Ich habe alles persönlich gelesen. Ich kenne die Probleme, aber ich lasse mich nicht verpflichten."

Mitarbeiter

Hagel
Major

Klaus Feld:
Bei diesem Kreistierarzt zeigen Sie sich besonders ärgerlich. Warum?

Berndt Seite:
Nein. Der Leser des Textes soll sich ein eigenes Bild machen. Ich will zeigen, wie unterschiedlich ihre Handlungsweisen waren, aber einen großen Unterschied macht es nicht.

Klaus Feld:
Wie soll man hier wägen?

Berndt Seite:
Alle, die in der DDR eine »Leitungsposition« bekleideten, wurden mehr oder weniger vom MfS »besucht«. Erlangten sie Kenntnis von »Feindberührungen« oder Schwierigkeiten in den ökonomischen Abläufen, hatten sie das zu melden. Die Feinde der Republik waren überall abzuwehren. Wie der Einzelne damit umging, hing von seiner Persönlichkeitsstruktur ab. So ist meine Sicht der Dinge, aber andere denken vermutlich anders darüber.

Klaus Feld:
Es wird von vielen ehemaligen »Leitern« heute behauptet, dass sie sich gegen die Fragen des MfS nicht zur Wehr setzten konnten.

Berndt Seite:
Das trifft nur zum Teil zu. Da die meisten Leiter SED-Mitglieder waren, konnte man eventuell den direkten Kontakt mit dem MfS vermeiden und nur der SED-Kreisleitung berichten, die dann alles Weitere mit der Stasi vereinbarte. Das geschah selten, schließlich war der Mitarbeiter des MfS auch Genosse!

Klaus Feld:
Wie erlebten Sie Ihre Vorgesetzten als praktischer Tierarzt?

Berndt Seite:
Der erste Kreistierarzt, mit dem ich ab 1964 zu tun hatte und der 1965 als IM »Ohne« verpflichtet wurde, wollte es allen recht machen und sich selbst besonders. Der zweite war verhältnismäßig stabil in seinem Auftreten. Und der dritte gab zu großer Hoffnung Anlass, besonders aktiv für das MfS arbeiten zu wollen. Natürlich ist das Persönlichkeitsbild viel differenzierter, als ich es in drei Strichen zeichne. Aber es ist so: Man kann seine Haltung in einer Lebenssituation im Nachhinein kaum verändern. Die Haltung ist so, wie der Mensch ist, der Abdruck eines Stempels. Denken Sie an Ihre Schulzeit. So, wie die Charaktere der Mitschüler sich im kindlichen/jugendlichen Alter zeigten, so erschienen sie später bei den Erwachsenen ausgeformt. Niemand kann über seinen genetisch programmierten Schatten springen.

Klaus Feld:
Sie meinen, der Mensch lernt wenig dazu?

Berndt Seite:
Ja, nur begrenzt, sonst wäre die Welt nicht noch immer so archaisch geprägt.

Klaus Feld:
Steht es Ihnen überhaupt zu, über die Vorgänge um Ihre Person solch ein hartes Urteil zu fällen?

Berndt Seite:
Ich glaube, die Aussagen und Berichte der IM, meiner Vorgesetzten und weiterer Personen hätten dazu beigetragen, unsere Familie zu vernichten, auch wenn es einige nicht mit Vorsatz betrieben haben. Ich korrigiere mich: Schon die Abgabe eines schriftlichen Berichts ist als Vorsatz anzusehen. Ein mündlicher Bericht erfüllt den gleichen Tatbestand. In den Akten findet sich z. B. folgende Aussage: Der Haupttierarzt Dr. Peter Becker äußerte sich gegenüber Oberleutnant Frenz von der Kreisdienststelle Röbel am 19.1.1965 u. a. ...
»Im Falle des Tierarztes Seite aus Walow kommt noch dazu, dass dessen Schwiegervater, Brandt, Tierarzt in Stralsund, aus bürgerlichen Verhältnissen stammt und auf den Schwiegersohn wahrscheinlich nicht in unserem Sinne Einfluss nimmt.«

Klaus Feld:
Wie interpretieren Sie diese Aussage?

Berndt Seite:
Nachdem sich LPG-Vorsitzende beim Haupttierarzt (Kreistierarzt) – eine Zeitlang war die Funktion Kreis-

tierarzt abgeschafft worden – beschwert hatten, ich würde zu ruppig mit den Melkern in den Betrieben umgehen – mit Glacéhandschuhen habe ich die wirklich nicht angefasst – weil einige von ihnen nicht gewissenhaft ihrer Arbeit nachkamen, versuchte er, mich mit der Aussage über meinen Schwiegervater richtig in den »politischen Senkel« zu stellen. Ein sogenanntes »Geschmäckle« bekam die Angelegenheit dadurch, dass ein »Bürgerlicher«, also IM »Ohne«, meinem Schwiegervater sein Bürgertum vorwarf.

Klaus Feld:
Und was sagen Sie dazu, Frau Seite?

Annemarie Seite:
Ich habe schon von meinem Vater berichtet. In der eben geschilderten Angelegenheit zeigt sich zusätzlich, wie die »Bürgerlichen von gestern« versuchten, jetzt als SED-Mitglieder, sich alles »Bürgerlichen« zu entledigen und besonders proletarisch zu erscheinen. Das ist ja nicht neu, bei den meisten Konvertiten ist das oft zu beobachten.

Klaus Feld:
Und wie sehen Sie heute die Haltung der ehemaligen Kreistierärzte?

Annemarie Seite:
Als ich das erste Mal die Berichte las, war ich sehr enttäuscht. Heute, nach über zwanzig Jahren, sehe ich das etwas gelassener. So sind Menschen, so reagieren sie, immer wieder. Mit den drei Kollegen habe ich viele Jahre zusammengearbeitet. Das ist mehr als das halbe Berufsleben. Zwei waren auch IM, der letzte Kreistierarzt in der Diktatur noch nicht, aber zur Disziplinierung meines Mannes bereit. Der zweite Kreistierarzt im Amt hat wenigstens den Versuch unternommen, meinen Mann zu warnen. Die Geschichte der Menschheit ist durchzogen von sogenannten »Aufrechten«, die sich bestimmten Dingen verweigern. Mehr will und kann ich dazu nicht sagen. Das müssen die Kollegen mit sich selbst ausmachen!

Klaus Feld:
Es gab also den »Aufrechten«, von dem auch die Bibel berichtet?

Annemarie Seite:
So weit will ich das nicht fassen, denn ich weiß nicht, wie er sich anderen Menschen gegenüber verhalten hat und sein Amt hat er deswegen auch nicht aufgegeben. Sein »Mitwisser« muss ihm aber gesagt haben, etwas musst du unternehmen. Und da hat er gehandelt und meinen Mann gewarnt. Vor dem Mauerfall ist er aus dem Amt ausgeschieden. Warum, weiß ich nicht.

Klaus Feld:
War das der einzige Mensch, der so gehandelt hat?

Annemarie Seite:
Er war der einzige, die vielen anderen haben geschwiegen. Nach dem Mauerfall hat mein Mann mit einigen IM telefoniert. Nur einer hat ihm geschrieben und sich für seine Handlungen entschuldigt.

Klaus Feld:
Und wie war die Situation eine Stufe höher, bei den Mitarbeitern des Bezirkstierarztes?

Berndt Seite:
Vermutlich ähnlich. Es ist wie bei einer Hühnerleiter. Am unteren Ende ist der Dreck sichtbarer, nach oben wird er trockener, aber es bleibt immer noch Dreck.

Klaus Feld:
Eine wichtige Maßnahme des MfS gegen Personen war, sie zu disziplinieren. Wie sah das bei Ihnen aus?

Annemarie Seite:
Die offiziellen Gespräche, die mit uns geführt wurden, hatten die Absicht, uns zu disziplinieren, d.h. uns klarzumachen, dass unser Handeln mit den Zielen des Sozialismus nicht zu vereinbaren ist. Besonders zur Synodaltätigkeit wurde versucht, meinen Mann daran zu hindern, kritische Aussagen zur DDR-Politik vor der Synode zu machen. Die Akten belegen, dass die entsprechenden Gesprächspartner »gebrieft« und losgeschickt wurden. Das waren auf fachlichem Gebiet die Kreistierärzte, Abgesandte des Bezirkstierarztes, die Vorsitzenden oder Stellvertreter der Abt. Inneres des Bezirkes und des Kreises, selbst der 1. Sekretär des SED-Kreisleitung Röbel tat das.

Kreisdienststelle Röbel Röbel, den 27. 06. 1989

K O P I E durch BStU

bestätigt: ....

4. Sachstandsbericht

OV "Sanddorn", Reg.-Nr. III/894/89

Zeitraum: 01. 11. 1988 - 20. 06. 1989

Die Bearbeitung des OV "Sanddorn" erfolgte im Berichtszeitraum mit der Zielstellung, "Sanddorn" in die gesellschaftlichen Aufgabenstellungen des Territoriums einzubinden und die Kontakte zum Objekt 499 zu unterbrechen.

1. Ergebnisse der operativen Bearbeitung im Zeitraum vom 01. 11. 88 bis 20. 06. 1989

Durch den 1. Sekretär der KL der SED, Genossen Rademacher, erfolgte am 22. 12. 1988 ein Gespräch mit S. zur Disziplinierung. Dabei hat S. seine Gesprächsbereitschaft gezeigt.
S. schätzte die Probleme der Entwicklung im Kooperationsbereich Penkow kritisch, aber auch realistisch ein. Kritische Positionen bezog er zur

Durch den Stellv. des Vorsitzenden des Rates des Bezirkes für Innere Angelegenheiten, Genossen Dr. Geißler, wurde mit "Sanddorn" am 22. 3. 1989 ein Disziplinierungsgespräch durchgeführt aufgrund seines negativen Auftretens auf der 3. Tagung der XI. ordentlichen Landessynode der ELLKM °S.
Während des Gespräches wurde sichtbar, daß S. bemüht war, keine Konfrontation mit den staatlichen Organen herbeizuführen.
Inoffiziell wurde erarbeitet, daß im Vordergrund seines Diskussionsbeitrages

5. Der Kreistierarzt Dr. Freese wird zur Disziplinierung von Dr. Seite, insbesondere bei Fachfragen miteinbezogen.

KOPIE durch BStU   „Saaldor..."

Kreisdienststelle Röbel   Röbel, den 28. 07. 1989

Bericht über ein Gespräch mit dem 1. Kreissekretär zur
Auswertung der Veranstaltung am 19. 07. 1989 in der St. Marien
Kirche von Röbel

Dem 1. Kreissekretär wurde mitgeteilt, daß, wie angekündigt, Dr.
Seite den Vortrag im Gemeinderaum der St. Marien Kirche von Röbel
am 19. 07. 1989 gehalten hat.
Es waren ca. 40 Besucher anwesend. Darunter viele Urlauber. U. a.
eine Gruppe Jugendlicher aus Leipzig, die sich zu einer Rüste in
der St. Marien Kirche aufhalten. Ansonsten waren die Mitglieder
des FK anwesend. Des weiteren war anwesend Dr. Zerbel als Kirchge-
meinderatsmitglied sowie der Laborleiter des KKH Weißbrich und
der Zahnarzt Holzapfel.

Der Vortrag von Dr. Seite wurde dem 1. Kreissekretär zur Einsicht-
nahme vorgelegt, wozu er bemerkte, daß im Vortrag die Sozialpolitik
unserer Partei sichtbar angegriffen wird und auch eine einseitige
Auslegung der Ökologie (Probleme bezogen auf die DDR) erfolgte.

Zur Diskussion, die nach dem Vortrag erfolgte, wurde dem 1. Kreissekretär folgende Wertung und Einschätzung gegeben. Dr. Seite
beantwortete die ihm gestellten Fragen sehr fach- und sachgerecht.
Er gab keine provokatorischen Antworten, nannte Beispiele, wie
staatlicherseits reagiert wird. Z. B. Verfütterung von gebeiztem
Getreide in der Kooperation Altenhof und die in diesem Zusammenhang
eingeleiteten strafrechtlichen Maßnahmen. Die Ausführungen von
Dr. Seite regten jedoch einige Besucher der Veranstaltung an zu
Gesprächen und Äußerungen hinsichtlich der Besorgnis über die
Auswirkungen der Güllebewirtschaftung im Zusammenhang mit den Groß-
viehanlagen und des Einsatzes der Chemie in der Landwirtschaft.
Dem 1. Kreissekretär wurde mitgeteilt, daß von den Jugendlichen
aus Leipzig, die sich gegenwärtig in der St. Marien Kirche auf-
halten, (Forderung eines Jugendlichen) gefordert wurde, die
Gründung einer Umweltpartei zu gewährleisten sowie eine Oppositions-
partei in der DDR. Man ging davon von dem Beispiel in der VR Polen
und VR Ungarn aus.
Zum Vortrag und zur Diskussion wurde folgende Wertung gegeben.
Der Vortrag und die Diskussion richteten sich nicht gegen die
verfassungsmäßigen Grundlagen des Staates und forderten zu keiner
Konterrevolution auf, so daß sich keine strafrechtlichen Konsequenzen
ergeben.
Der Vortrag und die Diskussion regten jedoch zum Nachdenken an
bzw. haben Aufforderungscharakter in Bezug der Ökologie und Umweltproblemen in der Landwirtschaft bzw. der Richtigkeit unserer Agrarpolitik.
Mit dieser Wertung war der 1. Kreissekretär einverstanden. Als
Schlußfolgerungen wurden vorgeschlagen:

1. Wertung und Einschätzung des Vortrages durch Experten der
   Landwirtschaft zur Herausarbeitung von konkreten Angriffs-
   richtungen, die in der Agrarpolitik unserer Partei liegen.

2. Einsatz von gesellschaftlichen Kräften bei weiteren Vorträgen
   bzw. Veranstaltungen, um den Auseinandersetzungsprozeß vor Ort
   zu führen bzw. die Teilnehmer zu disziplinieren, da sich der
   Einsatz gesellschaftlicher Kräfte und die Führung des Vorbeu-
   gungsgespräches positiv ausgewirkt haben.

Half das nicht, dann wurde gehandelt. Ich war die erste Leiterin der gegründeten »Staatlichen Tierärztlichen Gemeinschaftspraxis« in unserem Abschnitt des Kreises. Nach zwei Jahren wurde ich abgelöst, nicht aus fachlichen Erwägungen, sondern aus politischen. Bis zum Ende der DDR waren in unserem Kreis bis auf eine Ausnahme nur noch SED-Genossen die Leiter.

Berndt Seite:
Mir wurde von einem Leiter einmal mit Konsequenzen gedroht, weil ich nicht Mitglied der »Gesellschaft für Deutsch-Sowjetische Freundschaft« werden wollte und daher unser »Tierarzt-Kollektiv« nie »Kollektiv der Sozialistischen Arbeit« wurde, weil uns der entscheidende Punkt zur Anerkennung fehlte. Damit ging uns auch die entsprechende Prämie verloren. Das fanden meine Kollegen bestimmt nicht gut, aber gesagt haben sie nichts.

Klaus Feld:
Welchen Grund gab es, dass gegen Sie so »starkes Geschütz« aufgefahren wurde, indem sogar der 1. Sekretär der SED-Kreisleitung sich der Angelegenheit annahm?

Berndt Seite:
Ich hatte in der Marienkirche der Stadt Röbel/Müritz, am 19.7.1989 einen Vortrag über die Situation der Landwirtschaft in der DDR gehalten, der in den kirchlichen Schaukästen in der Stadt vorher angekündigt wurde. Das rief natürlich die Staatsmacht auf den Plan, obwohl ich diesen Vortrag schon in anderen Veranstaltungen in der DDR gehalten hatte. Aus dem Institut für Biotechnologie Potsdam, Abt. Eberswalde, wurden Dr. Meyer und Dr. Noetzel in Marsch gesetzt, um den Vortrag zu beobachten. Ob sie IM waren, weiß ich nicht, aber das spielt auch keine Rolle, denn sie haben einen Bericht über die Veranstaltung abgefasst. In der Folge sollte mich der Kreistierarzt dann disziplinieren, aber dazu hatte er nicht mehr viel Zeit, weil die DDR unterging.

Tierarzt im System

Klaus Feld:
Bleiben wir noch bei Ihrer Berufsgruppe. Von den Tierärzten wird berichtet, sie wären vorwiegend konservativ eingestellt gewesen?

Berndt Seite:
Die Zeiten hatten sich geändert. Mit der Kollektivierung der Landwirtschaft wurden die Tierärzte staatliche Angestellte. Auch wenn die Machthaber glaubten, die Sterne vom Himmel holen zu können – ein Slogan war: *»Ohne Gott und Sonnenschein bringen wir die Ernte ein«!* – die Natur lässt sich auch durch Ideologien nicht verbiegen. Tierärzte sind praktizierende Naturwissenschaftler, und ihre Tätigkeit unterliegt wenig dem Zeitgeist. Wollte man den Zwängen der Ideologie vorübergehend entfliehen, dann suchte man sich die entsprechenden Gesprächspartner und Freunde, um mit ihnen auf einer Wellenlänge zu surfen, wie es heute neudeutsch heißt.

Klaus Feld:
Aber die »Vergesellschaftung der Produktion« sollte doch immer weiter fortschreiten?

Berndt Seite:
Das war der ideologische Ansatz, aber die Genossen hatten Schwierigkeiten, ihre Theorie in die Praxis umzusetzen, auch wenn sie versuchten, das wissenschaftlich zu lösen. Sie behaupteten, der Marxismus-Leninismus wäre eine Wissenschaft. Tausende von »Wissenschaftlern« kümmerten sich darum. Die Ideologie hat auch eine Zwangsumwandlung der menschlichen Gattung versucht, und das ist ihr teilweise auf dem Land gelungen, indem sie aus Bauern Arbeiter erschuf. Diktaturen versuchen das immer

wieder, in den Genpool einzudringen und sich Menschen nach ihren Vorstellungen zu erschaffen. Auch die Tierärzte sollten eine »höhere Stufe der Vergesellschaftung« erreichen, indem sie in Kollektiven zusammengefasst wurden. Ich empfand das als sehr bedrückend. Die jüngeren Kollegen vermutlich nicht, da sie nie etwas anderes erlebt hatten; damit ging auch ein Teil des Konservatismus verloren.

Umweltaktivitäten

Klaus Feld:
Sie haben sich besonders mit Umweltthemen befasst. Auch gingen Sie den Konflikten mit der »Obrigkeit« nicht aus dem Weg. Die Geschichten mit der Gülle, den ungeklärten Abwässern, der »Trollblumen-Wiese« zeigen die Konfliktsituation. In Vorträgen im kirchlichen Raum schilderten Sie offen die Situation der Landwirtschaft in der DDR. Man bedrängte Sie, wollte Sie disziplinieren, musste aber zähneknirschend zusehen, da Sie nicht die SED und den Staat diffamierten. Wenn man das so liest und Ihr Engagement damals verfolgt, dann gehören Sie eigentlich zu den »Grünen« und nicht in die CDU?

Berndt Seite:
In die CDU bin ich nach dem Fall der Mauer aus anderen Gründen eingetreten. Heute gibt es ausreichend »grünes Potenzial« auch bei ihr, zumal der Inspirator der Grünen aus der CDU kam. Damals hat mich der Bericht des Club of Rome sensibilisiert, ich habe ihn quasi verschlungen und Vergleiche mit der Umweltsituation in der DDR gezogen. Natürlich ist es reizvoll, von den großen Themen zu reden, aber die Arbeit beginnt immer im Kleinen. Da wollte ich dabei sein, aber nicht mit der Militanz mancher Grüner von heute, die vieles ablehnen, ohne an die Folgen ihrer Aktivitäten zu denken. Gehen dann ihre Aktionen ins Leere, reden sie so, als seien sie nie dabei gewesen. Man konnte mir später auch im Amt des Ministerpräsidenten nicht vorwerfen, ich hätte Positionen von damals verraten. Eines stimmt schon: Als ich von Boston zurückkam, forderte ich ein Atommoratorium auch für die DDR. Später konnte ich mir den Bau eines modernen Atomkraftwerkes vorstellen. Natürlich ist der Umgang mit der Atomkraft gefährlich, aber sie stellt nur eine Brückenfunktion dar, bis Alternativen ausreichend zur Verfügung stehen.

Klaus Feld:
Wird das Energieproblem gelöst?

Berndt Seite:
Ja, mit der menschlichen Intelligenz ist das möglich. In den nächsten 100 Jahren werden wir einen funktionstüchtigen »Sonnenofen« haben. Im französischen Kernforschungszentrum Cadarache wird das größte Forschungsprojekt der Welt (ITER) initiiert, um den Beweis anzutreten, dass man auf der Erde Energie wie in der Sonne herstellen kann. Ich bin ein großer Anhänger des Projekts. Alle heutigen Lösungen sind nur vorübergehend und mit zu geringem Wirkungsgrad. Die jetzige Energiewende hat nur eine Brückenfunktion, eine sehr teure.

Klaus Feld:
Auch alternative Energiequellen wie Biogasanlagen?

Berndt Seite:
Wir wissen nicht, wie wir die Weltbevölkerung ernähren sollen, und wir holen uns unsere Energie vom Acker! Ein Skandal, und die »nachhaltigen« Grünen schweigen dazu!

Klaus Feld:
Sie blieben vor dem Mauerfall bei den Umweltthemen. War das Thema Menschenrechte nicht wichtiger?

Berndt Seite:
Sich für die Umwelt einzusetzen, war weniger gefährlich, als politische Forderungen aufzustellen. Umweltschutz war ein gutes Thema, um die SED Farbe bekennen zu lassen. Dem Staat fehlten die Mittel, ausreichend reagieren zu können. Ein Großraumgefängnis zu betreiben und gleichzeitig die Umwelt in Ordnung zu bringen, dazu fehlt Diktaturen die Kraft. Die SED wusste, dass sie »uns« bei diesem Thema zwar bedrängen, aber nicht mundtot machen konnte. Die Menschenrechte waren auch wichtig, aber glaubwürdig mit Substanz versehen konnte ich nur Anliegen vertreten, bei denen man mich als »Fachmann« wahrnahm. Das zeigte Wirkung. Heute ist es nicht anders. Nur wer gut argumentieren kann und kein Schwätzer ist, dem wird zugehört. Beim Problem der Menschenrechte auf dem Land Gehör zu finden, war schwierig, da waren die »Aktivisten« in den Städten viel erfolgreicher.

Klaus Feld:
Sie meinen, in einem dörflich/ländlich geprägten Milieu ist weniger revolutionäres Potenzial vorhanden?

Berndt Seite:
Um es mit einem Ausspruch, der vor einigen Hundert Jahren populär war, zu beantworten: *»Stadtluft macht frei!«* Auf dem Dorf hat man zu viel zu verlieren, alle wissen Bescheid. Man traut sich nicht recht zu agieren. Die großen Entscheidungen fallen woanders, aber sobald die Lawine rollt, ist sie auf dem Land auch nicht mehr aufzuhalten. Das haben die drei »Versammlungen für demokratische Erneuerung« in Röbel gezeigt. Wir hatten einen großen Mobilisierungsgrad erreicht. Und das schon am 19. Oktober 1989.

Aktion »Schwalbe«

Klaus Feld:
Bei der Aktion »Schwalbe«, wie man die Aktion gegen Sie bezeichnete, gelangten Sie besonders ins Visier der Stasi. Wie kam es dazu?

Berndt Seite:
Bei dem Vorgang »Vogelflug« ging es um die Verlegung der SS-20-Raketen (Code »Antwort«) von Warenshof in andere Stützpunkte. Sie hießen »Apfel« und »Dattel«. Es fand eine Umgruppierung statt. Die Stasi wollte endlich erfahren, ob »Sanddorn« als verdächtigter Spion diese Verlegung beobachten würde. Dafür richtete das MfS mit Hilfe der Volkspolizei von unserem Haus bis zu der Verlegungsstrecke konspirativ Stützpunkte ein, um fotografisch zu dokumentieren, dass ich unterwegs war. Diese Aktion nannten sie »Schwalbe«.

Klaus Feld:
Und war das der Fall?

Berndt Seite:
Zur Spionage eigne ich mich nicht. Ich bin auch nie von anderen Geheimdiensten angesprochen worden, auch nicht von Bekannten der StäV in ihren Wohnungen. Dort saßen bei den Festen und Geburtstagen vermutlich auch Mitarbeiter anderer Dienste am Tisch. Spion zu sein, war mir viel zu gefährlich, das entspricht auch nicht meinem Naturell. Aber das MfS vermutete das ständig, obwohl es in seinen Lageberichten »einschätzen« musste, dass es keine Erkenntnisse darüber besaß. Trotzdem glaubte es, in mir einen raffiniert getarnten Agenten vor sich zu haben. Nur Geduld, müssen die Mitarbeiter sich gesagt haben, eines Tages bringen wir ihn doch zur Strecke, daher wurde ich bis zum Ende der DDR auch observiert.

Kreisdienststelle Röbel   Röbel, den 3. 2. 1986

bestätigt: ....

Maßnahmeplan Aktion "Schwalbe"

1. **Maßnahmen der Führung und Leitung**

   Abstimmung und Zusammenarbeit mit der KD Waren, Genossen Ernst, und Festlegungen zum erforderlichen Informationsbedarf über Vorinformation zu den geplanten militärischen Bewegungen im Sicherungskomplex "Antwort" zu

   a) 14-tägige Vorinformation zu dem geplanten "Vogelzug"
   b) 2-tägige Vorinformation zum realen Zeitpunkt "Vogelzug"
   c) unmittelbarer Beginn der Aktion

   Termin: 15. 2. 1987
   verant.:   Major Hagel

2. **Kontrollmaßnahmen zu "Sanddorn"**

   Zur Kontrolle des "Sanddorn" ist die Schaffung von Stützpunkten erforderlich.

   1. B-Punkt Walow (stationär) / B-Punkt I

      - materielle Sicherstellung

        1 Gen. Lehnacker/Hagel
        1 Funkstation
        1 Fernglas - ev. mit Restlichtverstärker
        1 Funktabelle

KOPIE durch BStU

- Aufgaben
    . Realisierung der Besetzung des Stützpunktes III
    . Registrierung von op.-bed. Personen und Kfz.-Bewegungen
    . Signalisierung des Abschlusses zur Aktion "Schwalbe"

Im Zusammenhang mit der Besetzung des Stützpunktes I sind folgende Maßnahmen erforderlich:

Zur Feststellung, ob "Sanddorn" sich am Wohnort aufhält, erfolgt eine telefonische Kontrolle durch

a) IMS "Biene"
b) IMS "Ohne"

Zur Durchführung des fiktiven Anrufs erfolgt eine konkrete Einweisung der genannten IMS.

                       verantw.: Major Hagel

                       Mitarbeiter

                       H a g e l
                       Major

Kreisdienststelle Röbel   Röbel, den 30. 11. 1987

KOPIE

bestätigt: durch BStU

2. Sachstandsbericht

Operativer Vorgang "Sanddorn", Reg.-Nr. III/894/82

Zeitraum vom 24. 01. 1987 bis 30. 10. 1987

Die Bearbeitung des OV "Sanddorn" erfolgte im Berichtszeitraum mit der Zielstellung der Erarbeitung von Beweisen und dem Nachweis der Begehung von Straftaten einer landesverräterischen Tätigkeit sowie der zielgerichteten Abschöpfung des Verdächtigen durch MA des Objektes 499.

1. Ergebnisse der operativen Bearbeitung im Zeitraum vom 15. 10. 86 bis 25. 9. 1987

Im Bearbeitungszeitraum wurden keine Beweise und keine konkreten Anhaltspunkte erarbeitet, die auf eine landesverräterische Tätigkeit des "Sanddorn" oder auf eine zielgerichtete Abschöpfung des Verdächtigen durch MA des Objektes 499 hinweisen.
Es wurden jedoch im Ergebnis zielgerichteter operativer Kontroll- und Überwachungsmaßnahmen weitere Anhaltspunkte erarbeitet, die einen engen Kontakt des "S" zum MA des Objektes 499 "Ginster" und dem ehemaligen MA und jetzigen MA des Ministeriums für Kultur in Bonn "Aal" bestätigen, wobei die Initiative zur weiteren Aufrechterhaltung der Kontakte zunehmend von "S" ausgeht.
Das Motiv des "S" zur Unterhaltung der Kontakte konnte bisher nicht eindeutig herausgearbeitet werden.
Es ist jedoch davon auszugehen, daß "S" aus einem persönlichen Vorteilsstreben heraus, insbesondere auf ideologischem Gebiet bestrebt ist, den Kontakt zu halten und zu vertiefen. Hierzu wurden weitere Anhaltspunkte bekräftigt.

1.1. Ergebnisse durch den IM-Einsatz

Im ausgewiesenen Zeitraum der operativen Bearbeitung des OV "Sanddorn" erfolgte der Einsatz von 4 IMS der Diensteinheit mit folgenden Ergebnissen:

Klaus Feld:
Überschätzen Sie sich nicht? So wichtig waren Sie doch auch nicht.

Berndt Seite:
Nicht ich, sondern die Staatssicherheit in ihren Denkschemata ging davon aus. Ihre »Kämpfer« haben nie begriffen – vielleicht konnten sie das auch nicht, weil in ihrer Welt andere Gesetze galten –, dass meine Familie und ich kein Spiel mit »doppeltem Boden« trieben. Sie handelten nach dem Sprichwort *»Was ich selber denk und tu, trau ich anderen Menschen zu.«* Selbst die Psychologen in ihren Diensten – die nach dem Mauerfall problemlos in privaten Praxen weiterarbeiten durften – haben sich nicht die Mühe gemacht, dies zu analysieren. Vielleicht wollten sie es auch nicht, bei uns »kleinen Fischen«.

Die DDR – ein Staat von Spitzeln – Die Schuldfrage

Klaus Feld:
Betrachtet man die damaligen Zustände mit dem Wissen von heute, kann man den Eindruck gewinnen, ein deutsches »Teilvolk« (DDR) war mit der Stasi liiert. Da fallen die 90.000 Hauptamtlichen und die ca. 175.000 »Informellen« des MfS nicht so ins Gewicht. Ein ganzer Staat von Zuträgern und Spitzeln unterwegs?

Berndt Seite:
Den Eindruck könnte man gewinnen, aber so war es Gott sei Dank nicht, obwohl ich nach dem Mauerfall viele Menschen erlebte, die dem System in unterschiedlicher Weise nachtrauerten. Das hatte ich nicht erwartet. Wir wissen aber, dass nach dem Ende von Diktaturen dieser Zustand eintritt, je nachdem, wie der Einzelne in das System eingebunden gewesen ist, sich angepasst und jetzt alles verdrängt hat. Da kommt es zu Entzugserscheinungen, vor allem bei denen, die an den »Sozialismus« geglaubt hatten. Für sie brach eine Welt zusammen; ihr bisheriges Leben hatte seinen Sinn verloren. Vorsichtig formuliert, geschah 1989 Ähnliches wie nach dem Zusammenbruch 1945, aber der Vergleich hinkt.

»Diktaturen werden von Minderheiten getragen« (Eike Libbert). Die Mehrheit läuft mit, um nicht mit der Diktatur in Konflikt zu geraten. *»Wir waren kein Volk von Spitzeln, und die wohlwollende Entschuldigung ist ebenso wenig angebracht wie die diffamierende Verurteilung«*, meint Joachim Gauck. Wer die Diktatur nicht erlebt hat und ihr Ende, als die trübe Sonne des Sozialismus unterging und es Nacht wurde und das MfS versuchte, seine Spuren zu verwischen, der sollte sich bei der Beurteilung zurückhalten. Das trifft besonders auf unsere Landsleute aus dem ehemaligen Westen zu.

Klaus Feld:
Sie haben noch nicht die Frage nach dem Stand der Zuträger in der DDR beantwortet. Neben dem MfS gab es noch andere Institutionen, die Informationen gesammelt haben. Wie werten Sie die?

Berndt Seite:
Mit dem Schachzug der SED nach dem Mauerfall, dem MfS die gesamte Verantwortung für die Unterdrückung der Menschen zuzuschieben, geriet in Vergessenheit, dass auch andere Institutionen Informationen sammelten. Dazu zählten die Abteilungen Inneres bei den Räten der Kreise, die Volkspolizeikreisämter, die Kreisleitungen der Massenorganisationen und vorrangig auch die SED-Kreisleitungen, die eigentlichen Machtzentren des Staates.

Klaus Feld:
Und gehörten die Verantwortlichen für das »Hausbuch« auch dazu?

Berndt Seite:
Ich war nicht dabei, denn wir hatten kein Hausbuch, wie es sie in den großen Häusern gab, wo es der »Abschnittsbevollmächtigte der Volkspolizei« (ABV) kontrollierte und sich nach diesem oder jenem Hausbewohner erkundigte. Ich will den Vergleich zur installierten Concierge in Frankreich seit der Kaiserzeit nicht anstellen. Was für Gespräche wurden da geführt? Es ist dieses Geflecht, ähnlich einem Myzel, das die gesamte Gesellschaft durchsetzt hatte. Ein Netz, das die SED über das Land geworfen hatte, da sie mit ihren Parteigruppen in allen Bereichen des sogenannten gesellschaftlichen Lebens präsent war. Die SED-Diktatur hatte ein engmaschiges Informationsnetz geknüpft. Sprachlich ist interessant, dass die Menschen nach der Gründung des Ministeriums für Staatssicherheit den Dienst »SSD« nannten, rückten ihn also in die Nähe des NS-Staates. Und die Mitarbeiter wurden als »Spitzel« bezeichnet. Der Begriff der »Stasi« wurde erst viel später gebräuchlich. Neben den »Leitern« in allen Bereichen der Gesellschaft gab es die »Helfer der Volkspolizei«, die wachsam das Geschehen beobachteten.

Klaus Feld:
Und warum hatten Sie kein Hausbuch?

Berndt Seite:
Als wir in das Haus einzogen, bekamen wir auch so ein Buch. Aber wir haben nie etwas eingetragen. Warum nicht? Danach hat uns keiner gefragt. Das ging auch.

Klaus Feld:
Aber das waren noch nicht alle, die berichtet haben?

Berndt Seite:
Eine besondere Rolle, die bisher wenig ins Bewusstsein der »Aufarbeiter der Diktatur« gelangt ist, spielten die »AKP«, »die Auskunftspersonen«. Das waren z. B. Menschen wie SED-Parteiveteranen, Nachbarn, die Frau auf der Poststelle, die Schwester beim Arzt im Sprechzimmer, der Hausmeister einer Behörde, der Polizist im Streifendienst etc. etc. Christian Booß von der BStU in Berlin schreibt über eine Erhebung im ehemaligen DDR-Kreis Saalfeld, dass dort ca. 1 Prozent der Bevölkerung IM waren, Dazu kamen die »Mitglieder der Jagdgenossenschaft« zur Ausübung der Jagd, eine handverlesene Gruppe, die eine Waffe tragen durfte. Nach der Jagd mussten ihre Mitglieder, bis auf privilegierte Jagdgenossen, Waffen und Munition in einem zentralen Depot abgeben. Die Diktatur war misstrauisch, denn sie wusste nie, ob ein Mann seine Waffe vielleicht zu einem anderen Zweck einsetzte als zur Wildschweinjagd. Die Mitglieder der »Kampfgruppen der Arbeiterklasse« waren besonders zur Wachsamkeit verpflichtet. Sie sollten in Konfliktsituationen im Inneren für Ordnung sorgen. Nach 25 Jahren Dienst in den Kampfgruppen sollten sie 100 Ostmark Rente zusätzlich erhalten. Hoffentlich ist dies nicht im Sozialgesetzbuch der Bundesrepublik verankert worden! Möglich ist alles. Den 2,8 Millionen Mitgliedern der SED schrieb ihre Mitgliedschaft genuin vor, wachsam zu sein. Und jeder Staatsbürger war verpflichtet, jederzeit auf das Wohl des sozialistischen Staates zu achten.

Klaus Feld:
Es ist bekannt, dass nicht nur das gesamte Volk unter Beobachtung stand, sondern die 300.000 Angehörigen der DDR-Nomenklaturen auch. Wie kann man sich das erklären?

Berndt Seite:
Wie schon gesagt, bei denen ist das Misstrauen immanent. Die Diktaturen reden zwar von »Brüderlichkeit«, aber das Gegenteil ist der Fall. Der Mecklenburger spricht dann: »*Door is einer denn annern sien Düwel.*« Erich Mielke hatte unter dem Codewort »Rote Nelke« auch Dossiers über hohe Kader der Nomenklatur wie Margot Honecker, Günther Mittag, Hermann Axen, etc. anlegen lassen. *»Weil die Akten über diese Leute angelegt wurden, gelten sie datenschutzrechtlich als ›Betroffene‹, ein unglücklicher, die Wirklichkeit verzerrender Umstand, über den es gilt nachzudenken«*, schreibt Christian Booß.

Klaus Feld:
Mir stellt sich nun die Frage: Muss auf die Rundum-Einbindung des Einzelnen in die Diktatur nicht auch folgerichtig eine allgemeine Amnestie aller nach dem Mauerfall folgen?

Berndt Seite:
Nein, es ist immer der Einzelnachweis der Schuld zu führen. Gewiss, die Diktatur gab den Rahmen ab, aber wie der Einzelne ihn ausfüllte, war differenziert. Vielen Opfern der Diktatur gefällt diese Vorgehensweise nicht. Sie haben erwartet, dass die SED wie eine kriminelle Gruppe behandelt wird. Um beim Beispiel der Kreistierärzte zu bleiben: Wer dieses Amt ausübte, wusste, was auf ihn zukam. Alle drei Amtsträger haben das in ihren mündlichen und schriftlichen Einlassungen getan, wenn sie sagen oder berichten, »*wie ich beauftragt war*«. Dass sie gegenüber meiner Frau und mir nicht richtig handelten, sieht man an den Reaktionen der beiden Kreistierärzte, die vor 1989 das Amt innehatten. Der Amtsträger im Jahr 1989 dagegen hatte keine Skrupel.

Klaus Feld:
Und Sie? Hätten Sie nicht auch in so eine Situation kommen können?

Berndt Seite:
Ja und nein. Ich hatte Glück. Mein Erlebnis mit der Diktatur hatte ich bereits mit dem 17. Juni 1953 und dann mit 16 Jahren während des Ungarn-Aufstandes. Einer meiner Lehrer erklärte mir einmal unter »vier Augen«, worum es 1956 in Ungarn in Wirklichkeit ging. Trotzdem, vielleicht hätte ich mich später auch verführen lassen, »um etwas zu werden«. Die Versuchung ist groß, denn so ein Amt verleiht Ansehen, es wird gut entlohnt und der Amtsträger erscheint als besserer Mensch. Doch an so einen Aufstieg sind immer Bedingungen geknüpft. Den »Leviathan« sieht man nicht, nur ein Stück von seinem Schwanz.

Klaus Feld:
Man wusste also, worauf man sich einließ?

Berndt Seite:
Natürlich. Ich vermute, die meisten Mitglieder der SED traten aus Überzeugung in die Partei ein, abgesehen von der Schar der Opportunisten, die es überall gibt. Nach dem Mauerfall blieb der »harte Kern« zusammen, die anderen gingen. Die Beweggründe, das Parteibuch abzugeben, waren sehr vielschichtig. Sie reichten von der Scham, einem verlogenen System gedient zu haben, bis zu den üblichen opportunistischen Ausreden. Der Begriff »Wendehals« beschreibt das trefflich.

Das MfS bleibt dran – Prediger ist ein Feind – Bericht von Sibylle Seite

Klaus Feld:
Das MfS ließ Sie auch nach den vergeblichen Anwerbeversuchen nicht aus den Augen. Haben Sie das bemerkt?

Berndt Seite:
Manchmal haben wir geahnt, dass etwas nicht stimmte. Es ist ein unbestimmtes Gefühl, das den Menschen beschleicht, ein Rest von dem, was uns in vergangener Zeit am Leben hielt. Wissenschaftler behaupten, in unseren Genen wäre die gesamte Entwicklungsgeschichte der Welt in Nuancen gespeichert. Man bekommt verstärkt ein Gespür für andere Menschen, eine Art Witterung, die jetzt verfeinert wurde durch die Zeit. Als ich einmal ein Haus in der Leipziger Straße in Ostberlin verließ, wurde ich nachts von einem Mann fotografiert. Er tat es ganz offen. Wer sollte mich fotografieren, wenn nicht die Stasi? Sie wollte zeigen, dass sie in meiner Nähe ist. Verdächtig kamen uns auch die zwei Sekunden Stille im Telefon vor, bevor sich ihre marode Technik in

Gang setzte, um uns abzuhören. Und einmal ließ sich das Sicherheitsschloss unserer Haustüre kaum öffnen und dann nur schwer schließen. Ich habe nicht ständig daran gedacht, ob sie uns bespitzeln oder nicht. Wenn Sie so denken, dann überleben Sie nicht. Die Natur ist auch hier hilfreich, sie installierte den Verdrängungsmechanismus und setzte andere Prioritäten.

Klaus Feld:
Aber immer funktionierte das nicht?

Berndt Seite:
Wenn es uns wieder einmal nicht gut ging, kam regelmäßig die Frage auf, wer aus unserem Bekanntenkreis vom MfS auf uns angesetzt sein könnte. Und dann setzte sich unser Verdächtigungskarussell in Gang, indem wir unsere Bekannten und Freunde prüften, um nach der »Schwachstelle«, dem »Verrat« zu suchen. Jeden haben wir verdächtigt! Und das nicht nur einmal, sondern mehrmals in den vielen Jahren! Ich schäme mich dafür, dass ich meine Freunde so verdächtigt habe. Wir waren doch mit ihnen verwandt, *»zwar nicht im Blut, aber im Geist«*, wie Marc Aurel es nannte. Aber es hätte auch anders sein können. Wir hatten Glück, dass die IM nur an der Peripherie kreisten, wie Gesteinsbrocken, die den Planeten nicht treffen konnten. Vielleicht ist die Metapher zu pathetisch, aber so ähnlich war es.

Annemarie Seite:
Wenn ich mir vorstelle, dass diese Leute vielleicht in unser Haus eingedrungen waren wie Diebe, dann steigt in mir noch heute der Zorn auf, dem dann die Niedergeschlagenheit folgt. Und das als staatlich legitimierte Einbrecher, mehr Verbrecher, um die eigenen Bürger in Angst und Schrecken zu versetzen. Was war das für ein Staat!

Klaus Feld:
Aber einen Bericht darüber gibt es nicht, dass die Stasi in Ihrem Haus war?

Annemarie Seite:
Es gibt einen Bericht über die Beratung bei Oberst Regner zu OV »Prediger« vom 5.6.1985 *»Prediger ist ein Feind«*. Steht in der Akte unter der No. 104. Hier wird die Palette der Maßnahmen aufgelistet, die zum Einsatz kommen sollen. Und alles ist äußerst konspirativ vorzunehmen! Eine hohe Konspiration zu sichern! Es geht um die Durchsuchung von Haus, Garage, Auto, Pilz. Ein Mitarbeiter beim BStU ist der Meinung, dass so ein Einbruch dem MfS zu brisant war, weil es fürchtete, mein Mann würde, wenn er davon erführe, ihr Vorgehen auf einer Synodaltagung anprangern.

Klaus Feld:
Aber dafür hat Ihr Nachbar eine Zeichnung der Innenansicht Ihres Hauses angefertigt.

Annemarie Seite:
So steht es am Rand der Zeichnung. Das ist besonders traurig, da wir doch eine gute Nachbarschaft pflegten. Außerdem gab es unser Haus als Typenbau viele Male auf dem Gebiet der DDR. Man kannte also die Aufteilung des Hauses.

Klaus Feld:
Ihre Kinder sollten auch in das allgemeine Spitzelsystem einbezogen werden. Es wurde in einem der »Maßnahmepläne« festgelegt, um Sie als Staatsfeind zu entlarven.

Berndt Seite:
Ich habe davon gelesen. Mein Sohn war damals noch zu klein, den hätten sie sich für später aufgehoben, aber meine Tochter hatten sie schon im Visier. Als sie dann in der 11. Klasse der EOS (Erweiterte Oberschule, vergleichbar heute mit dem Gymnasium) ihren Studienwunsch äußerte, wurden zwei Lehrerinnen der Schule in Marsch gesetzt, um uns klarzumachen, dass ihre Leistungen im Sport nicht ausreichen würden. Von der Uni in Leipzig wurde sie dann absprachemäßig abgelehnt. Wir schrieben eine »Staatsratsbeschwerde«. Das war die Waffe des »kleinen Mannes«, die aber nicht sehr scharf war. Die Uni lehnte natürlich ab, eingedenk der Vorgabe der Stasi, dass unsere Tochter nicht studieren darf.

Klaus Feld:
Frau Sibylle Seite, was bedeutete das Manöver der beiden Lehrerinnen, die zu Ihren Eltern kamen, um Ihnen den Studienwunsch auszureden?

- Gen. Major Zieger, Abt. XVIII: Die IMS der Abteilung, "Datho" und "Meier" sind zu "Prediger" zielgerichtet beauftragt zur Erarbeitung seiner funktionellen Pflichten. Eine konkrete Aussage zu der Arbeitsauslastung des "Prediger" wäre nur möglich über eine Befragung der Tierpfleger bzw. Analyse der Datenerfassung und Prüfung des Belegwesens. Ein brauchbares Ergebnis kann über die Kontrolle der Rindergesundheitskartei, die von jedem Tierarzt monatlich abgezeichnet werden muß, erreicht werden. Durch die Abteilung ist eine Überprüfung von TA durchgeführt worden, die im Rahmen der Suche und Auswahl als IM-Kandidaten in Frage kommen könnten bzw. die mit "Prediger" zusammen studiert haben. Konkrete Ergebnisse liegen bisher nicht vor.

- Stellv. Operativ, Gen. Oberst Regner:
Aus der erfolgten Berichterstattung sind zwar entwickelte Aktivitäten der jeweiligen Fachabteilungen einschließlich KD ersichtlich, jedoch sind die Ergebnisse zu gering. Ziel ist es nachzuweisen, daß "Prediger" ein Feind ist. Dazu sind nachfolgende Schwerpunkte zielstrebiger und konsequenter abzuarbeiten:

  . Anschleusung von IMS an "Prediger" von allen Seiten

  . Anschleusung von IMS an Kontaktpartner von "Prediger" einschließlich an die LPG-Vorsitzenden, zu denen "Prediger" enge Beziehungen hat

  . Umfassenden Einsatz und Nutzung von A- und B-Maßnahmen

  . Ziel ist es, aus Gesprächsinhalte zu erarbeiten und inhaltlich zu bewerten. Einbezogen werden müssen dazu

    die Objekte, die "Prediger" und seine Kontaktpartner nutzen (Freizeitobjekte, Wohnungen, auch über den Bezirk hinaus)

    Für die B-Maßnahmen sind op. Kombinationen zu erarbeiten mit dem Ziel, gezielt Ergebnisse zu produzieren, die der Zielstellung des OV dienen als Beweise.

- Der IMS "Specht" ist nicht weiter in den OV einzuführen, bis die anstehenden Probleme in der Zusammenarbeit mit ihm eindeutig geklärt sind. Der IM ist aus der unmittelbaren Bearbeitung zurückzuziehen. In der weiteren Zusammenarbeit ist dem IM glaubhaft zu machen, daß das MfS kein besonderes Interesse an "Prediger" hat.

- Grundforderung ist, alle Maßnahmen zum OV äußerst konspirativ durchzuführen, bzw. eine hohe Konspiration zu sichern.

- Durch alle Teilnehmer an der Beratung ist erneut umfassend zu prüfen, welche IM zum Einsatz gebracht werden können. In der Abt. XII sind Recherchen in der IM-Kartei durchzuführen, insbesondere zu solchen Berufsgruppen wie

  . Dia-Lehrern
  . Tierärzten
  . Förstern

  die die Bereitschaft besitzen, mit uns an "Prediger" zu arbeiten. Für jeden der zum Einsatz vorgesehenen IMS ist eine Einsatzkonzeption zu erarbeiten und mit der KD Rübel zu beraten.

Angefertigt durch GhS „Krüger"

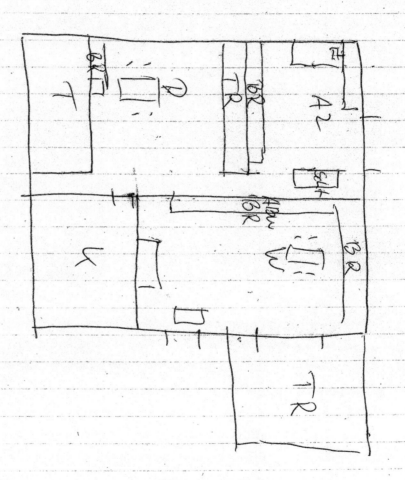

Sibylle Seite:
Dass Lehrerinnen zum Elternbesuch kamen, war ja in der DDR nicht unüblich. Worin der Auftrag dieser beiden Frauen, die beide SED-Genossinnen waren, bestand, weiß ich nicht. Vermutlich sollten sie weiteren Ärger abwenden. Es war bekannt, dass meine Eltern sich für mich einsetzten, Protest anmelden würden, gerade weil meine Leistungen und eine nachgewiesene Eignung gegen eine Ablehnung sprachen. Vielleicht wussten sie auch, was meine Eltern nur ahnten, und hatten den konkreten Auftrag, mir den Studienwunsch auszureden. An dieses Gespräch habe ich nur diffuse Erinnerungen.

Klaus Feld:
Haben Sie und Ihr Mann nach dem Mauerfall schon einmal daran gedacht, nach diesen Vorkommnissen und Zumutungen wegzuziehen? Freunden im Westen habe ich davon erzählt; sie meinten, in so einem Dorf könnte man doch nicht weiterleben.

Annemarie Seite:
Ja, aber erst später, als wir im Ruhestand waren, denn vorher waren wir noch sehr beschäftigt. Als Bürgermeisterin ab 1990 hatte ich so viel mit der Renovierung des Dorfes zu tun, dass ich das alles verdrängte. Die Akten lagen im Geist bei mir auf dem Hausboden. Und mein Mann, der Ministerpräsident, steckte tief in der großen Politik. Ein Wegzug hätte zwar eine andere Umgebung gebracht, aber die Vergangenheit folgt überallhin. Sie verfolgt Sie in den Träumen, oder wenn Sie ein Buch lesen und auf ähnliche Passagen stoßen, oder ein Freund fragt Sie nach einer Begebenheit vor dem Mauerfall. Die Vergangenheit ist wie ein Hund, den Sie verstoßen wollen, der Ihnen aber folgt in der Hoffnung, wieder einen Brocken von Ihrem Leben zu erhaschen.

Kirche – Die IM im kirchlichen Dienst – Auftreten in der Synode

Klaus Klaus Feld:
Herr Seite, die Schwierigkeiten mit dem MfS begannen, als Sie sich in Ihrer Landeskirche engagierten?

Berndt Seite
Ja. Im Leben gibt es ein Ereignis, das der Mensch nicht wahrnehmen will oder nicht aufnehmen kann. In diesem Augenblick geschieht etwas, das noch nie da war! Entweder der Mensch erfasst das Neue oder er lässt es vorüberziehen. Es kommt nie wieder! Aus, vorbei! Bei mir war es die Entscheidung, ob ich für die Synode der Evangelisch-Lutherischen Landeskirche Mecklenburgs kandidiere. Ich zögerte, begann abzuwägen, zu zweifeln, mein Mitwisser zerrte an mir. Schließlich kandidierte ich doch, bestärkt durch meine Frau. Ich wollte helfen, dass unsere Kirche in diesem atheistischen Umfeld nicht untergeht. Und als mich unser Pastor fragte, wollte ich mich auch nicht wegducken, so, als hätte man mich nicht gefragt. Vielleicht war es, etwas pathetisch ausgedrückt, der Augenblick des Status Confessionis: hier stehe ich, dafür setze ich mich ein. 1974 konnten wir nicht wissen, welche Folgen diese Entscheidung hatte. Sie hat mein Leben geprägt.

Klaus Feld:
Die Synode haben Sie auch als Podium benutzt, um bestimmte Dinge öffentlich anzusprechen?

Berndt Seite:
Die Synode ist die Legislative unserer Landeskirche. Damals ging es darum, unsere Kirchgemeinden im Land zu stützen, damit sie die Anfechtungen durch den Staat aushalten konnten. Dieser Staat wollte die Kirche und damit das Christentum liquidieren. Der Versuch

wird in vielen Staaten noch immer unternommen. Die Bolschewiken in Russland haben das versucht und waren zum Teil auch erfolgreich, und ihre Genossen in der DDR wollten mit ihnen gleichziehen. Als ihnen das nicht gelang, versuchten sie es mit wechselnden Taktiken, die alle versagten. Später, als die wirtschaftlichen Probleme zunahmen und die DDR ständig am Rand eines Staatsbankrotts entlangschlitterte, wurde es leichter für die Kirchen. Der Westen gewährte Kredite nur, wenn u. a. die Kirchen nich in ihrem Bestand gefährdet wurden. Außerdem musste die DDR nach der Schlussakte von Helsinki ihren Kurs gegenüber der Kirche ändern, was sie aber verdeckt nicht tat. Nach dem Mauerfall versuchten die hiesigen Kommunisten/Sozialisten den Eindruck zu vermitteln, als wären sie einen eigenständigen »deutschen Weg« gegangen. Das stimmt nicht. Die DDR war ein sowjetisches Produkt. Die Postkommunisten glauben heute, sich mit einem »deutschen Weg« aus der Verantwortung zu stehlen.

Klaus Feld:
Aber Sie haben doch in der Synode auch Politik gemacht?

Berndt Seite:
Wenn es um das Wohl der Menschen geht, dann ist das immer Politik. In der Demokratie bedeutet es, den unterschiedlichen gesellschaftlichen Gruppen/»Marktteilnehmern« einen gleichen Zugang zu garantieren. Und es ist darauf zu achten, dass kein Übergewicht einer Gruppe entsteht. Im System der DDR gab es nur die SED – und die anderen Parteien hatten ihr zu folgen. Und da die Kirche dem nicht folgen wollte und die Menschenrechte für alle einklagte, war das Politik. So stimmt es.

Klaus Feld:
Gleicher Zugang für alle? Ist das nicht auch zu gefährlich?

Berndt Seite:
Demokratie darf nicht zum Zirkus verkommen. Die Kunst besteht darin, dem Einzelnen möglichst eine »lange Leine« zum Ausleben der Freiheit zu geben, ohne die Demokratie im Ganzen zu gefährden. Das ist ein sehr schwieriges Unterfangen. Wenn man schon in einem geordneten Staatswesen lebt, einer annehmbaren res publica, dann ist auch Wahlpflicht gefordert. Der mündige Bürger muss ein Votum abgeben!

Klaus Feld:
In den Berichten des MfS von den Synodaltagungen wird über Sie berichtet, dass Sie wieder einmal besonders »aggressiv, feindlich« aufgetreten wären.

Berndt Seite:
Die Berichte über andere Synodalen sind mir nicht bekannt. Einige von ihnen haben noch klarer gesprochen. Es kam immer auf die politische Situation an, in der wir uns gerade befanden und welche Probleme in den Berichten der Kirchenleitung und des Bischofs angesprochen wurden. Ihre Aussagen waren diplomatisch abgefasst, um die Kirchgemeinden nicht zu gefährden. Wichtig war, dass über unsere Tagung in der Kirchenzeitung geschrieben werden konnte, denn ständig kreiste ein Verbot über ihr. Dafür schrieben die Zeitungen im Westen über die Aktivitäten der Synode, aber das konnte bekanntlich bei uns niemand lesen. Als Synodalen konnten wir mutiger die Zeit-Probleme benennen als die Amtskirche, was wir zu unterschiedlichen Anlässen auch taten. Ich habe in der Zeit vor dem Mauerfall auf den Synodaltagungen viel für meine spätere politische Tätigkeit gelernt. Dafür bin ich dankbar.

Klaus Feld:
Es gab aber auch Synodalen, die »systemkonform« agierten?

Berndt Seite:
Na ja, systemkonform ist zu hart formuliert, aber sie waren aus verschiedenen Gründen schon angepasster. Warum, kann ich nur ahnen. Einige waren dem MfS ergeben. Interessant war, dass bis auf sehr wenige Ausnahmen die Synodalen keiner »Blockpartei« angehörten. Das »Kirchenvolk« hatte ein feines Gespür dafür, auch da Abstand zum Staat zu halten. Unser damaliger Präses Wahrmann wurde nach dem Mauerfall als IM enttarnt. Von Wolfgang Schnur ist die IM-Tätigkeit auch bekannt. Der wollte nach dem Mauerfall sogar

Bezirksverwaltung　　　　　　　　　　　　　Schwerin 23. 3. 89
für Staatssicherheit Schwerin　　　　　　Tgb.-Nr. 1a-pr 544/89
Diensteinheit XX　　　　　　　　　　　　　XX/A/3363

KOPIE durch BdL

Bezirksverwaltung
für Staatssicherheit
Abteilung XX
NEUBRANDENBURG

I n f o r m a t i o n
zum Auftreten des Dr. SEITE während der 3. Tagung der XI.
Ordentlichen Landessynode der ELLKM's
_____

1. Wahlen zur Bundsynode

Dr. SEITE wurde von der Synodalin

　　Bockholdt, Ilka
　　Kröpelin

als Kandidat der Nichttheologen zur Bundsynode nominiert. Im
ersten Wahlgang erhielt Seite zusammen mit

　　S c h n u r ,　Wolfgang
u.　W e i ß ,　Eckart

20 Stimmen. Im folgenden Wahlgang wurde Schnur als Synodaler
zur Bundsynode gewählt.
Dr. Seite ließ sich von der Synode auf den Kandidatenvorschlag
für die 1. Stellvertreter zur Bundsynode nominieren. Hier erhielt S. 25 Stimmung und hatte damit gegenüber Dr. HEMPEL und
WEIß das Nachsehen.

2. Dr. Seite trat in Debatten zu den einzelnen Berichten mit
feindlich-negativen Diskussionsbeiträgen in Erscheinung. Zum
Kirchenleitungsbericht äußerte er folgendes:

"Im Kirchenleitungsbericht ist die Aussage zur Kirche und Gesellschaft nicht wegzudenken. Ich bin dankbar, daß sie sehr deutlich angesprochen haben, die Problematik des konziliaren Prozesses. Daß wir zusammen in dieser Gesellschaft in einer Situation befinden, wir uns in einer Situation befinden, die von weltweiten Situationen getragen ist und daß sie uns nötigen zu einer engagierten innergesellschaftlichen Prozeß des Nachdenkens, des Umdenkens und des Veränderns des Lebensstils – und zur Bereitschaft, die weltweiten Aufgaben aktiv in Angriff zu nehmen. Ich trage das voll mit und möchte das unterstützen, daß wir uns in dieser Tagung uns dazu verständigen können.

Aber ich vermisse auch Entscheidendes und wenn der Herr Landesbischof die Sache nicht angesprochen hätte, dann wäre das ein großer Mangel.

Ich möchte darauf hinweisen, daß gerade in der letzten Zeit die einseitigen Abrüstungsvorschläge des Warschauer Paktes eigentlich uns mehr gebracht haben, als wir seit langem gefordert haben, und zwar das Konzept unserer Sicherheitspartnerschaft, das wir angesprochen haben. Herr Landesbischof hat das ja sehr dankbar aufgenommen.

Zweitens vermisse ich, das ist für mich sehr wichtig, den gesamten humanitären Block, so wie es im KSZE-Schlußdokument angesprochen worden ist, was uns also sehr weiterhilft.

Als dritten Punkt, das ist der beabsichtigte Exitus von Tausenden oder Hunderttausenden von Menschen aus diesem Land und dies kann einfach nicht stillschweigend hingenommen werden. Einen Satz auch nur im Bericht des Herrn Landesbischofs – die Situation ist dermaßen prekär geworden, daß wir das nicht schreiben können – das weiß ich. Ob die Aussage des Bundes vor Jahren – bleibe in der DDR – so stehenbleiben kann, ob man das auch in unserer Kirche einfach aktualisieren sollte. Wir müssen uns einfach dieser Herausforderung stellen, und ich kann mich nicht nur immer auf den 6. März 1978 berufen, so wie das von der Kirchenleitung dargestellt wird. Inzwischen ist viel mehr passiert, und man muß sich natürlich auch fragen, ob das Modell unserer Kirche so weiter aufrecht zu erhalten ist – Kirche im Sozialismus. Was ist Sozialismus – wenn man bedenkt, was in unseren Nachbarländern passiert und war in unserem eigenen Land passiert.

Als letztes – wir wollen immer Sachgespräche mit der Volksbildung, die uns bis jetzt verwehrt worden sind. Nun steht ein großes Ereignis ins Haus – der Pädagogische Kongreß in der DDR – und es ist ganz wichtig, daß wir uns darüber Gedanken machen, wie wir auf diesen Pädagogischen Kongreß reagieren."

KOPIE durch BStU

In der Diskussion zur DS 37 (Stellungnahme mit feindlich-negativem Inhalt zur RVO vom 30. 11. 88) des Ausschusses "Frieden, Umwelt und Gesellschaft" äußerte Dr. Seite:
Er gibt seine Unterstützung. Betroffen ist er über die Betroffenheit und die Ratlosigkeit, über die berichtet wird. Es geht um viele Menschen, und man stellt sich die Frage, was wir als Bürger tun können, um diese Probleme zu lösen. Die Bedingungen sind zu untersuchen und zu verändern. Er schlägt vor, daß die Synode eine Arbeitsgruppe bildet, die sich mit dieser Thematik befaßt. Er stellt den Antrag, die Synode möge eine Arbeitsgruppe bilden, die sich mit der Problematik der Ausreise beschäftigt und Lösungswege aufzeigt.
Durch den Einfluß der progressiv denkenden Synodalen wurde dieser Antrag des Dr. Seite abgelehnt.

3. Dr. Seite arbeitete aktiv im Ausschuß "Frieden, Umwelt und Gesellschaft" mit. Die Synode verabschiedete hier die überarbeitete Stellungnahme des Ausschusses "Frieden, Umwelt und Gesellschaft" Nr. 37a, die in bezug auf die RVO vom 30. 11. 1988 folgende inhaltlich negativen Aussagen enthält:

"Seit dem 1. 1. 1989 gilt eine neue Verordnung zur Regelung von Besuchs- und ständigen Ausreisen aus der DDR. Sie berücksichtigt noch nicht im vollen Umfang die erzielten Ergebnisse des abschließenden Dokuments des Wiener KSZE-Folgetreffens vom 15. Jan. 1989. Die Synode bittet, die dafür zuständigen staatlichen Organe den entsprechenden ergänzenden Verpflichtungen gegenüber den Bürgern der DDR nachzukommen.
In Anwendung der Verordnung stellt sich für Bürger als ein Rückschritt gegenüber der geübten Praxis bis zum 31. 12. 1988 dar. Dieses und die Art und Weise des Umgangs der staatlichen Stellen mit betroffenen Bürgern führen in großen Teilen der Bevölkerung zur Resignation und Verbitterung. Nach wie vor sind wir betroffen, daß so viele Bürger unser Land verlassen wollen. Für uns ist dies ein Signal, daß öffentlich über die Gründe der Ausreiseanträge beraten werden muß. Es sind kaum Bemühungen zu erkennen, die Bedingungen zu verändern, die zu den Ausreiseanträgen führen."

Wir bitten um Kenntnisnahme sowie um die Einleitung geeigneter politisch-operativer Maßnahmen.
Die erarbeiteten Aussagen des Dr. Seite wurden streng konspirativ erarbeitet und sind offiziell nicht auswertbar.

Leiter der Abteilung

R ö b k e
Oberstleutnant

der erste frei gewählte Ministerpräsident der »Noch-DDR« werden. Der Redakteur der Mecklenburgischen Kirchenzeitung, Jürgen Kapiske, war ein besonderer IM, den die Stasi an hervorragender Stelle platziert hatte. Die Informationen dieser IM über die Kirche haben der SED auch nicht geholfen. Unsere Kirche war keine »Fünfte Kolonne«, die den Staat stürzen wollte. Sie war nicht »doppelbödig«, auch wenn viele Kirchenmitglieder diesen Staat ablehnten.

Klaus Feld:
Mir ist aufgefallen, dass die Berichte der Staatssicherheit zu Ihrem Auftreten in den Beratungen der Synode sehr unterschiedlich ausfallen. Einmal wird Ihnen üble Feindschaft zum Staat unterstellt und dann wird wieder berichtet, dass Sie sich bewusst im Hintergrund halten, Ihre politisch negative Haltung zum Staat durch die Zugehörigkeit zur Kirche verdecken. Manchmal äußern Sie sich auch positiv und vermeiden Auseinandersetzungen mit den staatlichen Stellen, aber gleichzeitig geben Sie Anregungen zu kritischen Betrachtungen im kirchlichen Bereich, schreibt das MfS. Wie ist das zu verstehen?

Aus einem Bericht des MfS:
Persönliche Kontakte pflegt Dr. Seite zu OPK »Wanderer«, Meckel, OPK »Biologe«, Dr. Knaap, OPK »Viper«, Teichert, OPK »Apostel«, Ehepaar Wunderlich. Dr. S. hält sich bewusst im Hintergrund, um nicht in das Blickfeld der Stasi zu gelangen. Dass Dr. S. seine politisch negative Einstellung durch seine Zugehörigkeit zur Kirche verdeckt, was in seinem Umgang zu den genannten Personen zu schlussfolgern ist. Dr. S tritt zwar öffentlich nicht in Erscheinung, verhält sich aber kritisch zu seiner Umwelt. Das kommt bei der Synode zum Ausdruck. Teilweise äußert er sich auch positiv, setzt bewusst keine Ansatzpunkte zu Auseinandersetzung mit staatl. Organen, gibt jedoch Anregungen zu kritischen Betrachtungsweisen im kirchlichen Bereich.

Berndt Seite:
Meine Äußerungen waren auch von taktischen Erwägungen bestimmt. Sie dürfen nicht vergessen, dass ich zu den wenigen Mitgliedern der Synode gehörte, die beim Staat angestellt waren. Ich wollte mir auch nicht den berühmten »Ast absägen, auf dem ich saß.« Wichtig war mir, wenn es darauf ankam, Haltung zu demonstrieren, aber auch nicht ständig in einer Oppositionshaltung zu verharren. Es ging mir um Glaubwürdigkeit. Glaubwürdig, jetzt nennt man es authentisch, heißt, im Beruf, in der Kirchgemeinde und im Umweltschutz zu wirken und nicht nur ständig zu nörgeln, sondern wenn nötig, sich einzubringen und flexibel zu bleiben. Wollten wir »Kirche im Sozialismus« sein, um nicht unterzugehen, mussten wir Kompromisse eingehen. Außerdem glaubte ich nicht daran, dass in meiner Lebenszeit eine Systemänderung eintreten würde.

Klaus Feld:
War das nicht ein Kompromiss, noch mehr eine Systemstabilisierung?

Berndt Seite:
Gewiss, ja, auch das, sonst können Sie in Diktaturen nicht überleben. Entscheidend ist, w e l c h e Kompromisse Sie eingehen. Gehen Sie zu viele ein, werden sie unglaubwürdig. Das Beispiel des pommerschen Bischofs Horst Gienke zeigte das. Der lud zur Einweihung des Doms in Greifswald Honecker ein, gleichzeitig wurden die maroden Häuser in der Umgebung wie zu Zeiten von Potemkin mit farbigen Bretterfassaden verdeckt. Schöne, falsche Welt. Dazu wollte ich mich nicht einspannen lassen. Das ging nicht.

Klaus Feld:
Und wie urteilen Sie über die Personen, die Sie als »Kompromissler« bezeichneten?

Berndt Seite:
Sehr differenziert und vorsichtig. Menschen passen sich immer den Gegebenheiten an. Irgendwie wollen alle »durchkommen«, das hat die Evolution so eingerichtet. An der Haltung solcher Menschen kann man nichts ändern; man kann und muss ihnen nur aus dem Weg gehen und sich andere Mitstreiter suchen.

Klaus Feld:
Und da gab es auch die Aussage der evangelischen Kirche in der DDR, dass sie »Kirche im Sozialismus« sein wollte. Sie hatten es schon benannt.

Berndt Seite:
Heute sehe ich dieses Engagement anders. In der damaligen Situation aber fand ich unsere Aussage richtig und will sie jetzt auch nicht ungeschehen machen. Wir hatten uns den vorhandenen Rahmenbedingungen angepasst, denn niemand wusste, auf welch tönernen Füßen das kommunistische System des Ostblocks stand. Das war ein ausgehöhlter, fast abgestorbener Baum, der dann zusammenstürzte. Aber es bleibt, schon wieder waren wir als Kirche nicht mutig genug gewesen, an unserem Weg festzuhalten, also den Status Confessionis auszurufen. Zu beachten ist auch: Lebt man in unterschiedlichen Zeiten, so lebt man auch unter deren Bedingungen und ist damit auch Veränderungen ausgesetzt. Ein wichtiges Merkmal für das Leben danach.

Klaus Feld:
Was ist Wolfgang Schnur für ein Mensch, mit dem Sie in der Synode saßen? Er war Mitbegründer der Partei »Demokratischer Aufbruch« und musste 1990 nach Öffnung seiner Stasi-Akte wegen IM-Tätigkeit für die Stasi seine politische Karriere aufgeben.

Berndt Seite:
Er ist Jurist. In der DDR gab es davon weniger als 600 unter 17 Millionen Einwohnern. In Hamburg leben heute 10.000 Juristen! Mir kam er merkwürdig vor, wie ein Zelot aus dem Alten Testament, irgendwie undurchsichtig, als stände er im Nebel. Und dann gab er sich so evangelikal, so überfromm. Das gefiel und gefällt mir nicht, denn wer seinen Glauben wie eine Monstranz vor sich herträgt, der ist mir verdächtig. Ein Eiferer! Denen traue ich in allen Schattierungen nicht. Über ihn gab es Gerüchte, »es sei ihm nicht zu trauen«. Und immer war es Schnur, der bei hitzigen Diskussionen auf den Synodaltagungen versuchte zu dämpfen, den Staat nicht verteufeln zu lassen. Als abscheulich und verrucht empfand ich später, dass er mit seinen Mandanten, die er vor Gericht vertrat, wie z. B. Wehrdienstverweigerern, in der Zelle betete, aber jeden Schritt in ihrem Prozess mit dem MfS absprach. Das heißt: Er hat als Verteidiger vor Gericht an einem Schmierentheater teilgenommen, das Schweigegebot gebrochen und seine Mandanten verraten. Ich glaube, der Mann ist krank. Kennt man seine Vita, dann ist man nicht überrascht.

Klaus Feld:
Gibt es für diesen Verrat nicht einen Straftatbestand?

Berndt Seite:
Vermutlich ja, aber mir ist nicht bekannt, dass er deswegen nach dem Mauerfall angeklagt wurde.

Klaus Feld:
Der schon verstorbene Präses Ihrer Synode, Siegfried Wahrmann, also der Präsident der gesetzgebenden Versammlung Ihrer Landeskirche, ein Geschäftsmann aus Wismar, ist als IM »Lorenz« enttarnt worden. Er hat nach dem Gespräch mit Honecker 1978 einen Orden und 1.000 Ostmark von der Stasi erhalten. Auch Manfred Stolpe bekam einen Orden, aber er ist ihm nicht von der Stasi überreicht worden, sondern vom Staatssekretär für Kirchenfragen, sagt er. Auf diesen Unterschied legte er bei der Auseinandersetzung über seine vielen Treffen mit Mitarbeitern des MfS großen Wert. Hat Sie der Fall Siegfried Wahrmann sehr betroffen gemacht?

Berndt Seite:
Ja, aber schon anders. Nach 1990 brach eine Flut von enttarnten IM über uns herein, sodass es – bildlich gesprochen – nicht mehr darauf ankam, »wie hoch das Wasser stand«. Dann konnte man nur noch resigniert feststellen: Ach, der auch! Wahrmann war für mich ein schwerwiegender Fall. Unser Grundvertrauen wurde beschädigt und auch unser Vertrauen in die Institution Kirche. Das ist der Stasi noch in ihrem Untergang gelungen. In anderen Landeskirchen gab es ähnlich gelagerte Fälle. Noch mehr: Unsere Evangelische Kirche in der DDR war systematisch vom MfS unterwandert worden. Wahrmann traf sich von 1967 bis 1989 laufend mit seinem Führungsoffizier, um zu berichten; selbst in den Pausen von Kirchenkonferenzen war er nach dem Urteil seines Führungsoffiziers *willig und einsatzbereit*. Wenn ich daran denke, dann trifft mich dieser Vertrauensmissbrauch, der Verrat, noch heute hart. Wie wollen sie »Vertrauen wagen«, wenn sie solche Erlebnisse hatten? Da stehen sie mit Siegfried Wahrmann, Wolfgang Schnur und den anderen Brüdern und Schwestern vor dem Altar

und beten, rufen Gott an, und neben ihnen stehen die »tagfrischen« Verräter. Doch das verkraften wir, zwar nur schwer und nicht immer – denn das Christentum birgt in sich viel psychotherapeutisches Potenzial. Die Demokratie mit ihrem Instrumentarium hat davon gelernt.

Klaus Feld:
Und Jürgen Kapiske, der Redakteur der Mecklenburgischen Kirchenzeitung, hat für das MfS Tausende Seiten Berichte verfasst und von Erich Mielke auch einen Orden erhalten?

Berndt Seite:
Ja, ja, die Orden! Wenn man bedenkt, wofür die IM die Orden erhielten, dann kann man sich nur schütteln. Aber Orden mussten sein, auch wenn die Stasi beim Geldausgeben oft knausrig war. Die Mecklenburgische Kirchenzeitung stand unter besonderer Aufsicht der Stasi. Sie konnte aber nicht so zensiert werden wie die säkulare Presse, da die Russen 1945 die Lizenz erteilt hatten. Dass die Kirchenzeitungen überhaupt erschienen, war ein Ärgernis für die DDR-Machthaber. Der Kirchenbesitz wurde in der Sowjetischen Besatzungszone von den Russen nicht enteignet, da die Kirche sich teilweise dem Nationalsozialismus verweigert hatte. Die Männer der »Bekennenden Kirche« legen davon Zeugnis ab. In den letzten Jahren vor dem Mauerfall wurden die Redakteure der kirchlichen Blätter immer mutiger beim Abfassen ihrer Texte. Der IM »Walter« (Jürgen Kapiske) sollte vermutlich die Berichte in der Mecklenburgischen Kirchenzeitung vorab so glätten und »entschärfen«, dass der Zensor gar nicht eingreifen musste. Trotzdem kam es immer wieder zum Eklat. Dann wurde die Zeitung nicht gedruckt mit der Begründung: Die Arbeiterklasse weigere sich, solche Anwürfe gegen die Republik zu drucken. Ich konnte mir schon damals nicht vorstellen, dass die »Arbeiterklasse« je einen Blick in die Zeitung warf!

Klaus Feld:
Es gab eine ganze Reihe von IM in der Synode, der Kirchenleitung, den kirchlichen Verwaltungen. Wissen Sie davon?

Berndt Seite:
Der Gesetzgeber achtet auch im StUG (Stasi-Unterlagengesetz) auf die Persönlichkeitsrechte. Betroffene, also Opfer, können die IM aus ihrer Akte öffentlich beim Namen nennen. In den Landtagen saßen zu meiner Zeit noch immer enttarnte IM, die ihr Mandat nicht niedergelegt hatten. Das geht also auch. Ich kann nur vermuten, wenn ich mir die IM aus dem kirchlichen Raum ansehe, die über mich berichtet haben, dann waren noch andere kirchliche Mitarbeiter als IM unterwegs. Kirchen verfahren mit ihren Sündern immer großzügig, wie es das Neue Testament fordert. Dann sind alle immer »Schwestern und Brüder«. 25 Jahre nach dem Mauerfall werden die verirrten Schafe fleißig eingesammelt. Manchmal muss man sich erstaunt die Augen reiben. Ja, aber etwas vom Alten Testament sollte auch einfließen!

Klaus Feld:
Sie haben in der Synode auch einen Mann kennengelernt, den Sie als eines Ihrer Vorbilder bezeichnen?

Berndt Seite:
Das ist Heinrich Rathke, der ehemalige Landesbischof unserer Landeskirche. Geradlinig, geerdet und von einer tiefen, unspektakulären Frömmigkeit. Mehr muss ich dazu nicht sagen.

Abteilung Inneres des Rates des Kreises – Disziplinierung

Klaus Feld:
Mit den Mitarbeitern der Abteilung Inneres beim Rat des Kreises standen Sie auf keinem guten Fuß. Warum?

Berndt Seite:
Fachlich unterstanden die Tierärzte einer eigenen Abteilung beim Rat des Kreises, mit anderen Abteilungen hatten sie kaum etwas zu tun. Als ich Mitglied der Synode wurde, glaubte die Abteilung Inneres auch für mich zuständig zu sein, da sie sich doch um die Angelegenheiten der Pastoren und der kirchlichen Mitarbeiter »kümmern« müsste.

Klaus Feld:
Wie muss man sich das vorstellen?

Berndt Seite:
Die Kirche lebte als Institution nicht im luftleeren Raum der Gesellschaft, aber die Staatsmacht, also die SED, versuchte alles, um die Kirche zu ghettoisieren und schließlich zu liquidieren, was ihr nicht gelang. Ging es um Grundstücksangelegenheiten oder Renovierung kirchlicher Gebäude, musste man sich schon mit dem Staat an einen Tisch setzen. Die Kirche besaß umfangreichen Grundbesitz und Ländereien, die vom Staat in Pacht bewirtschaftet wurden. Aber der Staat wollte mehr, sich direkt in die Angelegenheiten der Kirche einmischen, um die kirchlichen Mitarbeiter zu disziplinieren. Dagegen wehrte sich die Kirche erfolgreich. Besonders heftig wurde um die Veranstaltungsordnung gestritten. Der Staat wollte bestimmen, wann, wo und wie oft kirchliche Veranstaltungen stattfinden dürfen.

Klaus Feld:
Und was hatten Sie damit zu tun?

Berndt Seite:
Als ich Mitglied der Synode wurde, zählte mich der Leiter der Abteilung Inneres automatisch zu denen, die etwas in der Kirche zu sagen hatten. Weit gefasst war das richtig, denn ich gehörte der Legislative in der Kirche an. Aber man darf den Einfluss der Synodalen nicht überbewerten. Die Exekutive ist mächtig.

Klaus Feld:
Und das MfS versuchte, Ihr Auftreten vor der Synode zu beeinflussen?

Berndt Seite:
Ja, so waren seine Absichten. Eine Zeit lang habe ich mich gegen die Gespräche mit der Abteilung Inneres gewehrt, aber da ich mich in einer Doppelrolle befand, als Tierarzt beim Staat angestellt war, bedrängten sie mich immer mehr. Es war diese allgemeine Friedenspose, die sie einnahmen, nach dem Motto: »*Wir sind doch alle für den Frieden, daher, Dr. Seite, ziehen wir doch gemeinsam an einem Strang, nicht wahr?*« Um einen Konflikt mit der Kirche nicht zu provozieren, schickte die Stasi die Mitarbeiter von der Abteilung Inneres des Rates des Kreises vor.

Klaus Feld:
Es gibt etliche Berichte von Gesprächen, die Sie mit Mitarbeitern der Abteilung Inneres geführt haben. Sie wurden alle der Staatssicherheit übermittelt?

Berndt Seite:
Einmal habe ich davon erfahren und die stellvertretende Vorsitzende der Abteilung Inneres GMS »Elke« zur Rede gestellt. Bei einer Begegnung habe ich ihr gesagt, wenn sie in Zukunft Gesprächsinhalte von mir weitererzählte, würde ich mit ihr nicht mehr reden, da die Vertrauensbasis zerstört wäre.

Klaus Feld:
Die Information hat sie von den Offizieren des MfS erhalten?

Berndt Seite:
Ja, bei dem Gespräch mit den Offizieren des MfS in Klink. Aber die Staatsmacht sah in meiner »Begegnung« mit »Elke« eine Drohkulisse, die ich gegenüber den

KOPIE durch BStU

KD Röbel   Röbel, 10. Juni 1988

OV "Sanddorn"

Reaktion des Dr. Seite auf die operative Gesprächsführung

Am heutigen Tage informierte die Genn. Klein, daß sie am
9.6.88 beim operativen Einsatz des Rates des Kreises Röbel
in der LPG (T) Kogel angesprochen wurde von Dr. Seite.
Seite kam etwas ungehalten auf Genn. Klein zu mit den Worten:
daß man zwar selten miteinander reden kann, jedoch voneinander hören.
Auf die Frage der Genn. Klein, wie Seite das meine, sagte Seite,
daß sie Gesprächsinhalte nicht gleich zur Staatssicherheit
tragen brauche, denn seine letzte Mitteilung wurde durch
die Staatssicherheit zum Anlaß genommen, mit ihm ein Gespräch zu führen. Darüber sei er sehr verwundert gewesen.
Auf die Frage der Genn. Klein, ob denn nun alles geklärt
sei, sagte Seite, daß auch mit einem solchen Gespräch sein
Standpunkt nicht verändert werden könne. Er betrachtete
den vorgegebenen Anlaß für das Gespräch mit ihm nur als
einen Vorwand, man hätte sich nach seiner Ansicht etwas anderes
einfallen lassen können, denn das, was er zur Genn. Klein
gesagt hätte, habe ja die vergangene Zeit nicht nur einmal
bestätigt. Man brauchte nicht so zu tun, als ob man keine
Menschen kontrolliere und beobachte. Seite wandte sich dann
ab und ließ die Genn. Klein einfach stehen.

                                              Stellv. KD-Leiter

                                              Scheel
                                              Major

staatlichen Organen aufgebaut hätte. Das war nicht meine Absicht, denn mir lag überhaupt nichts daran, übermütig die Genossen zu reizen. So schrieben sie es auch oft in ihren Berichten. »*Während des Gespräches wurde sichtbar, dass S. bemüht war, keine Konfrontation mit den staatlichen Organen herbeizuführen.*« (Disziplinierungsgespräch mit Dr. Geißler vom 22.3.1989).

Klaus Feld:
Sie haben mir erzählt, dass Sie mit der stellvertretenden Leiterin der ehemaligen Abteilung Inneres noch ein Gespräch führten, als Sie 1990 Landrat wurden, also jetzt als ihr Vorgesetzter. Das ist schon einmalig: der Bespitzelte und Disziplinierte aus dem Jahr 1989 wurde ein Jahr später Chef der Frau, die ihn bespitzelt hat!

Berndt Seite:
So spielt Geschichte! Gewundert habe ich mich schon, dass sie noch immer im Amt blieb, obwohl die »erste Garde der Ehemaligen« widerstandslos das Feld geräumt hatte, bevor ich ins neue Landratsamt kam. Diese »Funktionsträger« hätte ich sowieso entlassen, denn im Kommunalwahlkampf 1990 hatte ich das bereits angekündigt. In diesem Jahr war noch viel möglich, denn die Revolution hatte die »Kader« in eine Art Schockstarre versetzt wie Vögel, wenn der Sperber naht. Später hätten mich diese Leute vor den Arbeitsgerichten in Prozesse verwickelt.

Klaus Feld:
Wie erklären Sie sich das?

Berndt Seite:
Vielleicht bildete sie einen Teil der »Nachhut der Genossen« oder sie wollte gekündigt werden und eine Abfindung erhalten. Wer weiß. Bis zu den Kommunalwahlen 1990 wurde im Rat des Kreises fleißig gearbeitet, vorwiegend mit neuen Aktenvernichtern vom »Klassenfeind«, also dem Westen. Meistens blieben nur noch leere Aktendeckel übrig. Revolutionen laufen wenig nach Plan. Statt nur die Kreisstelle des MfS zu besetzen, hätten wir gleiche Aktionen beim Rat des Kreises und der SED-Kreisleitung starten müssen. Chance verpasst!

Klaus Feld:
Was hätten Sie dort vorgefunden?

Berndt Seite:
Sehr viel. In beiden Einrichtungen gab es ähnliche Sammlungen von Berichten, Situationsbeschreibungen, Gesprächen, Informationen, »Einschätzungen«, Personenprofilen etc. wie beim MfS. Ich ärgere mich noch heute, dass wir uns so in die Irre führen ließen. Wir waren keine Profis in Sachen Revolution!

Gesundheit – IM in freier Praxis

Klaus Feld:
Es gibt einen operativen Hinweis zum OV »Sanddorn«, Reg.-Nr. 3/894/82/KD Röbel, vom 17.12.1987, »*dass Sanddorn seine Verbindung zum operativ-bekannten Dr. Bretschneider nutzt, um einen Arztbesuch in der Charité zu beschaffen.*« Was war geschehen?

Berndt Seite:
Ich fühlte mich nicht wohl, etwas stimmte mit mir nicht, auch fehlte mir die Leistungsbereitschaft. Ständig hatte ich das Gefühl, bei mir hebe sich die Schädeldecke. Darauf hin habe ich meinen Freund Peter Bretschneider, einen Kinderarzt, gebeten, mir einen Termin bei einem Spezialisten in der Charité zu besorgen. So war das damals. »*Beziehungen waren das halbe Leben, wer keine hatte, der blieb auf der Strecke*«, so heißt es im Volksmund. Heute wird es ähnlich kolportiert, aber mit einem anderen Hintergrund. Damals hatte mich diese unsichtbare Gefahr belastet. Mein Körper muss gespürt

haben, dass unser Telefon abgehört wurde, die IM gelauscht und die KD des MfS Maßnahmepläne gegen uns verfasst hatten. Mein Körper hat mit vegetativen Störungen reagiert. Denken Sie nicht, dass ich irgendwelchen Paramedizinen verhaftet bin, aber ich glaube schon, dass Menschen an ihrer Umgebung krank wurden, am Eingesperrtsein in diesem Land.

Klaus Feld:
Die Stasi wollte über HA XX (Hauptabteilung 20) wissen, wie die Diagnose zum Krankheitsbild des »Sanddorn« aussah. Was schlussfolgern Sie daraus?

Berndt Seite:
Sie konnte aufgrund des ärztlichen Befundes andere Maßnahmen gegen mich einleiten. Sie hätte es getan, und die IM in der Charité wären ihnen dabei hilfreich gewesen.

Klaus Feld:
Ist diesen Leuten nach dem Mauerfall etwas geschehen?

Berndt Seite:
Nach den Verfahren vor der Ehrenkommission mussten bestimmt einige gehen. In Mecklenburg-Vorpommern sind zu meiner Zeit ca. 2.000 Lehrbeauftragte an Universitäten, Hochschulen, Schulen und anderen Einrichtungen entlassen worden. Ärzte, die als IM enttarnt wurden, haben sich nach dem Mauerfall als Freiberufler niedergelassen. Diesen Ärzten, Psychologen, Psychiatern, Apothekern etc. die Approbation zu entziehen, wäre angebracht und möglich gewesen. Sie haben mit Vorsatz ihre Schweigepflicht und den Eid gebrochen. Ein fataler Fehler. Nicht zu handeln, sehe ich als Staatsverschulden an, denn dieser Straftatbestand galt in beiden Systemen. Vielleicht versteht man den Zorn vieler Opfer, dass auch diese Täter so glimpflich davongekommen sind. Dazu zählen besonders die Psychologen, die im Dienst der Stasi standen. Diese Leute gaben den »Praktikern vor Ort«, also den Vernehmern, Aufsehern und anderen Beteiligten in den Gefängnissen und den MfS-Verwahranstalten, das Instrumentarium in die Hand, um gegen die Inhaftierten erfolgreich vorzugehen. Das war psychologische Kriegsführung gegen Hilflose. Von den »Wissenschaftlern« in der Hochschule des MfS, die das Promotionsrecht besaß, ganz zu schweigen. Die durften nach dem Mauerfall ihre Titel behalten, leider, aber so sah es der Einigungsvertrag vor.

Klaus Feld:
Man wollte also nicht anders handeln, als es der Einigungsvertrag vorsah?

Berndt Seite:
Ich glaube und vermute, es ging um den »Landfrieden«, um einen Prozess der Aussöhnung, wie ihn Mandela in Südafrika später gestaltete. Aber eine Aussöhnung fand und findet bei uns nicht statt. Und in Südafrika steht das ganze Unternehmen auch auf wackligen Füßen.

Die Informellen Mitarbeiter

Klaus Feld:
Kommen wir nun zu den IM, die Sie und Ihre Familie ausgespäht haben. Einige werden Sie im Laufe unseres Gesprächs benennen, andere nur mit ihren Decknamen auflisten.

Berndt Seite:
Bei der Durchsicht der Akten, die das MfS über meine Familie und mich angelegt hatte, haben wir über 40 Decknamen von IM erfasst, von denen 28 über uns

berichtet haben. Diese IM waren eingesetzt worden, um die These der Stasi zu stützen, dass wir Feinde der DDR und nachrichtendienstlich tätig seien und mit anderen die Konterrevolution in der DDR vorbereiteten. Daneben gab es eine Reihe von Personen, die »Zuträgerdienste« leisteten, indem sie ihre Wohnungen für konspirative Treffen zur Verfügung stellten. Sie müssen auch andere Leistungen erbracht haben, wie die Quittungen für erhaltene Präsente bzw. Geldbeträge beweisen. Dazu kommen die Berichte der ABV und bestimmte Informationen, die an die SED-Kreisleitung oder die Abteilung Inneres des Rates des Kreises gegangen sind. Eine starke Mannschaft, die der Diktatur-Staat aufgestellt hatte.

Klaus Feld:
Warum wurde ein Mensch zum IM? Welche Erklärung haben Sie?

Berndt Seite:
Ich kann nur spekulieren. Es ist eine vertrackte Sache. Ein merkwürdiger Unterschied: »*Der zurechnungsfähige Mensch kann immer auch anders, der unzurechnungsfähige nie*« (Musil). Das ist die Lage, in der sich Menschen befinden. Es gab mehrere Motive: Eine Reihe von Menschen wurden aus Überzeugung IM, um den »keimenden Sozialismus« zu schützen. Andere wollten aus der Nische der Gesellschaft heraustreten, um »endlich etwas zu sein« und nicht als Sandkorn unter Millionen von anderen im Menschensand unterzugehen. Die Opportunisten unter ihnen versprachen sich von einer Mitarbeit Vorteile. Oder: Alles Böse wird bei Thomas von Aquin als Leviathan, das Seeungeheuer, bezeichnet. Mein Freund Peter Bretschneider meint, dies könnte eine Triebfeder für die Zuträgerei sein: »*Neid auf das Anderssein, Neid auf die freie Denkungsart, Neid auf die Unabhängigkeit des Freien, Neid auf das, was immer undenkbar erscheint.*« Vielleicht ging es auch um Geld, denn in der Mangelgesellschaft hilft jede Zuwendung weiter. Vermutlich erwartete man auch Zuspruch bei bestimmten persönlichen Vorhaben, wenn es z.B. um einen Studienplatz ging oder um eine Assistentenstelle an der Universität und mehr Geld, wie beim IM »Etzdorf«, oder dass man in der Warteliste für ein Auto nach »vorn« geschoben wurde. Da gibt es viele Möglichkeiten, denn die Mangelgesellschaft hat einen großen Korb von Zuwendungen für so einen Dienst.

Klaus Feld:
Wie kommt es, dass gerade gegen Ihre Familie so viele IM angesetzt wurden?

Berndt Seite:
Vermutlich hängt das mit unserer »Mobilität« in Sachen Beruf, Umwelt, Landwirtschaft, Kirche, Synode und dem Ausschuss »Kirche und Gesellschaft« beim Bund der Evangelischen Kirchen in der DDR zusammen. Und wir führten oft ein offenes Wort. Viele der fast 6.000 Seiten Akten überlappen sich in der Darstellung, weil so viele Abteilungen des MfS in der DDR damit befasst waren. Wir waren viel unterwegs und uns haben viele »Gleichgesinnte« besucht. Da saß die Stasi einem Irrtum auf, wenn die IM meldeten, wir würden ein zurückgezogenes Leben führen.

Klaus Feld:
Lassen Sie uns jetzt über einige IM reden, die viel über Sie und Ihre Familie berichtet haben. Dazu gehören die IM »Heinz Krüger«, »Alfred Specht«, »Etzdorf«, GMS »Anneliese« und »Hans Habicht«. Über die Kreistierärzte haben wir bereits gesprochen. Wenn man bedenkt, dass einer von denen noch ein Nachbar ist, dann hat das doch eine besondere Bedeutung. Ich kann mir überhaupt nicht vorstellen, wie man nach so vielen Jahren damit umgehen kann?

Berndt Seite:
Der IMS »Heinz Krüger« hat die meisten Berichte über uns mündlich abgegeben. Er hat über unser gesamtes Leben berichtet, über unsere Ehe, Wohnung, Kinder, Besuche, Hobbys, Verhaltensweisen. Leider war es so, als wohnte er mit uns zusammen, zumal wir eine gute, aber distanzierte Nachbarschaft pflegten. Nach meiner Akteneinsicht 1992 hat er leider alles in Abrede gestellt.

»Alfred Specht« war Bürgermeister in einem Nachbarort, den ich bei einem Seucheneinsatz kennengelernt hatte. Ein fröhlicher, umgänglicher, hilfsbereiter Mensch mit vielen Hobbys. Nach einem Verkehrsunfall im Suff wurde er von der SED degradiert und musste Arbeiten in einer LPG verrichten. Er hat sich bei seinen Berichten gewunden wie ein Wurm am Angelhaken, um nicht ganz als Köder benutzt zu werden. Schlitzohrig wie er war, wollte er mit dem MfS »verhandeln«, um bessere Konditionen für sich herauszuschlagen bzw. seinen

Führerschein schnell wieder zurückzubekommen. Über meine Frau hat er für das MfS einen detaillierten Bericht als Person abgegeben. Harmlos war er nicht, wie alle anderen auch. Wie kann einer harmlos sein, der so ein Spiel mitmacht?

Klaus Feld:
Sie haben zu diesem Gespräch recherchiert. Die BStU hat Ihnen einen »Forschungsauftrag« genehmigt. Sie durften in Personalakten einsehen, ob bestimmte Personen bei der Gründung des »Verbandes der Tierärzte in der DDR« (VdT) im Dezember 1989 oder im Umfeld noch mit dem MfS zusammengearbeitet haben?

Berndt Seite:
Über meine Ergebnisse bei der Recherche darf ich nur eingeschränkt berichten, da das Stasi-Unterlagengesetz nur Veröffentlichungen von Personen zulässt, die über mich oder die Gründung des »VdT« berichtet hätten. Dazu hatten sie keine Zeit mehr, da am 5.12.1989 die KD des MfS geschlossen wurden. Aber es gab IM, die die Chupze besaßen, sich an der Gründung des Verbandes zu beteiligen. Können Sie sich vorstellen, wie »gefrustet« viele Menschen sind, dass durch das neue Stasiunterlagengesetz IM »geschützt« werden und ihre Klarnamen nicht veröffentlicht werden können?

Klaus Feld:
Sie sprachen einmal auch von »bösartigen« und weniger »bösartigen« IM. Eine GMS »Anneliese« hat über Sie ziemlich »böse« berichtet.

Berndt Seite:
Sie ist inzwischen gestorben und war die Bürgermeisterin in unserem Dorf vor dem Mauerfall, eine Befehlsempfängerin, denn eine kommunale Selbstverwaltung gab es nicht. Die Berichte, die sie abgab, waren das Produkt der Steuerung von »oben«.

Klaus Feld:
Sie wollte schon vor den Kommunalwahlen 1989 ihr Amt niederlegen, wenn Sie in die Gemeindevertretung einziehen.

Berndt Seite:
Nein, noch einmal: mir geht es weniger um die Personen – weil der Mensch sich so gibt, wie er ist –, sondern darum, wie sie im Räderwerk der Diktatur funktionierten. Dass es bei der Beschreibung der Vorgänge um diese Personen auch emotionale Reaktionen von uns gibt, liegt in der Natur der Sache. Im Fall meiner Kandidatur zu den Kommunalwahlen 1989 ging es mir darum zu testen, ob man als Einzelner in der Kommunalpolitik etwas bewegen kann, ohne sich der SED unterordnen zu müssen. Mir schien die Zeit reif zu sein, diesen Versuch zu wagen. Nach dem Mauerfall setzte bei vielen SED-Mitgliedern eine merkwürdige Metamorphose ein, so, als hätten sie nie Berichte über uns geschrieben.

Klaus Feld:
Wenn Sie sagen, der Mensch ist so, wie er ist, dann hat er, wie einige Neurobiologen behaupten, keinen freien Willen?

Berndt Seite:
Nach der Theorie von Darwin kommen wir aus dem Tierreich, aber permanent animalisch benehmen wir uns nicht. Durch die Evolution haben wir uns weiterentwickelt, uns in vielen Ländern eine kulturelle Haut zugelegt, so dass der freie Wille zum Teil unser Leben mitbestimmt. Wir sind verantwortlich für das, was wir tun.

Klaus Feld:
Im Vorfeld der später gefälschten Kommunalwahl entstand ein ziemlicher Wirbel bei der Wahlkommission, als Sie Ihre Kandidatur anmeldeten.

Berndt Seite:
Ja, weil ich mich selbst meldete und nicht »vorgeschlagen« wurde. Das war bei den damaligen Verhältnissen ungewöhnlich. Man wurde ausgewählt. Sich selbst melden? Unmöglich! Es war wie bei der Stasi. Einen Antrag stellen, um IM zu werden? Unmöglich! Da ich massiv auf der Kandidatur bestand, wurde ich vom FDGB (Freier Deutscher Gewerkschaftsbund) nominiert. Das traf nicht überall auf Zustimmung. »Gewählt« wurde ich dann auf der Einheitsliste, der »Fälscherliste«, wie alle.

Klaus Feld:
Hannah Arendt spricht von der »Banalität des Bösen«. Damals meinte sie die Naziherrschaft. Wie »banal« gaben sich die IM, die Sie observierten? Der IM »Heinz Krüger«, ein Nachbar, ist ein besonderer Fall.

Berndt Seite:
Ja, es ist ein schwerer Fall. Diese Abläufe gibt es auch bei anderen IM-Opfern. Die Berichte sprechen für sich und geben Auskunft über die Persönlichkeitsstruktur der IM.

Klaus Feld:
Vor dem Ende der DDR war der IM noch Mitglied einer Bürgerinitiative, die Sie angeregt hatten. Nach den ersten freien Kommunalwahlen wurde er Mitglied des Kreistages auf dem Ticket der CDU. Sie hatten ihn als Kandidaten geworben. Als dann die Stasi-Überprüfung der Mitglieder des Kreistages begann, schied er aus. Haben Sie da nichts bemerkt?

Berndt Seite:
Nein, wie denn? Er war doch 25 Jahre mein Nachbar, warum sollte ich ihm misstrauen? Und jetzt leben wir schon 50 Jahre nebeneinander.

Klaus Feld:
Geht das überhaupt? Haben Sie, gerade Sie, dies alles verdrängt, ausgeblendet? Und der IM hat Ihre Darstellung bestritten.

Berndt Seite:
Das ist die schwierigste Frage im gesamten Gespräch. Das fällt mir schwer. Sie hat mich nach 1993, nach dem ersten Schock, dann nicht weiter berührt, weil ich selten zu Hause war. Das Amt hatte mich gefressen. Als es dann vorbei war mit dem Amt und der Politik, habe ich mich neu ausgerichtet. Wir hätten auch wegziehen können, aber gebessert hätte sich nichts. Das Erlebte, ihr vergangenes Leben, schleppen Sie überall mit, denn auch an den anderen Orten gibt es Krisen, und dann steht die Vergangenheit umso brutaler auf. Bleiben Sie am Ort, dann ist es wie ein Spuk, der mit den Jahren vergeht, aber bei bestimmten Anlässen wieder erscheint. Man kann kein neues Leben beginnen, es hat nur den Anschein. Der Mensch ist in seiner eigenen Theateraufführung alles in einer Person. Den Kontakt mit der Stasi hat der IM nicht bestritten, wohl aber seine mündlichen Einlassungen. So ist der Stand der Dinge seit 25 Jahren. Die Vergangenheit ist präsent und vergessen wird nichts, wie in der Moderne beim Internet.

Klaus Feld:
Liest man die Berichte der IM als Außenstehender, dann klingen sie ziemlich banal. Da ist wenig Substanz vorhanden, zu viele Allgemeinplätze, finde ich?

Berndt Seite:
Das Ziel des MfS, ins Zentrum unserer Familie einzudringen, ist misslungen. Und doch haben die vielen Hinweise der IM dazu beigetragen, dass sich die Stasi von uns und unserer Umgebung ein Bild machen konnte, auch wenn es bis zuletzt blinde Stellen aufwies. Es bleibt dabei, die IM hätten dazu beigetragen, dass eines Tages für das MfS die Straftatbestände des STGB §§ 99/ 100 ausgereicht hätten, uns zu inhaftieren. Wir fragen uns noch heute, warum sie nicht zum finalen Schuss angesetzt haben. Es gibt vermutlich Gründe, die wir nicht kennen. Spekulieren möchte ich nicht.

Klaus Feld:
Bei der Recherche Ihres Mannes zu diesem Gespräch hat er auch IM gefunden, von denen er Ihnen erzählt hat, aber hier nicht berichtet. Sie, Frau Dr. Seite, hätten bei einigen von ihnen mehr »Nachsicht« geübt. Über einen IM schreibt das MfS: »*Der IM besitzt die Fähigkeit, sich als angenehmer Gesprächspartner zu zeigen und sich den Kontaktpartner anzupassen. Er ist in der Lage, Kontakte entsprechend seinen Vorstellungen zu beeinflussen, dabei registriert er Einzelheiten. Seine Berichterstattung ist detailtreu.*«

Annemarie Seite:
Es war einfach so, dass ich einige von denen im Umgang als angenehm empfand. Ich habe mich dann hypothetisch gefragt, ob man nicht vielleicht den einen oder anderen in einer untergeordneten Position einsetzen könnte. Mein Mann hat mir dann vorgeworfen, ich würde das alles viel zu blauäugig sehen, da Frauen sich zu schnell »einwickeln« ließen. In Revolutionszeiten müssen Nägel mit Köpfen gemacht werden, sonst wird alles verwässert.

KOPIE durch BStU

Kreisdienststelle Röbel   Röbel, 10. Dezember 1984
                                            ha-we

Bericht

Quelle:	IMS "Heinz Krüger"
mündliche Information:	vom 14. 11. 1984
entgegengenommen durch:	Major Hagel

Beim Treffen am 14. 11. 1984 berichtete der IMS zu Dr. S. nachfolgendes.

Seit seiner Rückkehr aus der BRD hatte der IMS noch keine Gelegenheit, mit Dr. S. ein ausführliches Gespräch zu führen.

Am Wochenende vom 10. - 11. 11. 1984 war Dr. S. mit Ehefrau und Tochter bei seiner Mutter im Süden (Thüringen). Der Sohn ist nicht mitgefahren. Er wurde am genannten Wochenende mehrfach durch den IMS gesehen.

Seit der Rückkehr aus der BRD konnte keine Bewegung auf dem Hof der Dr. S. festgestellt werden. Besuche, auch mit Autos, fanden nicht statt. Außer den Kindern bzw. Dr. S. war an den Wochenenden keiner auf dem Hof zu sehen. Die Ehefrau ist nur im Haus anzutreffen.

Sie verbringt ihre Zeit im Keller des Hauses. Dort hat sie sich eine Hobbywerkstatt eingerichtet. Alle nur erdenklichen Pferdegeschirre werden von ihr aufgekauft und in ihrer Hobbysattlerei restauriert. Beide S. fahren durch die ganze Republik, wenn es darum geht, einen alten Reitsattel oder anderes Geschirr zu kaufen.

Der IMS schätzt ein, daß A. S. sehr gute Arbeit leistet und diese Geschirre beinahe auf Neuwert aufarbeitet. Ihm ist bekannt, daß A. S. sogar schon Reitsattel selbst anfertigt. Sie pflegt dieses Hobby mit einer recht hohen Intensität, obwohl sie selbst seit ihrem Reitunfall vor Jahren kein Pferd mehr besteigt.

Woher die S. die Maschineneinrichtung für diese Hobbysattlerei haben, ist dem IMS nicht bekannt. Er schätzt ihre Arbeit höher ein, als die eines Fachmannes. Mit welchem Ziel dieses Hobby gepflegt wird, kann sich der IMS nicht erklären.

A. S. reitet nicht mehr. Der Sohn darf auf Anraten des Arztes nicht mehr reiten. Mit welcher Begründung ist nicht bekannt. Die Tochter zeigt nicht viel Interesse für diesen Sport. Ob S. damit Geld verdienen wollen oder nur Freude an den Geschirren haben, kann nicht gesagt werden.

K O P I E durch BStu

Fakt ist, daß er, Dr. S., Pferdekutschen aller Art mit gleicher Intensität sammelt. 5 oder 6 Kutschen hat er schon aufgekauft. Diese sollen in Kisserow bei Kolz oder bei Bielefeld in Lexow stehen.

Zur Tochter des Dr. S. berichtete der IMS, daß sie z. Z. in Berlin-Weißensee in einem Neubauviertel arbeitet als Hilfskraft in einer Bibliothek. Am Freitag kommt sie nach Hause und fährt am Sonntag wieder nach Berlin. Über das Wochenende wird sie regelmäßig durch des Sohn von Binder, Helmut besucht. Zwischen beiden besteht ein freundschaftliches Verhältnis, was jedoch von Dr. S. und seiner Frau nicht gerne gesehen wird. Binder, Helmut ist ein starker Trinker und dadurch hat die Familie keinen guten Leumund.

Die Tochter des Dr. und der Sohn von Binder, Helmut fahren am Sonnabend jede Woche weg. Wohin kann der IMS nicht sagen. Das Verhältnis zu Binder kann keinen ernsteren Charakter tragen. In den Gesprächen, die durch die Sybille am Wochenende mit der Tochter des IMS geführt wurden, äußerte sie sich bisher nicht zu Binder. Dabei muß jedoch beachtet werden, daß ein Altersunterschied von 9 Jahren besteht und die Mädchen nicht so engen Kontakt haben, daß sie sich über solche Fragen unterhalten.

Auf die Frage, ob es dem IMS möglich ist, über ein unverfängliches Gespräch mit Dr. S. dessen Meinung von seiner Reise in die BRD zu erfahren, meinte der IMS, er wird ihn in den nächsten Tagen nach seinen Eindrücken fragen.

Nach seiner Rückkehr aus Boston/USA hatte er den Dr. S. auch gefragt und wurde ohne Umwege sofort dann eingeladen, sich den Dia-Tonvortrag mit dem Titel "Sonn- und Schattenseiten der USA" anzusehen.

Dazu hätte er ja schon berichtet. Es war ein guter Vortrag, den sich die Dorfbevölkerung und der ABV angesehen haben. Dr. S. zeigte dazu den Pomp der Autos und der Häuser, aber auch die Tierhaltung und Elendsviertel. Sein Kommentar war dazu:

"So haben wir unsere Tiere in den 50iger Jahren in den Genossenschaften gehalten."

Der IM wird sich in gleicher Weise um die Eindrücke des Dr. S. zu dieser Reise erkundigen.

Hagel
Major

Wertung der Information

Die Information ist objektiv. Der IMS kennt die Verhältnisse aus eigener Feststellung. Alle Hinweise entsprechen der Tatsache und sind offiziell verwendbar.

Die Information ist ein wesentlicher Beitrag zur Aufklärung der Regimeverhältnisse in der Familie S.

KOPIE durch BStU

Fr. Dr. Seite hilft ihrem Mann nicht mehr im Garten oder am Haus, im Haus hat sie wenig zu schaffen, da sie kein Mittag kocht, nicht mal an den Wochenenden. Die Familie fährt regelmäßig in die Gaststätte nach Kogel. Im Haus ist die Einrichtung primitiv. Sie liegt weit unter dem Niveau der meisten Bürger aus Walow. Beide Ehepartner legen darauf keinen Wert. S. besitzt in seiner Wohnung keine Anbauwand, keine vernünftigen Sessel. Das Einzige, was dem IMS aufgefallen ist, war ein Radiogerät, das im Flur steht.

Scheinbar verbrauchen die S. ihr Geld für ihre Pferde oder für Reisen. Dr. S. und seine Frau, so meint der IMS, geben ihren letzten Pfennig für Reisen aus. Es scheint das einzige Hobby zu sein, an dem sie interessiert sind.

Auf die Frage, ob die Hütte in Wolzegarten von Dr. S. mit gleichem Niveau eingerichtet ist, meinte der IMS, seine Frau würde dort nicht übernachten, schon gar nicht essen. Die Hütte ist absolut primitiv eingerichtet. Es gibt keine Zwischendecke, die Spinnen hängen von dem Dach in den Raum hinein. Es gehört schon eine Menge Überwindung dazu, sich über einen längeren Zeitraum darin aufzuhalten. Nach den Kenntnissen des IM wurde in letzter Zeit dort keine bauliche Veränderung vorgenommen.

Dem IMS ist in den letzten 2 Jahren aufgefallen, daß beide S. eine höhere berufliche Einsatzbereitschaft zeigen. Unabhängig, bo sie Dienst haben oder nicht, wenn Bürger mit Tieren kommen oder S. anfordern, sie kommen, egal ob es am Tage oder nachts ist.

Mitarbeiter

Hagel
Major

<u>Nachtrag:</u>

Dem IMS ist in den letzten Jahren aufgefallen, daß Dr. S. und seine Frau auch auf das Äußere (Bekleidung) keinen besonderen Wert legen.

Dr. S. läuft seit mehreren Jahren mit den gleichen Bekleidungsstücken herum. Gleiches gilt auch für seine Frau. Nur wenn beide S. auf Reisen gehen, tragen sie normal gute Sachen. In der Familie fällt nur die Tochter auf, die hin und wieder mit modernen Bekleidungsstücken angezogen ist.

K O P I E durch BStU

Kreisdienststelle Röbel, 4. Apr. 1983
Röbel

Quelle: IMK "Schloßgarten"
entgegengenommen am 29. 3. 83 (mündlich)
durch Ofw. Dallmann

Information zum Schlachtefest der Person Dr. S., Berndt

Bei einer op. Kontrolle des Wohnobjektes der Person Dr. S. am 26. 3. 83
um 14.00 Uhr wurden auf dem Hof folgende PKW festgestellt:

Ein VW Golf, polizeil. Kennzeichen B-XY 387 Farbe: orange und

ein Fiat, polizeil. Kenzeichen IS o9-35, Farbe: blau

Die PKW standen vor der Garage der staatl. Tierarztpraxis.
Auf dem Gehöft waren keine Personenbewegungen zu erkennen.
Auf dem Nachbargehöft der Familie Horst Block hielten sich
etwa 5 - 6 Personen auf. Unter diesen Personen befand sich auch
Dr. S., seine Ehefrau Annemarie sowie Horst Block. Die anderen
Personen konnten nicht identifiziert werden.
Aus einem Gespräch mit Horst Block ist der Quelle bekannt,
daß Dr. S. das Schwein für das Schlachtefest von Klaus Schnell
gekauft hat und Horst Block dieses für Dr. S. auf seinem eigenen
Hof geschlachtet hat.
Bei weiteren Kontrollen des Wohnobjektes von Dr. S. wurde durch
die Quelle festgestellt, daß die o. g. PKW bis zum 27. 3. 83,
18.oo Uhr, auf dem Gehöft standen. Weitere Personenbewegungen waren
nicht festgestellt worden.

Mitarbeiter

Dallmann/Ofw

K O P I E durch BStU

Kreisdienststelle Röbel, 15. Febr. 1985
Röbel

Quelle: IMS "Biene"
entgegengenommen am 15. 2. 85
            durch Oltn. Witschel

Information zu Dr. Seite

Am 8. 2. 85 fand die Vollversammlung der LPG (T) Kogel statt, an der auch Dr. S. teilnahm. Die Diskussionsbeiträge der Genossenschaftsbauern wurden vorbereitet. Dr. Seite meldete sich als Gast ebenfalls zur Diskussion. Er war unvorbereitet.
In seinem Diskussionsbeitrag sprach er nicht die LPG (T) Kogel an, sondern direkt und persönlich den Vorsitzenden der LPG (P), Gen. Clermont, dabei wurde er unsachlich und unhöflich.
S. sprach Probleme an, die nicht der Tatsache entsprachen,

- andere LPG'en im Kreis füttern 4 - 5 kg Konzentratfutter pro Tier, die LPG (T) Kogel füttert nur 1 - 2 kg
- die Milchkühe in Kogel sind alle erkrankt (Tuberkulose)
- die Milchleistung pro Kuh der LPG ist zurückgegangen auf Grund des schlechten Futters
- er sprach weiterhin kleine Probleme an, die bereits in den Brigadeversammlungen in Vorbereitung der Vollversammlung besprochen und abgestellt wurden, da solche kleinen Probleme nicht in die Vollversammlung gehören.

Gen. Clermont widerlegte dem S. die gemachten Vorhaltungen und bewies ihm das Gegenteil.

In einem Gespräch mit dem Vorsitzenden der LPG (P), Gen. Clermont, erklärte er gegenüber dem op. Mitarbeiter, daß das Auftreten des Dr. S. zum Ziel hatte, ihn in der Vollversammlung bloszustellen und Zweifel bei den Mitgliedern hervorgerufen werden sollten, daß die Agrarpolitik in Kogel nicht richtig durchgesetzt wird.
Gen. Clermont meinte, Dr. S. hat die Zurechtweisung durch ihn auf einer Geburtstagsfeier noch nicht verkraftet. (Geburtstagsfeier war bereits im vergangenen Jahr)
Dr. S. trat auf dieser Geburtstagsfeier für die USA-Agrarpolitik ein und verherrlichte diese. Es waren ca 10 Personen zugegen, von den Genossen wurde er zurechtgewiesen.

F.d.R.

KOPIE durch BStU

Kreisdienststelle Röbel, 13. Febr. 1985
Röbel

Quelle: IMS "Specht"
entgegengenommen am: 12. 2. 85
                durch: Major Hagel

Bericht

Während des Treffs am 12. 2. 85 berichtete der IMS über nachfolgende Probleme:

- Zum Haus des Dr. S.

  Wandgestaltung: im 1. Raum mit Telefon sind die Wände tapeziert, an der Decke sind Raufasertapeten angebracht. Der Fußboden ist mit Nadelfilzplatten (grün) ausgelegt. Ob Dielung oder Steinholzfußboden ist dem IMS nicht bekannt. Wohnzimmer und Arbeitszimmer sind auch tapeziert. Auf den Böden liegen Teppiche

  Da das Haus großzügig unterkellert ist, vermutet der IMS Steinholzfußboden. Über Fußbodenleisten konnten keine Aussagen getroffen werden.

- Verbindungen und Kontakte des S.

  Aus Gesprächen mit S., Annemarie ist dem IMS bekannt, daß durch sie ein Kontakt zu einem Tierarzt aus Plau unterhalten wird, der in der Pelztierfarm arbeitet. Dieser Tierarzt soll mit S., Annemarie zusammen studiert haben. Es handelt sich um eine lose Verbindung.
  Dr. S., B. unterhält eine ähnliche lose Verbindung in den Kreis Güstrow zu einem Tierarzt, der dort in einem Gestüt arbeiten soll.

  Zu der Verbindung Schneumann, Berlin, meinte der IMS, daß dieser Mensch über jeden Verdacht erhaben ist, er selbst hat Sch. 1984 in Berlin besucht und sich mit ihm über alle möglichen Probleme unterhalten. Sein Eindruck ist, daß Sch., obwohl er schon einige Rückschläge erleben mußte, voll hinter unserer Sache steht. Sch. unterhält bestimmt nicht umsonst persönliche Verbindungen zu Karl-Eduard v. Schnitzler.

Der IMS hatte sich mit dem Dr. S. über dessen Besuch in der BRD unterhalten. Dabei erzählte Dr. S., daß einige Reporter aus der BRD ihn angesprochen hätten, um mit ihm ein Interview zu machen. Dr. S. will den Reportern gesagt haben, daß sie sich ordentlich bei seiner Regierung anmelden sollen, ihn danach in Walow besuchen und ihn dann befragen können. Er wird ihnen in Walow zu ihren Fragen die gleichen Antworten geben wie er es in der BRD machen würde. Allein aus den Gepflogenheiten heraus und der Ordnung wegen hält er sich an die Forderung, das Interview dort zu machen, wo die Antworten auch überprüfbar sind.

KOPIE durch BStU

- Hobbys des Ehepaares S.

  Der IMS ist der Meinung, daß die Reparatur von Geschirren durch A. S. nicht als Hobby betrieben werden. Bisher hat sie nur für ihre eigenen Geschirre aufgearbeitet. Das Sammeln von Kutschen durch S., B. ist nur eine Kapitalanlage. Besondere Sammelleidenschaft ist nicht dahinder.

- Zum Sohn des Dr. S. berichtete der IMS, daß dieser nach Abschluß seiner POS als Lehrling in der ZBO Röbel beginnen wird mit dem Ziel, den Beruf eines technischen Zeichners zu erlernen. Die Freundschaft der Sybille mit einem Walower Bürger trägt keinen ernsten Charakter.

- Besondere Eigenheiten des Dr. S.

  Wie der IMS bei seinen Besuchen feststellen konnte, benötigt Dr. S. einen großen Teil seiner Freizeit, damit eine musterhafte Ablage in seinen Zeitschriften und seinen Schriftverkehr zu bringen. Dr. S. hält sich 10 - 12 Zeitungen u. Zeitschriften, aus denen er bedeutsame Artikel sorgsam sortiert, studiert und in seiner Ablage einsortiert. Es gibt kein Schreiben und keinen Zettel, der ein- oder ausgeht, der nicht in der Ablage registriert wird.
  Der IM konnte feststellen, daß Dr. S. auf vielen Gebieten aktuell informiert ist, jede Neuerscheinung von Büchern kennt, es aber auch fertig bringt, einen Verlag oder Autor anschreibt und ihm seine Meinung mitteilt, wenn ihm etwas unkorrekt oder falsch erscheint. Dieser Schriftverkehr wird ebenfalls in der Ablage des Dr. S. archiviert.

- Aus einem Gespräch mit Dr. S. entnahm der IM, daß der USA-Bürger Batrix, David 1985 wieder als Gastdozent in Berlin arbeite soll. Zeitpunkt und Ort dieses Einsatzes ist nicht bekannt.

- Die Verbindung zu Dr. S. kann z. Zt. zum IMS nicht intensiviert werden. Der IMS ist durch den Entzug des Führerscheines nicht beweglich und damit auf Zufallbesuche angewiesen. Es besteht die Möglichkeit, durch das Organisieren einer gemeinsamen Reise in die VR Polen, die Beziehung zu Dr. S. enger zu gestalten. Solch eine Reise könnte im Verlauf des Sommers realisiert weden.

Mitarbeiter

Hagel
Hagel
Major

Und genau diese Menschen würden unter noch kommunistischen Verhältnissen keine Hand für uns rühren. Er war überhaupt mit dem Verlauf der Revolution unzufrieden. Er sagte immer, dem Neuen muss mehr Platz gemacht werden, auch wenn es mit den wenig belasteten Menschen aus der Diktatur länger dauert. Die Leute von früher ändern sich nicht. Von einer zweiten Chance hält er wenig. Daran lässt er ja keinen Zweifel, auch nicht als Christ.

Berndt Seite:
In den vergangenen vierzig Jahren kannten wir die Frauen und Männer nicht, die als IM dazu beitrugen das Staatsgefängnis noch sicherer zu machen. Ihre Opfer sind heute oft arglos und nachsichtig ihnen gegenüber. Die Täter denken gar nicht daran, sich in irgendeiner Form schuldig zu fühlen. Noch mehr, sie verhöhnen die Opfer oft, wie arabische Migranten, die Deutsche verprügeln und dann rufen: »Du Opfer!«. Das ist bitter.

Reisen – Neue Bekannte

Klaus Feld:
Es fällt auf, dass Sie zu DDR Zeiten wenig verreist sind?

Annemarie Seite:
Wir waren zweimal in Ungarn und einmal in Jugoslawien. Und einmal wollten wir im Juni 1985 nach Leningrad reisen, zum berühmten Festival »Weiße Nächte«. Was sollten wir im Ostblock? Dort war es noch trister als bei uns zu Hause. Einige Male verbrachten wir unseren Urlaub im Sommer in diversen Interhotels, wenn andere an der Ostsee, im Gebirge oder in den »Volksdemokratien« unterwegs waren. Zu anderen Jahreszeiten gab es keine freien Plätze in Interhotels. Da konnte ich wenigstens einmal meine Kleider tragen, was bei meiner schwierigen tierärztlichen Tätigkeit nicht möglich war.

Berndt Seite:
Die Reise nach Leningrad sagten wir aber dann ab, weil Freunde von uns aus der StäV wieder zurück nach Bonn gingen. Sie baten uns, zu ihrem Abschiedsabend zu kommen, nach dem Motto: Nach Russland könnt ihr immer noch fahren, aber wer weiß, wann wir uns wiedersehen.

Annemarie Seite:
So war es dann auch. Das MfS hatte von unserer Reiseabsicht erfahren und einen Maßnahmeplan erstellt, um uns die richtigen »Reisebegleiter« an die Seite zu stellen. Ein Begleiter sollte der IM »Hans Habicht« sein, dem die Stasi die Reise bezahlen wollte mit dem Auftrag, uns zu bespitzeln. Auch ein Kollege von uns sollte dabei sein. Seine Frau hat uns vor ihm gewarnt, weil sie nicht wusste, ob er in Aktion treten würde.

Klaus Feld:
Also eine perfide Aktion des MfS, um Sie auf so einer lockeren Bildungsreise auszuhorchen?

Annemarie Seite:
Stellen Sie sich vor, Sie treffen auf dem Flugplatz plötzlich bekannte Menschen, die mit Ihnen verreisen wollen. Nanu, die hier? Und dann noch Freunde von uns! Nach dem ersten Misstrauen gegenüber soviel »Zufall« normalisiert sich der Umgang, da Sie an das Unmögliche nicht mehr denken. Und nach ein paar Tagen tritt Normalität ein und man sitzt dann in der Falle. Trotzdem habe ich in der DDR nicht ständig misstrauisch gelebt, denn das hätte ich nicht überlebt.

Klaus Feld:
Und dann gab es noch eine Reise nach Jugoslawien, die nicht jeder DDR Bürger bekam?

Berndt Seite:
1977 war »politisches Tauwetter« in der DDR angesagt. Erich Honecker ließ »Intershops« und »Delikat-Läden« eröffnen. Dort konnte man besondere Produkte für DM oder viel Ostgeld kaufen. Gleichzeitig wurden im Juni unerwartet Reisen nach Jugoslawien, Ägypten und in andere westliche Länder angeboten. Wir meldeten uns sofort, als unsere Dienststelle, der Rat des Kreises Röbel/Müritz, uns die Reise anbot. In anderen Kreisen wurden auch solche Reisen angeboten, also wir erfuhren keine Vorzugbehandlung.

Annemarie Seite:
Sofort war die Stasi wieder zur Stelle, aber da war mein Mann noch nicht der Feind. In dem Schreiben des MfS der Kreisdienststelle Röbel vom 11. August 1977 wird unser Leben aus deren Sicht geschildert. Darin sind etliche Fehler vorhanden, weil sie nicht genau recherchierten. Insgesamt stellte uns da die Stasi noch ein gutes Zeugnis aus. Später, als mein Mann im OV »Prediger« und OV »Sanddorn« zum Staatsfeind erklärt wurde, relativierte sich dieses Bild.

Klaus Feld:
Damals lernten Sie auch Menschen kennen, mit denen Sie später sogar befreundet waren?

Berndt Seite:
Das war schon eine merkwürdige Reisegesellschaft, eine intellektuell eingefärbte Gruppe von Frauen und Männern, die in der DDR höhere kulturelle und ökonomische Positionen einnahmen. Zum ersten Mal trafen wir ehemalige Exilanten aus der Sowjetunion und dem Westen, die vor dem Krieg als »Linke« Deutschland verlassen hatten. Und wie beäugten sie sich jetzt noch immer misstrauisch in ihrem System! Die Heimkehrer aus der Sowjetunion, die große Entbehrungen während des Krieges hinter sich hatten im Vergleich zu denen in England, Mexiko und den USA, galten als die Besseren. Ein weiterer Mitreisender war Gerhard Scheumann (ein bekannter Film Dokumentarist, Jahrgang 1930). Scheumann war ein intelligenter, verbindlicher, freundlicher Mensch. Leider hat er sein Leben auf einer großen Lüge aufgebaut. In meinem Buch »Schneeengel frieren nicht« habe ich über unsere Freundschaft geschrieben.

Klaus Feld:
Das MfS hat auch Scheumann zu Ihnen und Ihrer Frau befragt. Er hat die Bekanntschaft zu Ihnen als positiv bewertet, aber die Stasi glaubte ihm nicht?

Berndt Seite:
Das MfS schreibt: »*18.5. 1984 OSL Hackeroth erklärt, das derzeitige Verhalten des Scheumann bei Befragung zu Personen aus seiner Vergangenheit so, dass Scheumann jede Verbindung als positiv einschätzt und beurteilt. Daraus resultiert eine Verharmlosung Ungefährlichkeit der Personen, um die sich das MfS nicht kümmern braucht. Ge, OSL ist dennoch der Meinung, dass Scheumann bei Notwendigkeit zu Dr. S einsetzbar ist, wenn dieser Einsatz unter entsprechender op. Legende erfolgt und der Klärung eines Sachverhaltes dient. Es wurde festgelegt, von dem Einsatz des Scheumanns zu Seite vorerst abzusehen, da keine Garantie der Zuverlässigkeit gegeben werden konnte.*«

Klaus Feld:
Legende heißt, die Stasi hätte eine Sachlage konstruiert, um Scheumann doch noch auf Sie »anzusetzen«? Aber Scheumann ist Ihnen gegenüber nicht in Aktion getreten. Wie beurteilen Sie das?

Berndt Seite:
Scheumann war ein anerkannter Dokumentarfilmer in der DDR, ein Star würden wir heute sagen. Ein intelligenter, fröhlicher Mensch, aber auch ein in sich Zerrissener. Ich vermute, seine Besuche bei uns, die Zusammenkünfte in der »Provinz«, waren ein Stück Erholung für ihn, ein Abtauchen zu Menschen, die anders waren als die, mit denen er ständig zu tun hatte. Er hatte mich auch gebeten, die Trauerrede für seine verstorbene Mutter zu halten. Und er wollte mit mir einen Film über einen »Kirchenmann« im Sozialismus drehen. Ich lehnte ab. Es gibt in unseren Akten keinen Bericht von ihm. Gerhard Scheumann spielte in einer anderen Liga, als bei uns eingesetzt zu werden, was das MfS aber auch in Erwägung zog.

Klaus Feld:
Der Mann war also ein Grenzgänger?

K O P I E *durch BStU*

Bezirksverwaltung für　　　　　　　　　Röbel, den 11. Aug. 1977
Staatssicherheit Neubrandenburg　　　　Vo/Mo
Kreisdienststelle Röbel　　　　　　　　Tgb.Nr. _____/77

Bezirksverwaltung für
Staatssicherheit Neubrandenburg
Abteilung VI

<u>Neubrandenburg</u>

Touristenreise
<u>Ihr Schreiben vom 13.6.77, Tgb.Nr. 926/77</u>

Name, Vorname:	S e i t e , geb. Brand, Annemarie
geb. am:	13.10.1939 in Stralsund
wohnhaft:	2071 Walow, Kr. Röbel
Familienstand:	verheiratet
Beruf:	Tierarzt
jetzige Tätigkeit:	Tierarzt
Arbeitsstelle:	Staatl. Tierärztl. Gemeinschaftspraxis Walow Kr. Röbel
Staatsangeh.:	DDR
Parteizugeh.:	ptl.
Massenorganisationen:	keine
Vorstrafen:	keine
Fahrerlaubnis:	Klasse I und V
PKZ:	13 10 39 50 39 29
Ausreisen BRD/WB:	keine
Einreisen BRD/WB:	im Aug. 1972 und 1973

<u>Bisherige Wohnanschriften</u>

05.09.1961	Berlin-Lichtenberg, Wönnichstr. 108
17.01.1964	Berlin-Mitt N54 (5), Mulackstr. 28
23.07.1964	Wismar, Gr. Hohe Straße 02/Sühr
21.01.1965	Greifswald, Walter Rathenau-Str. 52
	Walow, Kr. Röbel/Müritz

Die S., Annemarie entstammt einer kleinbürgerlichen Familie.
Ihr Vater soll Arzt gewesen sein.
Sie studierte in Greifswald Veterinärmedizin und machte nach
ihrem Umzug nach Walow, Kr. Röbel, ihren Doktor.
Eingeschätzt wird, daß sie in ihrer Arbeit sehr gewissenhaft ist
und über ein gutes fachliches Wissen verfügt, das sie in ihrer
täglichen Arbeit zur Anwendung bringt.

KOPIE durch BStU

Der Ehemann   S e i t e ,   Bernd
geb. am 22.04.1940

ist ebenfalls als Tierarzt im Bereich Walow tätig.
Er leistet eine gewissenhafte Arbeit und in seiner Tätigkeit
sorgt er sehr für Ordnung und Sauberkeit in den Ställen der
Genossenschaften.
Sein Auftreten ist sehr energisch und respektvoll.
In der Gemeinde Walow hat er eine staatliche Tierarztpraxis, die
sehr gut eingerichtet ist.
Der Vater des S., Bernd war vor 1945 Gutsinspektor im damaligen
Ostpreußen.

S., Bernd gehört keiner Partei an. Am politischen Geschehen
zeigt er wenig Interesse. Seine Haltung zu unserem Arbeiter-
und-Bauern-Staat und zur Partei der Arbeiterklasse wird als
loyal bezeichnet.
S. ist stark kirchlich gebunden und gehört dem Landeskirchenrat
an. Die kirchlichen Kulthandlungen werden durch ihn sehr oft
besucht und er ist auch mit den Spenden für die Kirche nicht
kleinlich.
Den Problemen in der Gemeinde gegenüber ist er aufgeschlossen und
sagt offen und ehrlich seine Meinung.
An den bisher stattgefundenen Wahlen nahm er stets teil und gab
auch offen seine Stimme ab.
In negativer Hinsicht ist er bisher nicht in Erscheinung getreten.

Verbindungen in die BRD, nach WB und dem übrigen kap. Ausland
werden durch ihn persönlich nicht unterhalten. Die postalische
Verbindung wird durch die Ehefrau unterhalten.
Kontakte pflegt er die gleichen wie seine Ehefrau.

Gegenüber den Genossenschaftsbauern und Tierpflegern findet er
nicht immer den richtigen Ton. In seinem Familienleben ist er jedoch
sehr vorbildlich und seine Kinder werden anständig und sauber
erzogen.
Dem Alkohol spricht er nicht zu und in moralischer Hinsicht ist
ihm nichts Nachteiliges nachzusagen. Er hat im allgemeinen einen
guten Leumund in der Gemeinde.
Seine Freizeit verbringt er im Garten und mit der Ponnyzucht.

Für den Monat Sept. 1977 ist eine Urlaubsreise gemeinsam mit
seiner Ehefrau geplant nach Jugoslawien.
In einem Gespräch zum IM äußerte er sich diesbezüglich, daß
er nie nach Drüben gehen würde, da er ja seine Kinder und Eltern
sowie Schwiegereltern in der DDR hat und auch alles, was er
sich geschaffen hat, dann verloren wäre.

Durch unsere KD bestehen keine Einwände zu der beabsichtigten
Reise.

Leiter der Kreisdienststelle

Brothagen
Major

Berndt Seite:
Ja. Er mutierte vom braunen NAPOLA-Schüler zum roten Sozialisten/Kommunisten. Ein Mann, der den Salon liebte, die damaligen Privilegien und den unbegrenzten Zugang zu den westlichen Ländern. Dafür hat er »geliefert«, indem er diese Filme für die DDR-Propaganda herstellte. Der Germanist Frank Hörnigk nannte ihn mir gegenüber »einen tragisch zerrissenen, schizophrenen Menschen«. Die noch unveröffentlichte Biografie von Hörnigk über Scheumann trägt den Titel »Die zwei Leben des Gerhard Scheumann«.

Klaus Feld:
In dieser Zeit haben Sie auch Frank Hörnigk kennen gelernt, über den das MfS die OPK »Germanist« anlegte?

Berndt Seite:
Frank Hörnigk wurde kurz vor dem Mauerfall Professor für Germanistik an der Humboldt-Universität in Ost-Berlin. Hörnigk besitzt eine ausgeprägte »Kümmerer-Kompetenz« und half, wo er konnte. Unserer Tochter besorgte er nach ihrer Studienablehnung eine Stelle als Hilfssekretärin in seinem Institut. Das MfS sah das nicht gern und insistierte immer wieder von der Kreisdienststelle Röbel aus: Sibylle Seite darf keinen Studienplatz erhalten. Nach zwei Jahren durfte sie Deutsch und Englisch studieren.

Sibylle darf nicht Germanistik studieren

Protokoll vom 27.3.1986.
Die Genossen der Abteilung XX/3 sicherten weiter zu, daß die eingeleiteten operativen Maßnahmen zu der Tochter von »Sanddorn« auch künftig garantieren, daß diese an der HUB kein Studium aufnehmen wird.

Klaus Feld:
Frau Sibylle Seite, wie haben Sie das Ringen um Ihre Zulassung zum Studium verkraftet? Schließlich wurden Sie nicht zugelassen.

Sibylle Seite:
Ich war jung. Natürlich sah ich das als schwere Belastung an. Mein Vater hat damals unternommen, was möglich war, wie die Staatsratsbeschwerde und anschließend das Gespräch in der damaligen Karl-Marx-Universität Leipzig. Die Akten zeigen, dass die Universitäten willig den Vorgaben des MfS gefolgt sind. Ich habe dann auch erfahren, da ich an der Humboldt-Universität beschäftigt war, wer für das Fach Germanistik immatrikuliert wurde.

Klaus Feld:
Heute wissen Sie, dass die KD Röbel des MfS in Zusammenarbeit mit der Hauptabteilung XX in Berlin verhindern wollte, dass Sie einen Studienplatz bekommen. Haben Sie davon etwas gemerkt?

Sibylle Seite:
Nein, dass das MfS die Hände im Spiel hatte. Wie auch? Nur, dass mir mit fadenscheinigen Begründungen wie der, dass ich nur eine 2 in Staatsbürgerkunde hatte, die Zulassung zu einem Studium der Germanistik verwehrt wurde.

KOPIE durch BStU

Die Genossen der Abteilung XX/3 sicherten weiter zu, daß die eingeleiteten operativen Maßnahmen zu der Tochter von "Sanddorn" auch künftig garantieren, daß diese an der HUB kein Studium aufnehmen wird.

Durch den Genossen Major Scheel wurde festgelegt, daß alle bekanntwerdenden operativen Hinweise über Kontakte zwischen "Sanddorn" und Germanist" der BV Berlin, Abt. XX/3 übergeben werden.

Die Realisierung der Aufgaben aus dem vorliegenden Unterstützungsersuchen zur OPK "Germanist" erfolgt im April 1986.

Mitarbeiter

Hagel
Major

Klaus Feld:
Nach dem Abitur gingen Sie nach Berlin und fanden dann schnell Anschluss an eine kirchliche Theatergruppe. Gab es darunter auch IM, die Sie bespitzelt haben?

Sibylle Seite:
Die evangelische Spielgemeinde DIE BOTEN war für mich ein wichtiger Anker, weil ich damals gerade in Berlin angekommen war und kaum jemanden kannte. Ich wohnte in Schöneiche bei Berlin und arbeitete in Weißensee als Hilfskraft in einer Bibliothek – das war eine kleine Weltreise, da blieb kaum Zeit, Menschen kennenzulernen. Die BOTEN waren ein lustiges Sammelbecken: alle Altersgruppen, die unterschiedlichsten Berufsgruppen, Aussteiger und Gescheiterte. Gemeinsam war ihnen eine kirchliche Nähe, und mit Sicherheit gab es dort den einen oder anderen Informanten, weil diese Gruppe per se verdächtig war. Wir führten unter dem Dach der Kirche Stücke von Sartre oder Adaptionen von Dostojewski auf. Nachforschungen habe ich nie angestellt.

Klaus Feld:
Prof. Hörnigk hat Ihnen »Asyl« in seinem Institut gewährt. Hat Ihnen das geholfen?

Sibylle Seite:
Interessant, dass Sie das Wort »Asyl« wählen. Als solches habe ich es damals nicht wahrgenommen. Für mich war es eine Durchgangsstation, ein Wartebahnhof, denn ich wollte nicht nur an, sondern in die Universität, ich wollte studieren. Offiziell war ich im Institut als Hilfskraft für Schreibarbeiten beschäftigt und hatte kaum etwas zu tun, sodass ich die Zeit nutzen konnte, um mich mit sprach- und literaturwissenschaftlichen Themen zu beschäftigen. Dabei bin ich wirklich liebevoll unterstützt worden und, um auf Ihre Frage zu antworten, das hat mir durchaus geholfen. Es war beeindruckend, sich in diesem akademischen Umfeld aufzuhalten, umgeben von Experten für Sprache und Literatur. Dass sich darunter zahlreiche Mitglieder der SED befanden, war für mich ebenso beeindruckend wie befremdlich, da ich bis dato fast nur Parteimitglieder kannte, die eher wenig gebildet waren. Warum waren so kluge Menschen Mitglied einer Partei, die von meinen Eltern abgelehnt wurde? Diese Frage war damals für mich eine echte und zeigt, wie unbedarft ich war. So habe ich während meiner Arbeitszeit auch bereitwillig nichtoffizielle Schreibaufträge übernommen, z. B. die Vorlage für eine illegale Kulturzeitschrift abzutippen. Ich bin mit einer Ermahnung davongekommen, hatte aber, so glaube ich heute, die Brisanz nicht erkannt.

Während meiner Zeit im Institut hat man mir auch die Möglichkeit eingeräumt, Mitglied der SED zu werden, da aufgrund eines Parteitages neue Mitglieder aufgenommen werden konnten, so die Erklärung. Das war natürlich absolut lächerlich, denn jeder konnte Mitglied werden, so war zumindest mein Eindruck. Sollte ich mich geschmeichelt fühlen? Wie auch immer, ich habe dankend abgelehnt.

Klaus Feld:
Herr Seite, Prof. Hörnigk hielt am 26.9.1989, also kurz vor dem Mauerfall, in einem Telefonat mit Ihnen Strukturveränderungen in der DDR für genauso nötig wie Sie, aber die SED müsste in diesen strukturellen Wandel einbezogen werden, anders ginge es nicht.

Berndt Seite:
Er meinte, man müsste von den Bedingungen ausgehen, die politisch gegeben sind. An allen Dingen vorbeigehen wollen, wäre naiv. Ich kritisierte seinen Standpunkt. Das MfS schrieb mit:
 »… denn wenn man etwas ändern will, dann muss man auch neue Strukturen schaffen. Das NF und die SDP sind ein Anfang dafür. Natürlich werden die Jungs von der Stasi zugreifen und meinen, dass das illegal ist, aber ein Anfang ist gemacht und schließlich haben d i e 40 Jahre gewartet. Nicht einmal die Blockparteien wären ein Ansprechpartner für mich.«

Klaus Feld:
Wie erklären Sie sich seine Haltung?

Berndt Seite:
Er war Prof. an der HUB und auch einmal SED-Parteisekretär seiner Sektion. Es gab auch Versuche, so erzählte er mir, innerhalb der SED Arbeitsgruppen oder Initiativkreise zu bilden, um Veränderungen vorzubereiten. Wer das Innenleben der SED kannte, wusste,

dass dies bei einer noch intakten SED ein politisches Todeskommando war. Außerdem hatten die »Veränderer« vierzig Jahre Zeit gehabt, um Veränderungen herbeizuführen. Wahr ist auch, dass Hörnigk und ich nicht genau wussten, was auf uns noch zukommen würde.

Klaus Feld:
Und trotz der Freundschaft zu Hörnigk gibt es doch erhebliche Unterschiede zwischen Ihnen?

Berndt Seite:
Die unterschiedliche politische Beurteilung der Vergangenheit lässt sich nur schwer überbrücken. Frank Hörnigk ist ein linker Intellektueller und in der DDR-Literatur verortet. Ich gehöre einem anderen politischen Lager an. Trotzdem, unabhängig von unseren politischen Gegensätzen haben wir gemeinsam viele schöne Stunden verlebt. In meinen Schreibversuchen hat er mich bestärkt und wertvolle Hinweise gegeben. Gerhard Scheumann hat einmal gesagt, die meisten Freunde begleiten uns nur auf einem Teil unseres Weges. Dann treten andere in unser Leben.

Klaus Feld:
Frau Sibylle Seite, in den Akten gibt es den Vermerk, dass Sie bei einer Fahrt nach Berlin aus dem »Block zu entfernen« seien, weil Sie die Familie Ackermann (Stasi-Code »Aal«) besuchen wollten. Das hatte das MfS bei der Abhöraktion erfahren. Was geschah in Berlin?

Sibylle Seite:
Ich glaube, wir fuhren zum Pfingsttreffen der Jugend, einer Großkundgebung der FDJ. Aus der gesamten DDR wurden »Delegierte« geschickt. Meine Freundin und ich wollten einfach nach Berlin und glaubten, uns eine schöne Zeit machen zu können. Dazu kam es aber nicht, denn wir fuhren mit Sonderzügen in der Nacht nach Berlin, kamen völlig übermüdet an, wurden in der VOLKSBÜHNE zwischengeparkt, um am Nachmittag auf die Kundgebung zu gehen. Da konnten wir uns dann davonstehlen und haben Ackermanns in der Leipziger Straße besucht, was das Highlight dieser unsäglichen Aktion war, denn bei Ackermanns war es wie im Westen, den wir natürlich nicht kannten. In Berlin konnte ich nicht mehr »entfernt« werden, wie es das MfS vorgehabt hatte.

Klaus Feld:
Sie haben die Ablehnung Ihrer Tochter für ein Studium der Germanistik nicht hingenommen?

Berndt Seite:
Nach der Ablehnung haben wir eine Staatsratsbeschwerde verfasst. Das war die letzte Waffe des »kleinen Mannes«. Diktaturtypisch: Nicht die Gesetze entschieden, sondern ein Bittgesuch an den Potentaten war der letzte Weg. Uns wurde dann ein Gespräch an der Leipziger Universität angeboten. Nach einem abgekarteten Spiel wurden wir nach Hause geschickt.

Klaus Feld:
Warum abgekartet?

Berndt Seite:
Ich gehe davon aus, dass es bereits Absprachen zwischen dem MfS, wie aus den Akten bekannt, und den Entscheidern gab, damit eine Zulassung nicht möglich war. Der Studiengang war bereits gefüllt, teilte man uns mit.

Klaus Feld:
Dann haben Sie aufgegeben?

Berndt Seite:
Ja, denn unsere Tochter wollte nicht länger als »Hilfskraft« an der Humboldt-Universität bleiben. Die Ablehnung, Germanistik zu studieren, war eine Abstrafung für unsere »Renitenz«. Das kann man auch als Sippenhaft bezeichnen.

Klaus Feld:
Dann durfte sie doch studieren, aber nur Pädagogik?

Berndt Seite:
Politisch ein Witz! Gerade Pädagogik war ein Paradestück für die Erziehung Heranwachsender im Sinne des Sozialismus. Lehrerin durfte die politisch unsichere Kantonistin werden, die Tochter eines Klassenfeindes, den man zur Strecke bringen wollte! Die Paranoia ist in der Diktatur immer unterwegs!

Klaus Feld:
Frau Sibylle Seite, Sie sind 1989 mit Freunden nach Rumänien gereist und auf dem Rückweg in Budapest bei den »Maltesern« gelandet, die dort eine Anlaufstelle für Menschen betreiben, die nicht mehr in die DDR zurückkehren wollten. Gab es da einen Anlass, denn die Heimat, ihre Familie zu verlassen, war nicht einfach?

Sibylle Seite:
Als ich 17 war, sagte mein Vater auf einer Autofahrt zu mir, ich müsse wissen, dass ich bestimmte Dinge in diesem Land nie erreichen könne. Das hat mich damals schockiert, denn als Botschaft nahm ich wahr: Du musst hier weg. So weit war ich aber noch lange nicht. Wenige Jahre später gab es Gründe zu gehen und auch Möglichkeiten. Ein Mann aus dem Westen wollte mich heiraten, aber nicht nur zum Schein. Allerdings war er nicht der Mann, den ich heiraten wollte. Über die Aussichten, eine Ausreise genehmigt zu bekommen, habe ich nie ernsthaft nachgedacht. Die Vorstellung, mich weiter oder wieder auf unabsehbare Zeit als Hilfskraft durchzuschlagen, war zu abschreckend. In Ungarn ergab sich im August 1989 eine völlig neue Situation: Ich konnte schnell und sicher in den Westen gelangen. Das war meine Chance. Zu dem Zeitpunkt studierte ich in Berlin Pädagogik im dritten Studienjahr und es war offensichtlich, ich würde kein Forschungsstudium beginnen können. Dazu gab es zwei Alternativen: das Studium zu beenden, Lehrerin und damit Teil des Systems zu werden oder das Studium zu beenden, den Lehrerberuf zu verweigern und sich eine Nische in der Gesellschaft zu suchen. Vor beidem hatte ich unglaubliche Angst, also trat ich die Flucht nach vorn an. Für diese Entscheidung bedurfte es einer Woche. Nach der Tour in Rumänien hatten meine Freundin und ich uns für eine Woche getrennt, mit der Absicht, uns in Budapest zu treffen. Ich verbrachte die Zeit alleine in lauwarmen Thermalbädern in Ost-Ungarn und dachte ständig darüber nach, was die Ausreisemöglichkeit für mich bedeuten könnte. Bei dem Gedanken, meine Familie auf Jahre nicht wiedersehen zu können, musste ich jedes Mal losheulen. Auch der Umstand, ohne Verabschiedung zu gehen, sich davonzustehlen, nichts, was mir wichtig war, mitnehmen zu können, hat mich stark beschäftigt. Es fiel mir nicht leicht zu gehen, aber ich wusste, meine Eltern würden den Schritt verstehen und gutheißen. Dieses Wissen hat mir Kraft gegeben.

Klaus Feld:
Sie haben mit Ihrer Familie von Budapest aus telefoniert. Es war dramatisch, wie das Abhörprotokoll des MfS aussagt?

Sibylle Seite:
Nach wie vor finde ich es unglaublich, ja es empört mich, wie Fremde ungefragt am Leben anderer teilnehmen konnten. Das Telefonat, welches ich mit meinen Eltern führte, um ihnen zu sagen, dass ich nicht zurückkehren würde, war einer unserer emotionalsten Momente. Jedes Wort hat die STASI aufgeschrieben, jedes Schluchzen festgehalten, uns beim Vornamen genannt. Ich glaube, sie haben sich an solchen Szenen ergötzt.

Klaus Feld:
Fühlten Sie sich in Budapest noch bedrängt? Ein Freund von Ihnen hat dann in Budapest noch geholfen?

Sibylle Seite:
Nein, aber ich fühlte mich auch vorher nicht bedrängt. In Budapest traf ich mich nicht nur mit einigen Kommilitonen, sondern auch mit drei Italienern, die wir aus einem Hochschulferienkurs in Ostberlin kannten. Gegen die Zahlung von Westgeld hatten sie dort Deutschkurse belegt. Sie waren es, die mit mir zur Botschaft fuhren, um den Pass zu beantragen, und sie gaben mir Geld, damit ich bis zur Ausreise nicht im Flüchtlingslager leben musste.

Klaus Feld:
Was hat Ihnen die Entscheidung für Ihr späteres Leben gebracht, zu gehen und sich »auszuprobieren«?

Sibylle Seite:
Dieses Weggehen war vermutlich das entscheidende Erlebnis in meinem Leben, ein absoluter, plötzlicher Umbruch. Nichts war mehr wie zuvor: kein Zuhause, keine Familie, keine Freunde, nichts Vertrautes. Nach meiner Ankunft in Bonn habe ich gefühlte drei Wochen geschlafen, ich war ständig müde. Heute weiß ich, dass mir das Gehen einiges abverlangt hat,

KOPIE

Abteilung 26

Neubrandenburg, 6. Sept. 1989
A/143/89/82-
Tgb.-Nr.: 1638

KD Röbel
Abteilung XX

Informationsbericht

Sibille meldet sich bei ihrem Vater. Folgender Dialog wörtlich.

B.: Seite.

S.: Hallo Paps, hier ist Billa.

B.: Grüß dich Billa.

S.: Papsi.

B.: Ja.

S.: Ja, ich bin in Budapest. Haben Brettis bei euch angerufen?

B.: Ich hab den ganzen Abend versucht, bei dir anzurufen. Ich hab es ja nicht geschafft.

S.: Nein?

B.: Nein.

S.: Und ich hab jetzt rausgefunden, woran es gelegen hat - die Vorwahl war falsch.

B.: Siehst du. Bist du morgen noch da?

S.: Ja.

B.: Soll ich dich morgen anrufen?

S.: Ja Paps. Nein, aber ich bin morgen nicht mehr hier.
(fängt an zu weinen)

B.: Morgen bist nicht mehr da?

S.: Nicht im Hotel.

B.: Wo denn dann?

S.: Es geht mir gut (schluchzend).

B.: Das ist gut.

S.: Ich bin bloß ein bißchen aufgeregt, weißt du.

B.: Ja. Ich hab dich ganz lieb, und wir haben dich ganz doll lieb. Du weißt doch, wie lieb –

S.: Ich muß so viel an euch denken.

B.: Ja. Ach.

S.: Aber wenn ich es jetzt nicht tue, tue ich's nie mehr.

B.: Billa, wir stehen dir doch bei. Wir denken an dich ganz doll. Der Tag war ganz aufregend für uns, für deine Mutter und für mich.

S.: Ich weiß, daß es für euch genauso ist wie für mich. Ich hab, ich brauch nicht in so ein Lager gehen, weißt du?

B.: Ja.

S.: Ich hab Unterkunft, ich hab auch genug Geld, und ich bekomme morgen einen Paß. Wie lange es dauert, weiß ja niemand. Ich weiß nun nicht, zu wem ich eigentlich gehen kann.

B.: Na, warum? Dann gehst du nach Gröbenau (ph).

S.: Ja?

B.: Ja. Da sind ja unsere Verwandten, das ist ja die nächste Stelle.

S.: Ich hab eigentlich mehr an Erika gedacht.

B.: Das weiß ich nicht, das kann ich nicht so aus der Entfernung sagen. Ja?
Da mußt du mal selber sehen, das weiß ich nicht so.
Und wie ist das nun mit Berlin – wo ist der Schlüssel?

S.: Der Schlüssel ist bei der Nachbarin.

B.: Wie heißt denn die?

S.: Hielscher (ph).

B.: Hielscher? Soll ich da hingehen?

KOPIE durch Bsn

S.: Ja. Andererseits hab ich - ich bin ja nicht alleine hier, ne. Also Olaf, Annette und Mario sind auch hier. Und ich hab Annette gesagt, sie kann auch den Schlüssel holen und soll es mit euch bereden, denn ich weiß ja nicht, was passiert. Also, ich mein, Annette kann natürlich solange in der Wohnung wohnen, wie es möglich ist, wenn das geht. Und ich sag und schreib Annette auch auf, wo was liegt und was ich sofort bräuchte.

B.: Na, sonst würde ich nämlich morgen hinfahren.

S.: Ja, das geht auch.

B.: Ja, aber ich weiß ja nun nicht. Brauchst du denn irgendwas dringend?

S.: Nee, im Moment brauch ich nichts dringend.

B.: Ach Billa.

S.: Paps (fängt wieder an zu weinen).

B.: (schluchzt ebenfalls)

S.: Ich möcht so gern zurückkommen.

B.: Was soll ich sagen? (schluchzt)

S.: Ich hab im Urlaub immer daran gedacht, daß ich nach Hause fahre (ph). Ich hab eigentlich nicht daran gedacht, weißt du. Das Argument, was für mich eigentlich immer stand, ist jetzt ausgeräumt. Ist wirklich so einfach im Moment. Und ich weiß ja auch nicht.
(schleppende Äußerungen - Bernd schluchzt)
Ist Mutti da?

B.: Ja, Mutti ist da. (heulend)

S.: Gib sie mir mal, ja?

B.: Ja.

Die Mutter ist aus dem Hintergrund zu hören: Ich will sie nicht.
(ebenfalls heulend)

B.: Natürlich.

A.: Nee.

B.: Mutti ist so fertig.

S.: Soll ich zurück kommen?

B.: Das werde ich nie und nimmer sagen. (gefaßter in seiner Äußerung)

B.: Das kann ich nicht entscheiden, das mache ich auch nicht!
Wie kannst du sowas fragen, jetzt?
Dies ... ja bloß die Kinder.
Billa, denke an dich, denke an deinen Weg!

S.: Weißt du, ich hab auch immer daran gedacht - ihr habt mir ja zugeraten.

B.: Ja. Also, wenn sich hier nichts ändert, ich weiß auch nicht, wenn sich hier nichts ändert! Und du weißt genau, daß ich will, daß sich etwas ändert! Schon immer! So geht das nicht, wenn dieses Land uns unsere Kinder nimmt und alles andere - ich weiß es nicht, ich weiß es nicht. Es hat uns natürlich betroffen, aber - da müssen wir einfach durch.
Du weißt, wir lieben dich, Billa.

S.: Ja. Ich hab euch auch so lieb.

B.: Ganz doll, und ich hab ja gewußt, wenn du durch dieses Land mußt usw., daß es nicht einfach ist. Katharina hat uns angerufen. Die hat uns das erzählt, daß sie dich getroffen hat. Du mußt uns bald wieder anrufen oder irgendwie. Ich will dir ja auch helfen und so, ich weiß nicht wie.

S.: Ich rufe euch an. Ich rufe euch so oft an, wie ich kann. Aber ich will Mutti noch sprechen.

B.: Mutti komm!

A.: Ich kann nicht (laut heulend).

B.: Deine Mutter kann nicht.

S.: Doch.

B.: Komm, los komm!

A.: Ich weiß ja nicht, was ich sagen soll (ph) (heulend).

S.: Ich will ihr was sagen. Mutti, ich hab dich doch ganz doll lieb. Ich denk ganz viel an euch. Mutti, bitte wein nicht, bitte!
Ich möcht ja so gern zu euch kommen, weil es so schön ist, nach Hause zu kommen, weißt du.

A.: (schluchzt nur, zu keiner Äußerung fähig)

S.: Ich ruf bald wieder an, ja?

A.: Ja.

B.: Billa? Bist noch dran?

S.: Ja.

KOPIE durch BStU

B.: Gut.
Billchen, also, sei ganz tapfer!

S.: Ne, ihr müßt tapfer sein. Ich ruf morgen wieder an.

B.: Tu das. Tschüß mein Schatz.

S.: Tschüß.

6.9.89, 01.09 Uhr, K 934-88

- - - - -

KOPIE dieser BStU

Kreisdienststelle
Röbel

Röbel, den 10.09.89

OV "Sanddorn" BV Nbg., KD Röbel

Haltungen des Dr. Seite zur Absicht des Verlassens der DDR durch seine Tochter S., Sybille

Zuverlässig wurde inoffiziell bekannt, daß Dr. Seite seine Tochter Sybille, Studentin an der Humboldt-Universität Berlin, bereits seit längerer Zeit beeinflußte, ihr weiteres Leben nach einem Studium in der DDR nicht in der DDR zu verbringen und in die BRD umzusiedeln. Er tollerierte die Absicht der Tochter "die Chance" zu nutzen, mit dem Anstau der Ausreisewilligen in der VR Ungarn ebenfalls die DDR zu verlassen.
Selbst in der entscheidensten Frage der Tochter an ihre Eltern, ob sie nicht doch von ihrer Touristenreise nach Rumänien zurück in dei DDR kommen solle, bestärkte Dr. Seite sie in ihrer Absicht, die DDR zu verlassen. Er forderte sie auf, an sich zu denken und an ihren Weg. Desweiteren wurde bekannt, daß Dr. Seite sehr stark darüber verärgert ist, daß sich in der DDR "nichts ändert". Gegenüber der Tochter Sybille bekundete er,"daß er will, daß sich etwas ändert. Dafür kämpfe er schon immer, jetzt müsse er es erstrecht tun. So gehe es nicht wenn dieses Land uns unsere Kinder nimmt und alles Andere. Wir sind darüber betroffen."

Mitarbeiter

Rüh
Leutnant

aber es war auch mutig und hat mir vielleicht – und das eher unterbewusst – das Gefühl von Zuversicht gegeben, An- und Herausforderungen gewachsen zu sein.

Klaus Feld:
Sind Sie im Leben stärker geworden?

Sibylle Seite:
Das weiß ich nicht. Woran soll man das messen?

Klaus Feld:
Haben Sie heute eine besondere Affinität zu Flüchtlingen, denn Ihr Vater war als Kind ein Flüchtling und später ein Vertriebener?

Sibylle Seite:
Mein Weggehen, dieses Wort wähle ich bewusst, und die Flüchtenden und Vertriebenen am Ende des 2. Weltkrieges habe ich nie im Zusammenhang gesehen. Nie war mein Leben in Gefahr und die Gründe, das Land zu verlassen, waren keine existenziellen. Glücklicherweise mussten nur vier Monate vergehen, bis ich in meine Heimat zurückkehren konnte, was sicherlich ein Grund dafür ist, sich nicht als Flüchtling zu begreifen.

Klaus Feld:
Wie sehen Sie die sogenannte »Schlussstrich-Debatte«?

Sibylle Seite:
Den Schlussstrich muss jeder für sich selbst ziehen. Es gibt Menschen, deren Leben durch die Stasi so stark beeinflusst worden ist, dass sie nie darüber hinwegkommen werden. Für mich ist das wesentlich leichter. Dass einige Politiker und Bevölkerungsgruppen ein Ende der Diskussion wünschen, ist aus ihrer Sicht verständlich, aber sie werden es nicht entscheiden. Solange es Menschen gibt, die sich für die Geschichte interessieren, und das werden unsere Kinder und Enkelkinder sein, wird es eine Diskussion über Schuld und Verrat geben.

Reise nach Boston

Klaus Feld:
Nun darf man die wichtigste Reise Ihres Lebens, wie Sie sie einmal bezeichneten, nicht vergessen. Ihre Reise nach Boston/USA 1979.

Berndt Seite
Ja, das kann man als eines meiner Schlüsselerlebnisse bezeichnen. Ich gehörte zu den Teilnehmern des Weltkongresses der Kirchen zum Thema »Glaube, Wissenschaft und die Zukunft«. In der Bostoner Universität MIT waren die Vertreter aller großen Religionsgemeinschaften vertreten. Das erste Mal in meinem Leben habe ich erfahren, wie Menschen sich in einer freien Gesellschaft bewegen können. In einem meiner Bücher habe ich bereits davon erzählt. Die Tragweite meiner Erlebnisse wurde mir erst bewusst, als ich wieder zu Hause war.

Klaus Feld:
Wie das?

Berndt Seite
Ich spürte, dass mein Leben in der DDR nicht kompatibel mit dem in einer freiheitlich demokratischen Gesellschaft war. Wie die Menschen dort redeten, zuhörten und sich bewegten, hatte ich so noch nie erlebt! Etwas Neues streifte mich, berührte mich nachhaltig und nahm mich gefangen. Ja, ich wollte auch so leben wie die Menschen, denen ich dort begegnet war, und nicht mehr geduckt durchs Leben laufen, sondern den »aufrechten Gang« einüben. Es begann mein »Versuch in der Wahrheit zu leben«, wie Vaclav Havel es beschrieb. Hannah Ahrendt hat es noch deutlicher formuliert, was für sie das Menschsein bedeutet: *»Die Menschenrechte beginnen*

dort, wo ein Mensch erkennt, dass er ein Recht auf Menschenrechte hat.«

Klaus Feld:
Und gelang das?

Berndt Seite
Der Mut zur Wahrheit steckt an. Menschen zu beeinflussen, damit sie sich der Wahrheit öffnen, ist für jede Diktatur gefährlich. Das MfS hat das erkannt und es in den Maßnahmeplänen gegen uns formuliert. Und es hatte Grund dazu, wie sich nach dem Mauerfall zeigte.

Klaus Feld:
Was haben Sie versucht?

Berndt Seite
Man stürmt nicht los, sondern tastet sich heran, probiert aus, was möglich ist. Als ich nach meiner Reise ein Atommoratorium in der DDR vor der Synode der Evangelisch-Lutherischen Landeskirche Mecklenburgs anmahnte, druckten meinen Beitrag Zeitungen im Westen. Ich hatte nur das gesagt, wofür ich in Boston die Hand gehoben hatte. In der DDR schrieb nur die Mecklenburgische Kirchenzeitung darüber, die Staats – Zeitungen schwiegen. Auch die Unterschrift der DDR unter die KSZE-Akte von 1975 änderte daran nichts. Der Unterdrückungsapparat arbeitete weiter, aber zeigte bereits Haarrisse, die wir noch nicht erkannten.

Klaus Feld:
Sie sind einige Male in das sogenannte NSW (Nichtsozialistisches Wirtschaftssystem) gereist. Hatten Sie das Gefühl, dass die Stasi diese Reisen unterbinden wollte?

Berndt Seite
Nein, davon wusste ich nichts. In einem Schreiben von Oberstleutnant Suffa vom 19.4.1984 an das MfS in Berlin wird gebeten, meinen Reisen nach Kiel und Wuppertal aus operativen Gründen nicht zu zustimmen. *»Auf örtlicher Ebene werden Maßnahmen zur Unterbindung der beabsichtigten Reisen durch unsere Diensteinheit eingeleitet.«*

Klaus Feld:
Reisen durften Sie aber trotzdem?

Berndt Seite
Ja. Vermutlich stand das politische Interesse des Staates DDR in diesen Angelegenheiten über den beabsichtigten Maßnahmen des MfS. Landläufig gesagt: Dieses Mal sticht Ober Unter.

Abgeordnete der PDS haben mir später im Landtag vorgeworfen, ich wäre ein »Reisekader« gewesen und sie nicht, die Ärmsten! »Reisekader« reisen im Auftrag des Staates; das hatte für die Bevölkerung einen faden Beigeschmack, denn meistens reisen nur linientreue Genossen, ich aber war für die Kirchen unterwegs. Ein sehr großer Unterschied. Den PDS Leuten lag nur daran, mich zu diffamieren.

Der IM »Etzdorf«

Klaus Feld:
Lassen sie uns weiter über die Informellen Mitarbeiter reden. Bei einigen Namen spürte ich schon in unserem Vorgespräch, wie emotional Sie reagierten, als der Name fiel. Einer war der IM »Etzdorf«.

Berndt Seite:
Kein IM ist in das Innere unserer Familie gelangt. Das ist ein großes Glück, und dafür sind wir sehr, sehr dankbar. Andere Familien hat es schwer getroffen.

Der IM »Etzdorf« ist so ein Fall mit einem schweren Vertrauensbruch. Er hat die Umgebung unseres Freundes und Pastors missbraucht, um an Informationen zu gelangen. Wenn man bedenkt, dass er das Haus des eigenen Sohnes dafür nutzte, ist das besonders verwerflich. Das MfS schreckte auch nicht zurück, für unseren Freund einen IM-Vorlauf einzurichten. Das geht aus einem Vermerk der Kreisdienststelle Röbel vom 26.8.1985 hervor, gespeist von Information von der BD Frankfurt/Oder, wo der IM »Etzdorf« zu Hause war. Der Stasi gelang es aber nicht.

Klaus Feld:
Dieser Vorgang hat Sie besonders betroffen gemacht?

Berndt Seite:
Noch mehr die Tatsache, dass ich glaubte, im Haus eines Pastors frei reden zu können. Die Häuser der Kirche besaßen für mich immer einen besonderen Grad an Freiheit. Wie und worüber auch dort geredet wurde, der Pastor als Seelsorger war zum Schweigen verpflichtet. Dass auch er missbraucht wurde, hat mich nach dem Mauerfall zusätzlich bedrückt. Nie wären wir auf den Gedanken gekommen, dass hier, wo wir uns sicher fühlten, dem Ehepaar in Freundschaft zugetan waren, die größte Gefahr lauerte. In den ersten Berichten über meine Frau und mich erweckt der IM den Anschein, als sei er in einem Pfarrhaus zu Gast, als Bekannter, aber nicht der Vater und Großvater der Familie ist. Ich kann nur ahnen, wie schwer die Familie daran trug, als sie von seiner IM-Tätigkeit erfuhr. Das ist nur mit großem Gottvertrauen zu verkraften.

Klaus Feld:
Haben Sie mit Ihren Freunden einmal darüber gesprochen?

Berndt Seite:
Wenig, aber worüber soll man dann noch reden? Jedes Wort kann eine zusätzliche Verletzung sein.

Annemarie Seite:
Der Vater unseres Freundes war Professor und lehrte Landwirtschaft an einer Universität. Der Sohn begann mit einem Physikstudium und wechselte dann zur Theologie. Vermutlich hat der Vater das nie verwunden, zumal er schon seit 1950 IM »Traudl« war und später zum IM »Etzdorf« mutierte. Wie einsam dieser Mann nach dem Mauerfall gewesen sein muss, zeigt, dass sein bester Freund bis zu seinem Tod sein Führungsoffizier war. Ich weiß, wer lange lebt und aufmerksam die Zeitläufe betrachtet, den kann nichts mehr überraschen. Hier zeigt der Mensch sein abgeschminktes Gesicht!

Klaus Feld:
Das MfS war ständig bemüht, Menschen aus Ihrer unmittelbaren Nähe zu werben, um direkten Zugang zu Ihnen zu finden. Haben Sie davon etwas gespürt?

Berndt Seite:
Ich habe schon erzählt, dass es Phasen in unserem Leben gab, in denen wir Freunde und Bekannte verdächtigten, mit dem MfS zusammenzuarbeiten. Unsere Freunde H. J. Seefeldt, Heinrich Nagel und Rainer Brekenfeld wurden von der Stasi überprüft und ihr Umfeld danach durchleuchtet, ob sie für eine IM-Tätigkeit geeignet sind. Da man die Gefahr einer Dekonspiration fürchtete, wurde der Plan verworfen. Der Geheimdienst war ständig bemüht, Gesprächspartner für uns zu suchen, die wir aber nicht annahmen. Die Stasi ist auch in diesem Bereich gescheitert.

Verpflichtung

Ich, Unterfertigter

.........Paul Müller.........

verpflichte mich freiwillig, als überzeugter Anhänger der Deutschen Demokratischen Republik, im Sinne der demokratischen Regierung für die Einheit Deutschlands und einen gerechten Frieden aktiv zu wirken

Ich bin bereit, mit allen Kräften gegen die Feinde aus den Reihen der ausländischen Imperialisten und der deutschen Reaktion zu kämpfen und gemeinsam mit der Stasi alle Anschläge auf unsere volkseigene Wirtschaft und demokratische Ordnung aufzudecken und mitzuhelfen, diese Feinde unschädlich zu machen ganz gleich, wo sie sich befinden und in welcher Tarnung sie ihre volksschädliche Tätigkeit entfalten.

Mir ist bekannt, dass unbedingte Schweigepflicht über die Zusammenarbeit mit der Stasi gegen jede Person Pflicht ist.

Halle/Saale, den 1.XI. 1950

..........Paul Müller..........
(Unterschrift)

Traidl

Abteilung XVIII
Frankfurt (O), 23. Dez. 1985
to-deu

- Tonbandabschrift -

Quelle: IMB "Etzdorf"
erh.: Major Torge
am: 19. Dez. 1985
Ort: IMK "Hanni"

Dr. Seite - Tierarzt in Walow, Kreis Röbel

Vom Pfarrer der Gemeinde Sadow, Krs. Röbel, wurde mir berichtet, daß er gemeinsam mit seiner Frau am 23. 11. d. J. zum Abendessen beim Dr. Seite eingeladen war.

Obwohl der Pfarrer selbst ausländische Gäste im Hause hatte, ist er dieser Einladung gefolgt, hat aber von vorn herein gesagt, daß er nur eine begrenzte Zeit anwesend sein könne.

In der Wohnung Seites trafen sie einschließlich des gastgebenden Ehepaares 15 Personen an, die als enge Bekannte der Familie Seite vorgestellt worden sind. Unter ihnen befanden sich zwei Beamte der BRD-Vertretung in der DDR, deren Namen nicht mehr im Gedächtnis des Informanten waren. Er konnte mir aber sagen, daß es bei einem der genannten um den Leiter des Referates Landwirtschaft in der Vertretung der BRD handelt, so daß man mit hoher Wahrscheinlichkeit annehmen darf, daß es sich um Dr. Schmiedel gehandelt hat. Der andere war aus dem Gedächtnis verschwunden. Ich kann nicht sagen, wer es gewesen ist.

Diese Einladung entsprach einer Tradition der Familie Seite, die in jedem Herbst oder Spätherbst ein sogenanntes "Grünkohlessen" veranstaltet, bei dem das Gemüse Grünkohl der Anlaß ist, um bestimmte Spezialitäten des Hauses den Gästen vorzustellen und anzubieten. Die Familie Seite hatte zu diesem Zweck eine Köchin engagiert, die die Speisen vorbereitete und in einer speziellen Aufbereitungsart angeboten hat.

Da mein Informant nur am Abendessen und kurze Zeit danach anwesend war, beziehen sich seine Aussagen und Informationen auf die Gespräche, die in dieser kurzen Zeit stattgefunden haben. Es wurde währenddessen offenbar, daß es sich im allgemeinen wohl um sehr enge Bekannte der Familie Seite handelt, wobei man annehmen darf, daß auch kirchliche Amtsträger oder Laien aus dem kirchlichen Bereich, Synodale usw., anwesend waren, möglicherweise auch Tierärzte. Eine persönliche Bekanntschaft zwischen dem Informanten und anderen Teilnehmern war nicht aufgetreten.

Während des Essens und unmittelbar danach bis zum Aufbruch meines Informanten wurde vor allem über die Situation in der BRD-Vertretung in Berlin gesprochen, und zwar vornehmlich über die Bewachung, die doch nach Ansicht der beiden Beamten der BRD-Vertretung erheblich überzogen sei.

Abteilung V/6   Halle/S den 14.2.1958

Einsatz und Perspektivplan
für GI " Etzdorf"

Einleitung: Der GI " Etzdorf" arbeitet seit 1950 mit den Organen des MfS zusammen. Die Zusammenarbeit war teilweise unterbrochen.
Obwohl der Genannte Schwerkriegsbeschädigt ist, (Beinamputiert) zeigt er sich an der Arbeit sehr interessiert. Er führt die ihm erteilten Aufträge sehr gewissenhaft durch.

Einsatz:

1) Er arbeitet an der Liquidierung des Ü-Vorganges 191/57 an der landwirtschaftlichen Fakultät.
2) Er arbeitet an der Aufklärung der DDR feindlichen Gruppierung am Institut für Acker und Pflanzenbau
3) Er arbeitet an der Aufklärung des stellv. Leiters des Versuchsgutes Bärenroda (Harz)

Perspektive: Das Ziel der Arbeit des GI ist, die Gruppierungen innerhalb des Lehrkörpers an den Institut für Acker und Pflanzenbau, Institut für Pflanzenkrankheiten und Institut für Tierzucht aufzuklären.

Nach Erreichung des gestellten Zieles ist ein neuer Plan anzufertigen.

(Prosche)
U.-Ltn.

Abteilung XVIII Frankfurt (Oder), den 10. 12. 1974

Bestätigt:
Stellvertreter Operativ

Stöß
Oberst

V o r s c h l a g
zur Prämierung des IMV "Etzdorf", Reg.-Nr. V/828/60

Aus Anlaß des 25. Jahrestages des MfS wird vorgeschlagen, den IMV "Etzdorf", Reg.-Nr. V/828/60, mit einer Geldprämie in Höhe von

2 500,- Mark
(in Worten: zweitausendfünfhundert Mark)

für vorbildliche Einsatzbereitschaft und Leistungen in der inoffiziellen Zusammenarbeit mit dem MfS auszuzeichnen.

Begründung:

Der IM arbeitet seit dem 1. 11. 1950 erfolgreich mit dem MfS zusammen. Die Werbung erfolgte aus politischer Überzeugung. Seit diesem Zeitpunkt arbeitet der IMV ehrlich und zuverlässig mit dem MfS zusammen und bewies in der Vergangenheit wiederholt seine Opferbereitschaft.
Besonders deutlich wurde dies, da er infolge der inoffiziellen Auftragserteilung - Umgang mit negativen und feindlichen Kräften des Hochschulwesens der DDR und der BRD bis 1961 - in seiner beruflichen Entwicklung stagnierte.

KOPIE durch BStU

Hauptabteilung XVIII/6   Berlin, 25. April 1985

Informationsbedarf
für den Einsatz des IMB "Etzdorf" der BV Frankfurt/Oder zu Dr. SEITE
(OV "Prediger" der BV Neubrandenburg/KD Röbel)

- Welche Haltung nimmt SEITE zur gesamtgesellschaftlichen Entwicklung in der DDR ein?

- Welche kritischen Auffassungen vertritt SEITE zur Agrarpolitik der SED?

- Welche Motive sind bekannt, daß sich SEITE intensiv mit Fragen der Agrarpolitik der DDR befaßt?

- Woraus erklärt sich die hohe Sachkenntnis und Auskunftsfähigkeit SEITEs zu grundsätzlichen Problemen der Landwirtschaft?

- Gibt es Hinweise dafür, daß SEITE zielgerichtet Informationen zu Fragen der Landwirtschaft sammelt/abschöpft?

- Welche konkreten Probleme stehen im Mittelpunkt seines Interesses?

- Über welche Informationsquellen verfügt SEITE (von besonderem Interesse sind dabei Mitarbeiter der Staatsorgane und kompetente Personen, wie Leitungs- und entscheidungsbefugte Kader, Agrarwissenschaftler u. ä.)?

- Wie ist die fachliche Leitung als Tierarzt und Leiter der StAP Walow einzuschätzen (Ergebnisse Tierproduktion, Tiergesundheit, Tierverluste u. ä.)?

- Gibt es Widersprüche zwischen den von SEITE zur Agrarpolitik vertretenen theoretischen Auffassungen und seinen fachlichen Leistungen?

- Welche Rolle spielen Probleme der Landwirtschaft im Rahmen seiner kirchlichen Aktivität?

- Welche grundsätzlichen Ziele verfolgt SEITE mit seinen kirchlichen Aktivitäten?

- Welche operativ bedeutsamen Personen sind im Bekannten- bzw. Verbindungskreis SEITE bekannt (NSW-Personen, Diplomaten, Experten, Geheimnisträger, Leitungskader u. ä. - vor allem aus dem Bereich Landwirtschaft)?

- Gibt es Hinweise zum Inhalt und zum Charakter dieser Verbindungen?

- Gibt es Hinweise zum Inhalt und zum Charakter der von SEITE regelmäßig organisierten Zusammenkünfte ("Mecklenburger Bauernabend", "Grünkohlessen"), an denen auch regelmäßig NIW-Diplomaten teilnehmen?

- Werden diese Zusammenkünfte genutzt, um gegen die Agrarpolitik der DDR gerichtete Auffassungen zu propagieren und zu verbreiten?

- Gehen von diesen Zusammenkünften politisch negative Aktivitäten aus?

- Tritt SEITE dabei aktiv als Initiator oder passiv mit nicht eindeutig einzuordnender Haltung auf?

KOPIE durch BStU

- Ist es möglich, die Teilnahme des IMB an einem solchen Treffen zu erreichen?
- Welche weiteren Hinweise gibt es für Kontakte des SEITE zur StäV?
- Was ist der Inhalt und die Motivation für die Verbindung zur StäV?
- Wie erklärt sich das Interesse, das von Seiten der StäV gegenüber SEITE zum Ausdruck gebracht wird?
- Gibt es erkennbare Zielstellungen der StäV, insbesondere des Landwirtschaftsreferates, bzw. lassen sich Zielstellungen vermuten, welche sind das?
- Gibt es Anzeichen/Hinweise/Beweise dafür, daß SEITE durch Mitarbeiter der StäV zu Problemen der Volkswirtschaft, insbesondere der Landwirtschaft, abgeschöpft bzw. zielgerichteter befragt wird?
- Wie ist der Stellenwert SEITEs für die StäV insgesamt einzuschätzen?

Sibylle und die IM

Klaus Feld:
Frau Dr. Seite, wie haben Ihre Kinder die Situation verkraftet, in der sich die Familie befunden hatte?

Annemarie Seite:
Sie waren noch zu jung, um unsere Schwierigkeiten zu erkennen. In der Schule gehörten sie zuerst noch nicht zu den »Jungen Pionieren«. Wir wollten das nicht, mussten aber bald erkennen, dass unsere Kinder ausgegrenzt wurden. Das können Kinder kaum verstehen. Als die Olympischen Spiele in München stattfanden, wurden sie eines Tages vom Schulleiter nach Hause geschickt, weil sie T-Shirts mit den Olympischen Ringen trugen, die mein Cousin aus München geschickt hatte.

Klaus Feld:
Ihre Kinder wurden dann nicht nur konfirmiert, sondern gingen auch zur Jugendweihe. War das nicht ein Widerspruch?

Annemarie Seite:
Ja, natürlich, auch ein Kompromiss, den wir schlossen, um den Kindern den Weg ins Leben nicht total zu verbauen. Mein Mann und ich wollten nicht, dass unsere Kinder für unsere Haltung mit in Haftung genommen wurden. Andere Eltern aus unserem Bekanntenkreis sind einen gradlinigeren Weg mit allen Konsequenzen gegangen.

Klaus Feld:
Und doch hat das MfS versucht, ihre Kinder auszuhorchen, Informationen von ihnen zu erhalten.

Annemarie Seite:
Da kannten die keine Skrupel. Über ihre IM versuchte die Stasi sie »abzuschöpfen«, wie es in ihrem Jargon hieß.

Klaus Feld:
Frau Sibylle Seite, wie sah das im Detail aus?

Sibylle Seite:
Ich habe nicht bemerkt, dass ich observiert und ausgehorcht wurde. Meine Kenntnisse darüber habe ich erst nach dem Mauerfall bekommen. In einem Maßnahmeplan habe ich dann erfahren, dass einige IM, wie »Frank«, »Ivon«, »Andreas Harm« oder IM-VL, »Jeremia« und »Uwe« (also IM, die das MfS werben wollte) von der Stasi vorgesehen waren, mich »operativ zu bearbeiten«. Ihre Klarnamen kenne ich nicht und will sie auch nicht mehr wissen.

Klaus Feld:
Wann wurden Sie erstmalig in den Akten erwähnt und wie alt waren Sie damals?

Sibylle Seite:
Die Aufzeichnungen beginnen 1982, da war ich 16 Jahre alt und Schülerin der 10. Klasse in Röbel. Von meiner damaligen Klassenlehrerin gab es eine Beurteilung über mich.

Klaus Feld:
Wie geschah die damalige Bespitzelung?

Sibylle Seite:
Ich kann mich an keine Bespitzelung erinnern. Und wenn es sie gegeben hat, dann habe ich sie Gott sei Dank nicht bemerkt. Das wäre auch verheerend gewesen, denn der Kreis möglicher Freunde war im Internat begrenzt. Es gab nur vier Mädchen, die in der 10. Klasse im Internat wohnten. Während meiner Schulzeit habe ich nie daran gedacht, dass jemand, der mich zu Hause besuchte, dem ich Geheimnisse anvertraute, diese jemand anderen zu Protokoll geben würde. In Berlin, später im Studium war das anders, aber im Alter von 16 Jahren lag das außerhalb meiner Vorstellungskraft.

Klaus Feld:
Als Sie Ihre Akte das erste Mal sahen, was empfanden Sie?

Sibylle Seite:
Zuerst sah ich die Akten meiner Eltern. Es waren Berge von Berichten, kopierten Briefen, Abhörprotokollen, Ordnern nur mit Fotos. Es klingt banal, aber ich war überrascht, und das in mehrfacher Hinsicht. Ich hatte ja geglaubt, dass meine Eltern das Ausmaß der Überwachung überschätzten. Dass unser Telefon abgehört wurde, konnte ich mir nicht vorstellen. Es gab für mich die Diskrepanz zwischen dem, was meine Eltern taten, und der Einschätzung der »Gefährlichkeit« dieses Handelns. Es überraschte mich, wie viele Menschen sich mit dem Leben unserer Familie beschäftigt hatten und dass sie meine Eltern tatsächlich als Staatsfeinde inhaftieren wollten.

Meine Akteneinsicht glich einer Reise in die Vergangenheit. Da tauchten Briefe auf, die ich schon längst weggeworfen hatte oder die mich nie erreicht hatten. Da las ich Beurteilungen von Lehrerinnen, die zeigen wollten, dass meine Seele noch zu retten war. Und da stand schwarz auf weiß zu lesen: »*Im Zusammenhang mit der Tochter des Dr. Seite (...) teilen wir Ihnen mit, dass seitens unser DE (Diensteinheit) Maßnahmen eingeleitet wurden, die der S e i t e, S. ein Studium als Diplom-Germanistin nicht ermöglichten. Eine durch sie angestrebte Umlenkung an die Sektion Anglistik/Amerikanistik als Diplomlehrer konnte ebenfalls verhindert werden.*«

Auch das hatte ich mir so nicht vorstellen können. Es war der Moment, wo ich dachte: »Ihr Schweine!«, aber es blieb keine anhaltende Wut zurück, denn ich hatte es trotzdem geschafft, auch wenn der Weg umständlicher war.

Klaus Feld:
Dann gab es aber noch eine Notiz, die Sie besonders bewegt hat?

Sibylle Seite:
Wirklich erschüttert hat mich, dass die Stasi die Absicht hatte, mich auf meinen Vater »anzusetzen«. In einem Maßnahmeplan vom 25.1.1983 wird das erwogen. Das MfS hat dann Abstand davon genommen, da es ihm zu gefährlich erschien. Die geplanten Gespräche mit mir haben nie stattgefunden und darüber bin ich unglaublich froh.

KD Waren
Waren, den 25.01.83
Maßnahmeplan

zur Person
Name: Seite, Sibylle
Geb: 11.05.66
Wh.: 2071 Walow, Kisserower Str. 5
(entsprechend SBK»Klerus«)
  Bei der Bearbeitung des operativen Materials ist von der Zielstellung auszugehen, die Aktivitäten und die Position der S. im Rahmen der evangelischen Kirche herauszuarbeiten.

1. Es ist zu prüfen ob der Einsatz der IMS »Frank«, IMS»Ivon«, IM-VL »Jeremia« und des IM-VL »Uwe« zur operativen Bearbeitung möglich ist.

Kreisdienststelle Waren
Waren, den 19.4.83
Ergänzung zum Maßnahmeplan vom 25.01.83

Zu Punkt 1
Auf der Grundlage der Absprache mit der KD Röbel ist sich im Rahmen der inoffiziellen Aufklärung besonders auf die Beziehungen und das bestehende Verhältnis der S. Sybille und ihrer Eltern zu konzentrieren. Inwieweit ist ihre Selbstständigkeit entwickelt und wo zeichnen sich deutlich die Grenzen der Abhängigkeit vom Elternhaus ab.

T.30.9.83
v.Holl, Ultn.
K.Hptm.Mutzner

Im Ergebnis der Aufklärung der unter Punkt 1 u. 2 formulierten Aufgaben zur Person Seite, Sybille wird in Abstimmung mit dem Stellv. Ltr. der KD entschieden, ob unter Berücksichtigung des Erfassungsverhältnisses des Vaters und der damit vorhandenen pol. op. Bearbeitung, eine KONTAKTIERUNG DER S: ANGEBRACHT IST.

Dazu erfolgt ein Vorschlag zu legendierten Kontaktaufnahme und eventueller Kontrolle der Reaktion.

T. 20.10.83
v. Holl Ultn.
K. Hptm. Mutzner

FÜHRUNG EINES KONTAKTGESPRÄCHES MIT DER S:
T. 30.10.83
v. Holl Ultn.
k. Hptm. Mutzner

Ausgehend von 1.Kontaktgespräch wird in Abstimmung mit der KD Röbel über eine weitere INOFFZIELLE NUTZUNG entschieden.

T. 15.11.83
v. Holl Ultn.
K. Hptm. Mutzner

Kreisdienststelle Waren
Waren d. 20.4.83
Aktenvermerk
Zum Dosier »Seite Sybille«

Am 13.4.83 erfolgte eine Absprache mit dem Stellv. Leiter der KD Röbel zum Material »Seite«. Durch die KD Röbel wird der Vater der Sybille Seite in einer OpK bearbeitet. Er ist stark kirchlich gebunden und seine Aktivitäten sind darauf gerichtet in diesem Rahmen sich für Umweltschutz und Ökologie einzusetzen. Dabei sind Übereinstimmungen mit den Zielen und Ansichten der »GRÜNEN« in der BRD zu verzeichnen. Der Umfang seiner Aktivitäten umfasst Beziehungen in a l l e n Teilen der DDR.

S. ist auch maßgeblicher Initiator und Organisator des Besuches von Frau Carstens (Frau des Bundespräsident) in Röbel 1982. Dieser Besuch wurde von ihm über die Vertretung der BRD in unserer Hauptstadt organisiert und vorbereitet.

Zur Tochter wurde eingeschätzt, dass zwischen ihr und dem Vater gute Beziehungen bestehen. Die S., so wird eingeschätzt ist zu einer gewissen Selbstständigkeit erzogen worden. Daraus ergeben sich konkrete und mögliche Ansatzpunkte um im Rahmen der pol op. Bearbeitung eine KONTAKTAUFNAHME zur S. zu planen. Als Schwerpunkt der dabei zu berücksichtigen ist, daß bei einer DEKONSPIRATION gegenüber ihrem Vater offizielle Beschwerden und Sanktionen einleiten kann, da er über umfangreiche Möglichkeiten und Beziehungen verfügt. Durch die DE wird eingeschätzt, daß eine Kontaktaufnahme große pol. Op. Bedeutung haben kann.

Mitarbeiter Holl ultn.

Berndt Seite:
Wir wissen heute aus anderen Veröffentlichungen, dass so ein Vorgehen in einigen Familien gelungen ist. In diesen »Maßnahmeplänen« lässt das DDR-System endgültig seine Friedensmaske fallen, und zum Vorschein kommt sein menschenverachtender Charakter. Unsere Familie hatte Glück, nicht in diesen »Maßnahmen« unterzugehen.

Klaus Feld:
Heute sind Sie Studiendirektorin an einem Gymnasium in Berlin. Haben die Erlebnisse noch eine bestimmte Relevanz für Sie im Unterricht, denn schließlich sind Ihre Schüler sehr weit von den damaligen Ereignissen entfernt?

Sibylle Seite:
Immer wieder gibt es Anknüpfungspunkte, denn das Lehren ist ganz eng mit der Person und deren Biografie verbunden. Ich bin in meinem Unterricht oft persönlich, erzähle von mir, meinen Erfahrungen und Ansichten, unabhängig von der DDR. Wenn die DDR thematisiert wird, erlebe ich die Schüler sehr interessiert. Das liegt daran, dass es meine Geschichte oder Geschichten sind, die konkreter, fassbarer als Texte aus Geschichtsbüchern sind. Aber wir müssen uns nichts vormachen: Was einen Teil unserer Biografie darstellt, ist für die Schüler so weit weg wie die Französische Revolution, das ist Geschichte. Nach einer Unterrichtsstunde, in der ich in einer 7. Klasse über die DDR gesprochen hatte, um eine Lektüre vorzubereiten, fragte mich eine Schülerin, ob ich denn auch den II. Weltkrieg erlebt hätte. Ich werde es nicht schaffen, dass die SchülerInnen verstehen, wie das Leben in

KD Waren

Waren, den 25.01.83

Maßnahmeplan

zur Person

Name: Seite, Sibylle
geb: 11.05.66
wh.: 2071 Walow, Kisserower Str. 5

(entsprechend SBK „Klaus")

Bei der Bearbeitung des operativen Materials ist von der Zielstellung auszugehen, die Aktivitäten und die Position der S. im Rahmen der evangelischen Kirche herauszuarbeiten.

1. Es ist zu prüfen, ob der Einsatz der IMS „Frank", IMS „Iwan", IM-VL „Jeremia" und des IM-VL „Moe" zur operativen Bearbeitung möglich ist.

   Bei Bestehen dieser Möglichkeiten sind folgende Schwerpunkte zielstrebig herauszuarbeiten:

   - Einschätzung des schulischen Leistungsvermögen.
   - Wie wird sie ihre Funktion als FDJ-Sekretär gerecht und welche politischen Positionen vertritt sie im Schulbereich und in ihrem Freizeitbereich im Internat der EOS?
   - Welche Freizeitinteressen geht sie nach?
   - Welche Jugendlichen zählen zu ihrem Umgangskreis?
   - Äußert sie sich über kirchliche Belange und welche Stellung nimmt sie dazu ein?

   Termin: 30.11.83

2. Prüfung der Möglichkeiten des IMS „Andreas Harms" zur operativen Bearbeitung der Person S. in der evangelisch-freikirchlichen Gemeinde Waren.

   Bei Bestehen dieser Möglichkeiten sind folgende Schwerpunkte zielstrebig herauszuarbeiten:

   - Einschätzung der Intensivität mit der sich die S. mit den kirchlichen Problemen auseinandersetzt.

KOPIE durch BStU

Kreisdienststelle　　　　　　Röbel, 5. Juni 1984
Röbel

Vermerk
über die eingeleiteten Maßnahmen zur Tochter des OPK "Prediger"
für den Zeitraum NJF vom 9. - 11. 6. 84

Auf Grund des Hinweises der KD Röbel wurden in Abstimmung mit der Abt. XX durch die KD Waren folgende Kontroll- und Sicherungsmaßnahmen durchgeführt:

S., Sybille konnte nicht mehr aus dem Block der Mandatsträger herausgelöst werden, da sie eine der besten FDJ-ler der EOS ist (stellv. FDJ-Sekretär der Klasse)

S., Sybille wurde zusätzlich zu ihrer Funktion als 1o. Gruppenleiter mit der Funktion des Transportverantwortlichen eines 25o.ger Blocks betraut. Damit hat sie besondere Aufgaben zu erfüllen, die sie in Berlin binden. Sie arbeitet damit unmittelbar in der Blockleitung mit.

Innerhalb der Zehnergruppe wird die S., Sybille durch einen IM (freundschaftl. Kontakt) gebunden und kontrolliert mit dem Ziel, daß beide ständig zusammenbleiben. IM wurde instruiert, die S. Sybille davon abzuhalten, sich von der Gruppe zu trennen und eigene Interessen in Berlin nachzugehen. IM-Information erhält die KD Röbel.

S., Sybille kehrt am 1o. o6. 84 um 23,45 Uhr zurück nach Waren, wo ihr Vater sie nach Walow abholt.

　　　　　　　　　　　　　　　　　　　Stellv. KD-Leiter

　　　　　　　　　　　　　　　　　　　Scheel/Hptm

K O P I E durch BStU

an der HUB beteiligt und unterstützte die S. gemeinsam mit dem Mitarbeiter der StV bei der Formulierung der Eingabe vom 28. 02. 85 der S. an die Zulassungskommission im Bezug auf die Ablehnung ihrer Bewerbung zum Studium als Germanistikstudentin bzw. Pädagogenstudium in der Fachkombination Deutsch-Englisch.

Es liegen unserer DE Hinweise vor, daß Dr. Hörnigk der S., Sybille für das Studienjahr 1986/87 versprochen hat, sie entsprechend ihrem Wunsch als Student an der HUB "unterzubringen", vermutlich auf nicht legalem Wege.

Nach vorliegenden Erkenntnisse beabsichtigt die S., Sybille nach ihrem Studium als Auslandsjournalistin tätig zu werden. Es ist nicht auszuschließen, daß seitens der StV der BRD Interesse an diesem Entwicklungsweg besteht.

Wir bitten Sie, unter Wahrung der Konspiration ihren operativen Einfluß geltend zu machen, daß ein Studium der S., Sybille an der HUB in der beabsichtigten Studieneinrichtung nicht möglich wird.

Leiter der Kreisdienststelle

Roß
Oberstleutnant

der DDR war. Über einen emotionalen Zugang kann aber eine Ahnung vermittelt werden. Mit einer 9. Klasse behandele ich derzeit den Jugendroman »Weggesperrt« von Grit Poppe, in dem die Zeit eines Mädchens im Jugendwerkhof beschrieben wird. Die dargestellte Ungerechtigkeit und Grausamkeit lösen etwas aus, lassen Fragen stellen, aufmerksam werden. Eine solche Reaktion zeigt viel emotionale Beteiligung. Auf einem Wandertag in das Besucherzentrum der Bernauer Straße in Berlin Mitte sahen wir kürzlich einen Dokumentarfilm über den Mauerbau und -fall. In der Reihe hinter uns weinte eine Frau. *»Was muss die Frau erlebt haben, dass sie noch 25 Jahre später so weinen muss?«*, fragte eine Schülerin. Ich antwortete: *»Ich muss auch oft weinen, wenn ich das sehe, denn ich habe etwas davon erlebt.«*

Die Ständige Vertretung der Bundesrepublik Deutschland in der DDR (StäV)

Klaus Feld:
Sie gerieten in den Fokus des MfS auch, weil sie als Synodaler versuchten, Menschen im Sinne der Kirche »zu manipulieren«, Beziehungen zu Mitarbeitern der »Ständigen Vertretung der Bundesrepublik Deutschland in der DDR« unterhielten, von denen Sie »abgeschöpft« wurden. So die Unterstellung der Stasi.

Berndt Seite: :
So verzeichnen es die Akten. Die StäV (Objekt 499) war Feindesland. Und wer sich dem näherte, der wurde observiert.

Klaus Feld:
Sie haben es trotzdem getan. Warum?

Berndt Seite:
Es hing mit meiner Reise nach Boston zusammen. Ein Ostdeutscher gelangte aus dem ummauerten Teil Deutschlands plötzlich in eine anders strukturierte Gesellschaft. Zurückgekehrt in die DDR, konnte ich vielen Menschen meine Erlebnisse nicht vermitteln. Es ging nicht um die materiellen Dinge, sondern um die erfahrene geistige Freiheit.

Klaus Feld:
So wie die Westdeutschen dort wollten Sie nun auch reden?

Berndt Seite:
Ich habe schon davon erzählt, aber damals hatte ich nicht den Eindruck, dass sie mir etwas vorschreiben oder mir überlegen sein wollten. Außerdem wohnten wir gemeinsam in einem Haus der Evangelischen Kirche. Ich fühlte mich dort wohl und geborgen. Die Wirklichkeit holte mich dann in der DDR schnell ein, denn die Kälte der Diktatur lässt auch die Sätze frösteln. Aber eines wusste ich: Nie wieder lasse ich mich in ein vorgeschriebenes Korsett pressen. Auch wenn es den Mächtigen nicht gefiel, von nun an nahmen wir in Anspruch, uns mit jedem Menschen zu treffen, auch mit Mitarbeitern der StäV.

Klaus Feld:
Wie kamen Sie konkret mit Mitarbeitern der StäV ins Gespräch? Das war doch für einen Tierarzt »vom Lande« nicht alltäglich in der DDR?

Berndt Seite:
Oft spielt der Zufall im Leben eine Rolle. Wir waren von Gerhard Scheumann zu einem Sommerfest eingeladen worden und dort lernten wir auch Mitarbeiter der StäV kennen. Die waren neugierig auf uns und wir auf sie. So ergaben sich Bekanntschaften und schließlich

auch Freundschaften. Und dann lernte ich bei unseren Synodaltagungen auch westliche Journalisten kennen, die einen unkomplizierten Umgang pflegten.

Klaus Feld:
War Ihnen das Risiko bekannt, das Sie dort eingingen?

Berndt Seite:
Wer solche Ansprüche hat, der kennt das Risiko. Das Leben an sich ist das Risiko und der Lebenslauf ist oft wie ein unruhiger Fluss mit Untiefen und Stromschnellen. Künstler, Politiker und Ökonomen der DDR-Nomenklatura wurden zu solchen staatlich legitimierten Beziehungen »delegiert«, denn die weltweit staatlich anerkannte DDR wollte »normal« erscheinen, auch im Hinblick auf die StäV. Wir nahmen uns dieses Anrecht, wie »Helsinki« uns das zugesichert hatte.

Klaus Feld:
War da eine gewisse Normalität eingetreten?

Berndt Seite:
Nein, die DDR dachte nie daran, den Korb 3 der KSZE-Akte zu erfüllen, z.B. freie Zusammenkünfte aller Menschen in Europa zu zulassen, sondern setzte mit ihren Machtmitteln alles daran, das zu unterlaufen. Es war damals so, wie Putin später politisch auf der Krim und im Ostteil der Ukraine agierte – lügen, vertuschen, täuschen.

Klaus Feld:
Ihre Beziehungen zur StäV waren doch nicht legitimiert?

Berndt Seite:
Was heißt hier legitimiert? Natürlich waren sie das für uns. Warum die und wir nicht? So stellte sich uns die Frage. Wir haben sie für uns beantwortet.

Klaus Feld:
Ihr Verhältnis zu den Mitarbeitern der StäV war unproblematisch? Verlief reibungslos?

Berndt Seite:
Nein, warum sollte das Verhältnis anders sein, anders als in unserem Leben? Vorrangig waren es Freizeitbeziehungen, also etwas abseits von unserem Alltag. Uns ging es um den geistigen Austausch, um neue Bücher und um ein Stück Teilhabe an einem Weltgeschehen, zu dem wir wenig Zugang hatten. Das hat uns aufgerüstet, stärker gemacht und unseren Horizont erweitert. Was dann nach dem Mauerfall geschah, hat mich wenig beeindruckt. Ich hatte bereits eine gewisse Vorerfahrung im Umgang mit unseren Landsleuten aus dem Westen. Von den bunten Bildern ließen wir uns nicht täuschen und das selbstbewusste Auftreten mancher Westdeutscher nach dem Mauerfall wussten wir zu deuten.

Klaus Feld:
In den Berichten des MfS steht oft, Sie würden von den Mitarbeitern der StäV »abgeschöpft«. Wie sehen Sie das?

Berndt Seite:
Ich war nicht der »Rahm«, die »Quelle«, »der Experte für landwirtschaftliche Fragen« im Norden der DDR. Bei mir liefen auch keine Fäden zusammen, die dann zu einem Knäuel gewickelt und zum Stricken in den Westen geschickt wurden, wie die Stasi vermutete. Natürlich haben wir von unserem Beruf erzählt, von den Unzulänglichkeiten in der Landwirtschaft, von unserem Leben. Es waren Dinge, die wir als bekannt voraussetzten. Aber manchmal hatten wir schon den Eindruck, dass die Mitarbeiter der StäV zu wenig über das Innere der DDR wussten, obwohl sie den Eindruck vermittelten. Einige glaubten auch, dass die DDR zu den führenden Wirtschaftsländern der Welt gehörte. Meine Position in den Unterhaltungen war immer: In Berlin spielen sie euch nur Theater vor, ein Schmierentheater, das sie beim Öffnen der nächsten Tür in ihrem Imperium immer wieder neu aufführen. Dies unseren Gesprächspartnern zu vermitteln, war schwierig, da sie in einer anderen Welt zu Hause waren. Dazu kam die Überlegenheit, schon alles zu wissen. Günter Gaus (war 1974–81 der erste Leiter der StäV) hatte bestimmt gehofft, dass aus der StäV eine Botschaft würde. Hier hätte er sich in der Rolle eines besonderen Botschafters gesehen. Gut, dass es so nicht gekommen ist.

Klaus Feld:
Der Vorwurf der Stasi gegen Sie wurde genährt, als sie am 6. April 1984 schreibt, im Norden der DDR müsse es eine »Quelle« geben, die genau über Abläufe in der Landwirtschaft Bescheid wüsste. Die Regierung der DDR wäre 1983 von Diplomaten der USA und der BRD gefragt worden, ob es im Kreis Teterow und in anderen Kreisen zum Ausbruch der Schweinepest bei Wildschweinen gekommen wäre. Noch vor einer offiziellen Mitteilung der Regierung der DDR hätten die Diplomaten nachgefragt. Waren Sie diese Quelle?

Berndt Seite:
Die Schweinepest brach oft aus. Meistens kam sie von der Insel Riems, wo in den Instituten mit dem Virus der Schweinepest gearbeitet wurde. Ich kannte nur Ausbrüche, die sich in meiner unmittelbaren Umgebung ereigneten. Natürlich redet man bei Zusammenkünften mit Freunden vom eigenen Leben und von den Dingen, mit denen man direkt zu tun hat, auch von der politischen Lage und den Schwierigkeiten, die man im System hatte. Natürlich sprachen wir auch mit unseren Bekannten und Freunden von der StäV darüber. Aber ich wüsste nicht, dass ich diese »Quelle« gewesen bin. Auszuschließen ist das nicht, denn in der StäV waren bei Zusammenkünften vermutlich auch Mitarbeiter »anderer Dienste« zugegen. Dass die Stasi mich als die »Quelle« vermutete, kann ich mir aber vorstellen. Der DDR war daran gelegen, seuchenfrei zu bleiben, damit sie weiter ihre Schweine zu Dumpingpreisen in den Westen liefern konnte. Aktuelle Tierseuchen verdarben die Geschäfte, denn die Kassen der DDR mit harter Währung waren immer leer.

Klaus Feld:
Also wurden Sie doch von den Mitarbeitern der StäV »abgeschöpft«, wie das MfS vermutete?

Berndt Seite:
In deren Vorstellungen ja. In meinen nicht. Staatsgeheimnisse kannte ich nicht, da war bei mir nichts »abzuschöpfen«. Aber »Dienste« sehen das ganz anders, die wollen i m m e r a l l e s wissen. Nein, zur Spionage eigne ich mich nicht.

Klaus Feld:
Sind Sie nie von Mitarbeitern der StäV oder einem ihrer Gäste auf militärische Aktivitäten der Russen und der NVA angesprochen worden? In Ihrer Heimat, in Waren an der Müritz, hatten die Russen auch Raketen stationiert. Und dazu kommt, dass der Nachfolger von Dr. Manfred Ackermann (1981–86 Leiter Referat Politische Analyse/Innenpolitik in der StäV, MfS-Code »Aal«), Knut Gröndahl (Leiter des Referats 1986–88 und DDR-Spion), nach dem Mauerfall als Agent der Stasi zu einer mehrjährigen Freiheitsstrafe verurteilt wurde.

Berndt Seite:
Mich hat niemand angesprochen, obwohl ich einige Male von den Raketen erzählte, die wir in einer Nacht auf dem Marsch erlebt hatten. Das war meine einzige Begegnung mit militärischem Gerät zu DDR-Zeiten. Gröndahl war nie in Walow. Seine Frau klagte immer über die vielen Überstunden, die in seiner Dienststelle anfielen. Vermutlich übermittelte er nach Feierabend dem MfS die Erkenntnisse des Tages. Aber die Stasi war überzeugt, dass ich von »denen abgeschöpft« wurde.

Klaus Feld:
Zu Ackermann und seiner Frau hatten Ihre Frau und Sie ein fast freundschaftliches Verhältnis. Die Stasi bezeichnete ihn als besonders gefährlich. Ein Militärspion. Hatten Sie diesen Eindruck?

Berndt Seite:
Wir kennen beide nur als kulturell sehr interessierte Menschen. Sie waren pausenlos »in Sachen Kultur« unterwegs. Das MfS vermutete, dass sie das nur als Vorwand benutzten, um ihrer Spitzeltätigkeit nachzugehen. Er hat wenig über seine dienstlichen Angelegenheiten gesprochen. Als ich ihn einmal auf die »Freikaufpraxis« von Gefangenen der DDR durch die Bundesregierung ansprach, ließ er sich mit keinem Wort darauf ein. Nach dem Mauerfall hat er durch seine Kenntnisse vom Zustand der Museen und verschiedenen kulturellen Einrichtungen in der DDR als Abteilungsleiter im Bundesinnenministerium des Inneren den neuen Bundesländern sehr geholfen. Uns in Mecklenburg-Vorpommern ließ er auch Bücherbusse zur Verfügung stellen; und sehr erfolgreich für das

Land verhandelte seine Abteilung, damit Teile von Ernst Barlachs Nachlass nach Güstrow kamen. In den anderen »Neuen Bundesländern« handelte er ähnlich. Ob er in der StäV auch mit militärischen Kenntnissen hantierte, weiß ich nicht. Möglich ist vieles.

Klaus Feld:
Sie stellen ihm ein gutes Zeugnis aus?

Berndt Seite:
Warum nicht? Er war immer darauf bedacht, uns nie zu einer offiziellen Veranstaltung der StäV einzuladen. Vermutlich wusste er, warum.

Klaus Feld:
Nach dem Mauerfall haben Sie wegen Ihrer Reise in die USA noch richtig »Ärger bekommen«?

Berndt Seite:
Ja, das habe ich bereits in einem meiner Bücher beschrieben. Das war ein Machtkampf mit allen Mitteln, die in der Politik zum Einsatz kamen, nur die Pistolen fehlten.

Klaus Feld:
So dramatisch haben Sie es empfunden?

Berndt Seite:
In den Parteien geht es bei der Machtfrage richtig zur Sache. Ich spreche von der CDU. Von den anderen Parteien weiß ich es nicht.

Klaus Feld:
Und Frau Merkel?

Berndt Seite:
Sie hat Helmut Kohl und sein Umfeld studiert und war eine aufmerksame Zuhörerin. Seit 1993 war sie Landesvorsitzende der CDU in Mecklenburg-Vorpommern. Wer politisch höher steigen will, muss seine Machtbasis verbreitern.

Klaus Feld:
Durch Ihre Verbindung zur StäV bekamen Sie dann Ärger. Abgeordnete Ihrer CDU-Fraktion fragten skeptisch nach, wie diese Verbindung überhaupt möglich war. Mit solchen Fragen hatten Sie nach dem Mauerfall nicht gerechnet?

Berndt Seite:
Nein. Das geschah mit dem Vorwurf, ich hätte in der DDR auch mit westlichen Geheimdiensten zu tun gehabt, was aber nicht zutraf. Wenn Sie dieses auch als arrogant verbuchen wollen: Was wussten Leute in der CDU-Fraktion, die in der DDR weder in einer Gruppe noch im kirchlichem Umfeld mitgearbeitet hatten oder sonst kaum kritisch gegenüber dem System aufgetreten, also in ihrer Nische verharrt waren, von Menschen, die anders dachten und handelten? Wenig oder gar nichts. Erst als die Gefahr vorüber war, begannen sie mitzuarbeiten. Das kann ich auch verstehen, aber dann sollten sie nicht solche Vorwürfe erheben. Ganz deutlich wurde das bei der katholischen Kirche, die bei den politischen Auseinandersetzungen in der DDR kaum in Erscheinung trat. Erst nach dem Mauerfall trat sie personell in voller Mannschaftsstärke an.

Klaus Feld:
Was ist aus Ihren Bekannten und Freunden aus der DDR-Zeit geworden?

Berndt Seite:
Wenige sind geblieben, viele gehen jetzt andere Wege. Es sind die bekannten »Abschnittsfreundschaften«. Ändern sich die Rahmenbedingungen, dann verschieben sich die Interessen und es gibt neue Begleiter. So ist das Leben, und es ist nicht einmal schlecht.

Die Disziplinierung durch die Offiziere des MfS in Klink

Klaus Feld:
1988 meldete sich das MfS bei Ihnen wieder. Jetzt traten gleich zwei hohe Chargen aus Neubrandenburg auf. Waren Sie nicht überrascht, als sie vor der Tür standen?

Berndt Seite:
Erwartet hatte ich sie nicht, aber an sie gedacht. Es ist wie mit einer Niederlage, man verdrängt und legt sie ab in die geheimnisumwitterte Kammer, von der die Frau von Thomas Mann sprach. Nun tauchte die Stasi aus meinen Albträumen in der Wirklichkeit auf. Als ich nach Hause kam, erzählte mir meine Frau, dass ein Mann von der Stasi dagewesen sei, der mich sprechen wollte und einen »Präsent-20-Anzug« getragen hätte. Ohne dass ich ihn gesehen hatte, wusste ich wie er aussah, denn der leicht glitzernde Anzugstoff war ein Markenzeichen der DDR-Leichtindustrie. Merkwürdig, dass ich mir das gemerkt habe, aber an das Gesicht des Mannes kann ich mich nicht erinnern.

Klaus Feld:
Und wie haben Sie reagiert, denn Sie wollten doch »mit denen« nie wieder etwas zu tun haben?

Berndt Seite:
Ich habe von dem Anwerbeversuch erzählt, von der damaligen schwierigen Situation, in der wir uns befanden. In solchen Situationen sagt man das oft spontan, um einen Befreiungsschlag zu landen. Ich wollte auch jetzt keinen Kontakt zum MfS haben, aber die Situation hatte sich verändert. Die DDR befand sich in der Defensive, denn es ging ihr wirtschaftlich schlecht. Die Ausreisewelle rollte und setzte die DDR politisch erheblich unter Druck. Wir kommen an dem Gespräch nicht vorbei, früher oder später wird es doch stattfinden müssen, sagten wir uns.

Klaus Feld:
Sie haben also »klein beigegeben«?

Berndt Seite:
Ja, so betrachtet stimmt es. Ganz wohl war mir wieder nicht beim Gedanken an das Gespräch, aber ich legte mir eine Strategie zu recht, um nicht überrumpelt zu werden. Eines wollte ich auf keinen Fall: mich konspirativ verhalten.

Klaus Feld:
Konspirativ heißt, ohne Zeugen und an einem verschwiegenen Ort?

Berndt Seite:
Ja, das wollte ich nicht. Nachdem ich zugesagt hatte, telefonierte ich mit Landesbischof Stier. Damit gab es schon einen Mitwisser. Dem Bischof erzählte ich von dem »Anliegen« des MfS. Er bat um einen Rückruf nach dem Gespräch. Um die »staatliche Ebene« einzubinden, stellte ich telefonisch den Antrag, mit dem Dienst-PKW zu einem Gespräch mit Mitarbeitern der Staatssicherheit nach Klink, in den Nachbarkreis, fahren zu dürfen. Damit wurde das Gesprächsangebot noch transparenter und die Abhörprotokolle der Telefonüberwachung (Abt. 26) verzeichnen das akribisch.

Klaus Feld:
Sie haben sich bei dem Gesprächsangebot taktisch verhalten wie ein Profi in heutigen Filmen?

Berndt Seite:
Die Wirklichkeit sieht anders aus, denn TV-Geräte können sie abstellen. Hier ging es um mehr, und ich wusste nicht, wie die Sache ausgehen würde. Wohl war mir nicht, als ich am 8. April 1988 nach Klink fuhr. Und dann haben sich die Männer doch noch konspirativ verhalten – die können nicht anders! Sie bestellten mich zum Eingang der Urlaubersiedlung in Klink, an einem Abreisetag, als die »Urlauber« (damals hießen die Touristen so) in Wellen aus der Tür gespült wurden, sodass ich die Stasi Leute nicht ausmachen konnte; wie auch, ich kannte sie nicht. Plötzlich standen sie

neben mir. Das war nun wirklich eine Filmszene. Bestimmt gehörte so ein Auftritt zu ihrer Ausbildung.

Klaus Feld:
Und dann unterhielten Sie sich im Foyer des Hauptgebäudes?

Berndt Seite:
Nein, wir trafen uns im Weinkeller vom Schloss Klink, den ich schon von unseren Festen kannte, die von der Stasi damals misstrauisch beäugt wurden. Den Keller hatte ich in guter Erinnerung, aber jetzt fand ich das gar nicht mehr lustig. Meine »Gastgeber« waren zwei Offiziere. Der Wortführer stellte sich als Oberst Dr. Fischer vor und erzählte, dass wir zur gleichen Zeit an der Humboldt-Universität in Berlin studiert hätten, was wieder eine faustdicke Lüge war, wie sich nach dem Mauerfall herausstellte. Schön, sagte ich, aber ich kann mich nicht erinnern. Der andere war ein Oberstleutnant und saß etwas entfernt von mir. Er war der »Helfer«. In seiner dicken Tasche, die er auf dem Tisch abgestellt hatte, befand sich das Tonbandgerät, wie wir heute wissen. Der Oberst Fischer, mit bürgerlichem Namen hieß er Dr. Fischhaber, war der Wortführer. Promoviert hatte er an der Hochschule des MfS in Potsdam. Der andere, Oberstleutnant Stephan Roahl, sollte später zu Höherem (Sprecher des MfS) berufen werden.

Klaus Feld:
Und dann war das Gespräch darauf angelegt, Sie zu disziplinieren, Ihnen Angst zu machen, Sie nachdrücklich zu verwarnen?

Berndt Seite:
Ja, von jedem etwas. Das 22-seitige Protokoll vom 18.4.1988 liegt vor, denn ihr Tonband lief störungsfrei. Heute ist es ein Zeitdokument aus der Schlusskurve des Untergangs der DDR. Das ist mein »Eckermann«, wie Erich Loest schreibt, mein Erinnerungspaket, auf dem ich bis zu meinem Lebensende sitzen werde. Hoffentlich trägt man es später nicht ins Pfandhaus oder auf die Mülldeponie. Die Staatssicherheit muss schon damals, also ein Jahr vor dem Fall der Mauer, geahnt haben, dass die Probleme für sie größer wurden. Besonders der »Toningenieur«, Oberstleutnant Roahl, hatte nur die allgemeine, phraseologische Dogmatik mit den alten Kampfparolen parat. Fischhaber war vorsichtiger.

Klaus Feld:
Angeblicher Auslöser für das Gespräch war eine Beschwerde gegenüber der stellvertretenden Vorsitzenden der Abteilung Inneres beim Rat des Kreises Röbel, Elke Klein. Sie erzählten ihr, dass Sie in Berlin von Mitarbeitern des MfS fotografiert worden seien.

Berndt Seite:
Das war nur ein vorgetäuschter Anlass. Aus den Maßnahmeplänen geht hervor, dass die Stasi schon viel früher die Absicht hatte, mich von »oberer Stelle« aus zu disziplinieren. Das Gespräch mit Frau Klein war nur vorgeschoben. Das Ministerium für Staatssicherheit fungierte wie ein Staat im Staat, selbst vielen SED-Funktionären war das MfS mit seinen undurchsichtigen Handlungen suspekt. In Diktaturen gibt es kein Vertrauen, sondern das Misstrauen ist ein Teil der Systemdoktrin, ein Schutzmechanismus gegen den Klassenfeind. Die Geschichte des Stalinismus ist das beste Beispiel. Nach dem Gespräch mit den Stasi-Offizieren in Klink habe ich Frau Klein von der Abteilung Inneres bei einem »Tag der Begegnung« in der LPG Kogel gefragt, warum sie denen von unserem letzten Gespräch berichtet hat. Das fanden ihre Genossen gar nicht gut.

Klaus Feld:
Die MfS-Offiziere fuhren zu Beginn des Gesprächs gleich schweres Geschütz auf?

Berndt Seite:
Der Oberst war ungehalten, natürlich gespielt, als ich ihm mitteilte – was er bereits über mein abgehörtes Gespräch wusste –, dass ich den Bischof über das bevorstehende Treffen unterrichtet habe. Fischhaber sagte, er wusste gar nicht, dass es so eine Regelung bei der Kirche gäbe. Die gibt es auch nicht, antwortete ich. Wir sind evangelisch. Zwischen uns und Gott steht nur wenig, da gibt es keine Zentrale wie in Rom. Wir nehmen uns die Freiheit, die uns Luther gegeben hat. Durch das »allgemeine Priestertum aller Gläubigen«

KD Röbel   Röbel, 1o. Juni 1988

OV "Sanddorn"

Reaktion des Dr. Seite auf die operative Gesprächsführung

Am heutigen Tage informierte die Genn. Klein, daß sie am
9.6.88 beim operativen Einsatz des Rates des Kreises Röbel
in der LPG (T) Kogel angesprochen wurde von Dr. Seite.
Seite kam etwas ungehalten auf Genn. Klein zu mit den Worten:
daß man zwar selten miteinander reden kann, jedoch voneinander hören.
Auf die Frage der Genn. Klein, wie Seite das meine, sagte Seite,
daß sie Gesprächsinhalte nicht gleich zur Staatssicherheit
tragen brauche, denn seine letzte Mitteilung wurde durch
die Staatssicherheit zum Anlaß genommen, mit ihm ein Gespräch zu führen. Darüber sei er sehr verwundert gewesen.
Auf die Frage der Genn. Klein, ob denn nun alles geklärt
sei, sagte Seite; daß auch mit einem solchen Gespräch sein
Standpunkt nicht verändert werden könne. Er betrachtete
den vorgegebenen Anlaß für das Gespräch mit ihm nur als
einen Vorwand, man hätte sich nach seiner Ansicht etwas anderes
einfallen lassen können, denn das, was er zur Genn. Klein
gesagt hätte, habe ja die vergangene Zeit nicht nur einmal
bestätigt. Man brauchte nicht so zu tun, als ob man keine
Menschen kontrolliere und beobachte. Seite wandte sich dann
ab und ließ die Genn. Klein einfach stehen.

                                            Stellv. KD-Leiter

                                            Scheel
                                            Major

sind wir befähigt, für unser Handeln selbst einzustehen. Das kann uns auch kein Bischof abnehmen.

Klaus Feld:
Und dann schoben die Stasi-Mitarbeiter eine dreiste Lüge hinterher?

Berndt Seite:
Oberst Dr. Fischer (Fischhaber) erklärte, wir möchten erst einmal definitiv feststellen, dass Sie weder von uns fotografiert, beobachtet noch kontrolliert wurden. Ich nahm ihnen diese Aussage nicht ab und sagte ihnen das auch. Fischhaber hielt dann einen langen Monolog; ich hinge Klischeevorstellungen an und reagiere auf gewisse Dinge übersensibel, wenn ich mich über die (von ihm geleugnete) Beschattung beschwere. Danach drohte er mir, indem er sagte, »*seit Voltaire sind die Gedanken frei, was das Strafrecht angeht, aber unser Gesetz, der Staat schützt sich vor Konterrevolution mit Straftatbeständen. Da treten wir in Aktion. Wir erlauben uns also, Herr Dr. Seite, uns ein Urteil über bestimmte Vorgänge zu bilden und auch in diesen Fragen kompetent zu sein.*«

Klaus Feld:
Das war deutlich. Eine unverhohlene Drohung. Oder wie sehen Sie das?

Berndt Seite:
Ich hatte nichts anderes erwartet, außerdem war mir nicht wohl, bei ihnen im Keller zu sitzen. Die Stasi-Leute befanden sich auf der Jagd. Im »normalen Diktaturleben« geht die Macht auf Katzenpfoten, listig und fein, aber hier drohten sie mir mit einer Meute Wölfe, weil ich nicht kleinlaut nach Ausreden suchte, sondern ihren Vorhaltungen standhielt. Ich schwamm im System der DDR mit Gleichgesinnten in einer anderen Strömung, aber die Stasi beanspruchte den gesamten Fluss. Das MfS gehörte zu den Statthaltern des Systems, das sie mit allen Mitteln verteidigen wollten. Diese Verteidiger aber saßen in einer Instinktfalle, denn ihre Meinung würden sie nie ändern. Trotz meiner Furcht, von den Stasi Leuten mehr als nur bedroht zu werden, hatte ich ein gutes Gewissen. Die Offiziere jedoch besaßen bei ihren Handlungen nicht einmal ein schlechtes Gewissen, weil sie kein Gewissen hatten. Ein Gewissen zu haben bedeutet, sich der Folgen des eigenen Handelns bewusst zu sein.

Klaus Feld:
Worauf bezog sich Ihr gutes Gewissen?

Berndt Seite:
Meine Frau und ich versuchten ständig, den beruflichen Anforderungen gerecht zu werden, noch besser als die anderen Kollegen zu sein. Das war schwierig genug, weil wir ein merkwürdiges Gefühl hatten, dass irgendetwas mit uns geschieht, daher durften wir uns beruflich überhaupt keinen Fehler leisten. Und da lagen wir richtig, wie die Akten es offenlegten. Ich war in keiner Weise nachrichtendienstlich tätig. Als Synodaler fühlte ich mich auch für das Wohlergehen unserer Gemeindeglieder zuständig. Für meine Familie nahm ich in Anspruch, uns nicht durch die Funktionäre ausgrenzen zu lassen. Wir wollten uns innerhalb der geschlossenen Gesellschaft der DDR Freiräume schaffen, wie es uns die Schlussakte von Helsinki zugestand. Es ist ein schönes Gefühl, auf dem Weg zur Freiheit zu sein, manchmal schöner, als dann die Freiheit zu besitzen.

Klaus Feld:
Dann waren die Offiziere des MfS laut Protokoll auch sehr »fürsorglich« Ihnen gegenüber?

Berndt Seite:
Oberst Fischhaber berief sich auf den »Humanismus des MfS«. Eine schamlose Infamie! Man muss wissen, als »humanistisch« galten dem System alle seine Maßnahmen. Der Strafvollzug war humanistisch, die Grenzen zum »Klassenfeind« waren es auch, denn sie garantierten den Bürgern, in Frieden und in Sicherheit arbeiten und leben zu können. Dieser »Humanismus-Katalog« ließ sich beliebig fortsetzen. Und die Stasi trüge dafür Sorge, dass »*ein engagierter Tierarzt des Kreises Röbel/Müritz nicht auf Abwege gerate in strafrechtlichem Sinne. Das MfS würde versuchen, rechtzeitig Schaden von dem Bürger abzuwenden. Also echt Prophylaxe zu betreiben, jawohl, so treten wir an*«, erklärte der Oberst.

Klaus Feld:
Da kam der treusorgende Staat, dem nur das Wohlergehen seiner Bürger am Herzen lag, auf Sie zu, um Sie wie eine Glucke unter seine schützenden Flügel zu nehmen, aber Sie wollten nicht. Waren Sie undankbar?

Berndt Seite:
Natürlich war ich das in ihrem Sinne, denn unter schweren Flügeln kann man auch erdrückt werden. Dankbarkeit ist keine politische Kategorie. Diktaturen leben in der Vorstellung, immer richtig zu handeln. Nur Demokraten wissen in der politischen Auseinandersetzung innerhalb der Gesellschaft, dass es keine Dankbarkeit gibt. Das verleiht der Demokratie Stärke, manchmal auch Hilflosigkeit. Außerdem ist die Fürsorge in einer Diktatur nur gespielt, ihr geht es nur um die Machterhaltung.

Klaus Feld:
Sie haben auf dem Hintergrund der Aussage vom »treusorgenden Staat« gesagt, die Offiziere des MfS sollten die Bürger nicht immer als unmündige Kinder behandeln?

Berndt Seite:
In so einem Gespräch will man nicht in die Defensive geraten, denn der Gesprächspartner ist Ihnen nicht wohlgesinnt. Ich habe dann von den Erlebnissen meiner Familie in den Jahren nach 1945 in der SBZ (Sowjetische Besatzungszone) erzählt: *»Das war eine böse Zeit, als GPU und NKWD nach Gutdünken handelten. Nie wieder sollte es solche Zustände in einem zivilisierten Land geben. Seit der ›Helsinki-Akte‹ zeichnet sich ab, dass die Gesellschaft offener geworden ist. Diese Offenheit brauchen wir, um die Probleme der Zukunft zu lösen. Für uns als Kirche sind Gerechtigkeit, Frieden und die Bewahrung der Schöpfung die Themen für die Gegenwart und die Zukunft«*, erklärte ich. Der Oberst antwortete lapidar, das dies eigentlich nicht unser Gesprächsthema sei.

Klaus Feld:
Und dann sagten Sie: »Nachtigall, ich hör dir trapsen.« Was war geschehen?

Berndt Seite:
Darauf hatte ich gewartet, als der Oberst von der StäV zu reden begann. Da ließ er die »Katze aus dem Sack«. Darum hatten sie mich einbestellt! Na ja, dann ist mir das mit der Nachtigall so herausgerutscht, denn manchmal redet man auch mehr, als man verantworten kann. Das war nicht gut, denn vielleicht fühlten sich die Stasi-Leute dadurch provoziert und schlugen danach eine schärfere Gangart an.

Klaus Feld:
Die Offiziere vom MfS haben sich nur auf einen Punkt konzentriert: Ihre Beziehungen zum Objekt 499, also die StäV in Berlin?

Berndt Seite:
Ja, das war der Anlass, um mich in diesem Gespräch zu disziplinieren, mir zu drohen. Es begann harmlos, aber ich war sehr angespannt, wie auf dem Sprung, um der Gefahr zu entgehen. Ich wusste, hier sind Leute unterwegs wie ein Rudel Afrikanischer Wildhunde mit knurrendem Magen. Zuerst stellten sie Betrachtungen über den Diplomatischen Dienst an. Zähle man die Mitarbeiter der westlichen Botschaften zusammen, dann komme schon von deren Anzahl her ein erhebliches Risiko auf den Staat zu. Botschaften sind vorrangig Agentennester. Aha, dachte ich, ihr sprecht aus Erfahrung! Es war eine kleine Lehrstunde für mich: Wer ist wer in einer Botschaft, wo wohnen sie, mit welchen Menschen verkehren sie und welche Maßnahmen muss man ergreifen, um Schaden von der Republik fernzuhalten. Sie zeigten mir den Platz in ihrer Manege, das Podest, auf dem ich »Männchen« zu machen hatte.

Klaus Feld:
War das alles?

Berndt Seite:
Nein, die Menschen werden in Diktaturen immer von den Mächtigen belehrt. Der Chef der Diktatur ist der oberste Lehrer, der alles weiß und als unfehlbar gilt. Das Volk ist sein Schüler. Stalin habe ich auch als »Lehrer« erlebt. Er saß bei unseren Pioniernachmittagen Anfang der 50er-Jahre virtuell im »Ehrenpräsidium«, flankiert von Mao und den anderen Volksverderbern.

In Russland ist es jetzt Putin, der alles weiß. Die Belehrungen wurden dann an andere Institutionen weitergegeben, in der DDR besonders an die Verkehrspolizei, die andauernd belehrte. *»Bürger, was haben Sie verkehrt gemacht?«*, war deren Standardfrage. Vor jeder angeordneten Tätigkeit wurde auch belehrt. Der Oberst sagte, ich sollte ihre Worte als Kritik auffassen, p r i v a t ausgesprochen und v e r t r a u e n s v o l l , mehr nicht. *»Sie sind engagiert hier, wollen Veränderungen erreichen, was wir alle wollen … (Was für eine Lüge!). Suchen Sie sich dabei die richtigen Verbündeten aus?«*, fragte er. Nein, er könne sich andere Gesprächspartner vorstellen, da gebe es kompetentere, fügte er noch hinzu.

Klaus Feld:
Das war mehr als eine Belehrung, aber der wollten Sie nicht folgen?

Berndt Seite:
Inzwischen hatte ich wieder Mut gefasst und wies das Ansinnen der Stasi-Offiziere zurück. Die privaten Kontakte zu den Mitarbeitern der StäV, ebenso die Auslandreisen im Auftrag der Kirche, würden unseren Horizont erweitern. Meine Familie und ich leben in dieser Gesellschaft und wollen sie auch nicht verlassen. Warum sollten die Kontakte zu den Mitarbeitern der StäV uns verunsichern, da wir doch eine eigene Meinung haben? Seit Helsinki ist uns der freie Gedankenaustausch garantiert und für uns etwas ganz Normales. Wir nehmen dieses Angebot in Anspruch, und nicht nur ausgesuchten, staatlich legitimierten Menschen steht das zu, sondern ab sofort allen Bürgern. Mir ist nicht bekannt, dass ich damit gegen Paragrafen des Strafgesetzbuches verstoße, erklärte ich.

Klaus Feld:
Wie reagierten die Offiziere darauf?

Berndt Seite:
Da hatte ich ihnen eine gute Vorlage geliefert. Später ärgerte ich mich darüber, denn jetzt konnten sie mir noch einmal ihre »scharfen Instrumente« zeigen. Das MfS wäre peinlich darauf bedacht, so erklärten sie, die Gesetze zu beachten und einzuhalten. Schließlich seien sie keine Alleinherrscher in der Gesellschaft, sondern es bedürfe immer eines Haftrichters, der die Beweislage genau prüfe. Ich wies sie auf die dehnbaren Paragrafen des Strafgesetzbuches hin, und mit den §§ 99 (Landesverräterische Nachrichtenübermittlung) und 1oo (Landesverräterische Agententätigkeit) könne jeder Staatsanwalt sehr schnell tätig werden.

Klaus Feld:
Da haben Sie sich aber weit vorgewagt.

Berndt Seite:
Es war die Dreistigkeit ihrer Lüge, die meinen Widerspruch reizte. Und am Ende des Gesprächs sagte Fischhaber, das Recht sei immer so anzuwenden, wie die gesellschaftliche Entwicklung sei, und es werde immer ein Klassenrecht bleiben. Da war es wieder: Helsinki war für sie nur Makulatur. Sie dachten nicht daran, Veränderungen zuzulassen, denn sie wussten, dass dies ihren Untergang besiegeln würde. Das freie Wort ist tödlich für Diktaturen.

Klaus Feld:
In mehreren »Maßnahmeplänen«, um Sie als Feind strafrechtlich zur Verantwortung ziehen zu können, taucht das Ziel auf, Sie *»wieder zurückzuholen«*. Heißt dass, Sie wieder in den »Schoß der Gesellschaft« heimzuholen, den abtrünnigen, verlorenen Sohn Berndt Seite wieder auf einen rechten Weg zu führen?

Berndt Seite:
Besonders nach dem 17. Juni 1953, als die SED fast die Macht verloren hätte, versuchte sie noch, »Überzeugungsarbeit« zu leisten und die Menschen in Diskussionen von ihrem politischen Weg zu überzeugen. Die meisten Menschen blieben skeptisch und vielfach antikommunistisch eingestellt. Die Fluchtwelle bis zum 13. August 1961 legt davon ein beredtes Zeugnis ab.

Klaus Feld:
Wie haben Sie dieses Gespräch im Nachhinein verkraftet? Es war doch nicht einfach für Sie, in so einen Schlagabtausch zu geraten?

Berndt Seite:
Ich fühlte, dass ich einen entscheidenden Tag bestanden hatte, obwohl ich einen Fehler gemacht hatte,

Abteilung II   Neubrandenburg, 10. 4. 88

Tonbandabschrift

Protokoll
des Gespräches mit Doktor Seite am 8. April 1988 von 10.00 Uhr
bis 11.36 Uhr im Schloß Klink

Oberst:

Entschuldigen Sie bitte für das überfallartige Gespräch.
Das war meinerseits weder geplant noch konzipiert.
Wir haben nur vor, miteinander zu sprechen.
... sind daran interessiert, das Gespräch vertrauensvoll
... offen und ehrlich zu gestalten.
Noch eine Vorbemerkung. Es soll ein Gespräch werden und
wir bedanken uns, daß es zu diesem gekommen ist.
Es ist weder eine Vorladung noch eine Sache, wo der eine
dem anderen irgendwelche Vorhaltungen macht.
Über dieses Gespräch haben wir auch niemanden informiert,
weder kreisliche noch bezirkliche Stellen, Ihre Vorgesetzten usw.
Wir haben auch nicht vor, über dieses Gespräch jemanden
zu informieren.
Sind Sie dazu verpflichtet, steht Ihnen das natürlich
frei.

Doktor:

Ich habe meinen Bischof über dieses Gespräch informiert,
daß wir dieses Gespräch führen werden. Das mach ich
eigentlich, weil wir einen ziemlich guten Kontakt haben.
So werde ich das auch halten. Das ist aber alles vertraulich.

Oberst:

Dann würden wir darum bitten, den Bischof auch über das
heutige Gespräch zu informieren.
Ich habe aber eine Bitte, ihn so zu informieren, wie das
Gespräch real sich zugetragen hat.

Doktor:

Ich werde ihn darüber informieren, nicht geschminkt und
verschönigt.

Oberst:

Ausgangspunkt ist eigentlich der; die Genossin Klein, Stellv.
für Inneres im Rat des Kreises, hatte ein Gespräch mit Ihnen, wo
es auch um Vertrauen ging.

Alle anderen von diesen Grundsätzen abweichenden Gesprächsinhalte würde "Sanddorn" sehr wahrscheinlich als Versuch werten, mit ihm wegen seiner kirchlichen Anbindung ins Gespräch zu kommen. Seine Reaktion wäre dann analog wie beim 1. Kontaktierungsversuch (siehe Anlage).

- Als günstig erscheint, mit "Sanddorn" ein <u>offenes</u> und <u>vertrauliches</u> Gespräch analog wie mit "Biologe" zu führen, in dem ihm "unsere" Position zu seiner Person und seinen Aktivitäten (Kirchenfragen ausgeklammert) offeriert wird.

Für die Durchführung eines solchen Gespräches sprechen u. a. folgende Momente:

- Zu "Sanddorn" bestand bereits Kontakt, der anfänglich nicht ungünstig verlief.

- Er ist für "Offenheit" und "Direktheit" und würde die Form eines solchen Gespräches sicherlich begrüßen.

- Er liebt allgemein Gespräche mit "gleichwertigen" (intellektuellen) Gesprächspartnern, aus denen er schöpfen kann.

- Zeigt auch ein gewisses Maß an Eitelkeit, will sich bestätigt fühlen. Es hat auch den Anschein, daß er an "guten Beziehungen" im Bezirk, die ihm persönlich dienlich sein können, nicht uninteressiert ist.

- Hat Klischeevorstellung von der Arbeit des MfS, spricht am Telefon offen von Abhörmaßnahmen bei seinen Telefonaten. (Insgesamt hat er wohl zu uns ein negatives Bild. Wenn es gelingt, dieses Bild in ein reales umzukehren, dürfte er weiteren Kontakten mit dem MfS nicht ablehnend gegenüberstehen. Er ist der Meinung, daß er sich als Tierarzt keinen Fehler erlauben kann, darauf würde das MfS nur warten.

Dust
Major

<u>Zusatz:</u>
- Ist davon überzeugt, daß das MfS Kenntnis von seinen Beziehungen zu 499 hat und ihn deshalb auch kontrolliert. Ein Gespräch mit ihm, das dazu von uns aus noch als offen/vertrauensvoll angepriesen wird, und in dem das MfS kein Wort zu den Kontakten zu 499 sagt, würde er im Nachhinein sicherlich mit Skepsis werten.
Ein avisiertes Gespräch würde er auch vorrangig unter diesen Gesichtspunkten sehen, nämlich wegen besagter Kontakte

meine Frau nicht als Zeugin mitzunehmen, denn dann wäre vieles leichter gewesen. So eine direkte Konfrontation hatte ich nicht erwartet, und als ich dann erkannte, dass alle Fäden der Disziplinierung bei der Stasi zusammenliefen, kam ich mir etwas verloren vor. Der Gegner erschien mir noch übermächtiger zu sein. Aber dann erwachte meine Kampfeslust wieder, und bei der nächsten Gelegenheit fragte ich meine Gesprächspartnerin von der Abteilung Inneres des Rates des Kreises Röbel/Müritz, warum sie Gesprächsinhalte an das MfS weiterleite.

Klaus Feld:
Und das wertete die Staatsmacht als Angriff?

Berndt Seite:
Ja. Das hatten die Genossen nicht erwartet – und vergessen hätten sie es auch nicht, wäre die Mauer nicht gefallen.

Die Telefonüberwachung

Klaus Feld:
Das MfS und die »Staatlichen Organe« versuchten Sie in Gesprächen zu disziplinieren, Sie zu verfolgen und ließen Berichte von IM erstellen. Zusätzlich wurde Ihr Telefon abgehört und die Post kontrolliert. War es nicht unvorsichtig von Ihnen, am Telefon so offen zu reden, wie Sie es taten?

Berndt Seite:
Am Anfang vermuteten wir nicht, abgehört zu werden. Dazu kam unsere Haltung, nicht ständig in einer Gefahrensituation leben zu wollen. Das hält kein Mensch aus, es sei denn, man betreibt Spionage. Die Staatssicherheit wollte uns hetzen wie das Wild, damit wir die Orientierung verlören und uns Fehler unterliefen. So außer Atem und ständig unter Druck, konnte man uns leichter zur Strecke bringen. Gut, dass wir so wenig von ihren Maßnahmen wussten.

Klaus Feld:
Sie haben also ganz normal telefoniert?

Berndt Seite:
Unser Beruf brachte es mit sich, dass wir viel telefonierten. Aber Telefonate mit Freunden fanden auch immer in einer bestimmten Stimmungslage statt. Waren wir wieder einmal niedergeschlagen, weil das System an diesem Tag wieder die ideologischen Daumenschrauben angezogen hatte, war unsere Sprache gedrückt und die Depression lauerte ganz in der Nähe. Dann flüchteten wir uns oft in Ironie und Weltuntergangsstimmung. An anderen Tagen freuten wir uns, wenn »die Genossen« wieder einmal am Rand einer Niederlage standen, dann war unser Ton gelöster und freudiger. Das war alles nicht weltbewegend, aber Unterdrückte und Geduckte sind schon mit kleinen Erfolgserlebnissen zufrieden. Der Witz ist dann die stärkste Waffe. Witz kommt von Wissen und ist damit eine Lebensweisheit, die sich über die verordneten Grenzen hinwegsetzt. Kommt der Witz zum Einsatz, ist er wie ein fein geschliffenes Schwert, das tiefe, blutende Wunden schlägt. Es muss doch zu denken geben, dass in Demokratien politische Witze Mangelware sind.

Klaus Feld:
Es fällt bei den Abhörprotokollen der »Abt. 26« (Telefon) und der »Abt. M« (Briefverkehr) des MfS auf, dass Ihre Frau und Sie, dann auch die Kinder, ziemlich offen über die Zustände in der DDR geredet und geschrieben haben. Manchmal fielen auch Kraftausdrücke. Als Ihr Sohn bei der NVA war und vor dem 13. August 1989 keinen Ausgang erhielt, sagte er: »Sie haben Angst, dass ich nach Berlin fahre und an die Mauer pisse«, worauf Ihre Frau meinte: »Den Arschlöchern gehört

nur eins in die Fresse.« Und dann gibt es Aufzeichnungen, wo Sie, Herr Seite, den Untergang des real existierenden Sozialismus prophezeien. Sie sprechen von einem Gräuel, bis zu Ihrem Lebensende in diesem Staat zu leben.

Berndt Seite:
Ja, für solche Aussagen gab es einen bestimmten Anlass oder sie waren einer bestimmten Stimmungslage geschuldet, wie meine Frau schon erzählte. Hörten wir, dass wieder einer unserer Bekannten oder Freunde das Land verlassen hatte oder ein anderer seit einem Fluchtversuch im Gefängnis saß, dann fragten wir uns auch wieder, warum wir noch nicht gegangen waren. Bitterer Humor stellte sich ein, davon habe ich schon gesprochen. Nicht umsonst spricht man vom Galgenhumor, denn Sie stehen mit Ihren Freunden auch unter diesem Ausleger und der Strick baumelt vor Ihrem Gesicht. Wer so dachte und sich bewegte, der lebte in einem ständigen Wechselbad der Gefühle. Andere Menschen versuchten, sich eine blumenhafte, intime, träumerische und private Umgebung zu schaffen, um in diesem Teufelskreis nicht unterzugehen. Andere wurden krank, weil sie dem Druck und der Erpressung nicht standhielten. Trotz aller Zweifel und der Furcht vor der Stasi glaubten wir, uns privat in einem geschützten Raum zu bewegen. Falsch! Öffentlich benahmen wir uns wie alle dressierten DDR-Bürger. Um nicht aufzufallen, gab es standardisierte Ausreden. Eine zündende war: »*Wir sind doch alle für den Frieden.*« Dieses taktische Verhalten erlernt man in Diktaturen. So wie Erwachsene ständig den Kindern zurufen: »*Bist du noch zu retten! Guckst zu weit über den Abgrund, das Wasser ist doch dort tief!*« So haben sich die Vorsichtsmaßnahmen tief in unser Inneres eingegraben.

Annemarie Seite:
Ich war von den Erlebnissen im Beruf oft so frustriert, wie das heute neudeutsch heißt, dass ich meinem Ärger dann auch in einem Telefongespräch freien Lauf ließ. Gewiss, das war unklug, aber auch befreiend, denn außerhalb des Hauses gab es keinen Raum dafür. Natürlich habe ich geschimpft und mit Anne Göpfert aus Dresden immer wieder darüber gelacht, wenn sich wieder das Abhörband einschaltete, dieses zeitverzögerte Knacken in der Leitung. Insgesamt wurden

wir von 1983 bis 1989 abgehört. Irgendwann müssen unsere Reaktionen auch dem MfS auf die Nerven gegangen sein, denn vom 21.9.1988 bis zum 21.4.1989 hatten sie aus »Sicherheitsgründen«, wie sie schrieben, die Überwachung eingestellt. Die Stasi wusste, dass wir wussten, was sie taten. Das gefiel ihnen nicht; aber dann wollten sie wieder wie ein Junkie alles wissen, bis sie an der eigenen Droge starben.

Klaus Feld:
Als Sie mit Ihrem Kollegen und Freund Udo Storch aus Lychen am 15.12.1985 telefonierten, hatten Sie fast eine Prophetie an der Hand. Worum ging es?

Berndt Seite:
Es ging wieder einmal um die Großanlagen der Tierhaltung, denen ich einmal in einer Versammlung mit dem Bezirkstierarzt Dr. Hummel unter den DDR-Bedingungen ihr Ende vorausgesagt hatte. Darin werden sie eines Tages Hohlblocksteine produzieren, sagte ich. Das fand er gar nicht lustig. Jetzt im Telefonat waren wir der Meinung, dass die Probleme in solchen Anlagen zu groß und technisch kaum zu beherrschen sind. Das MfS hörte mit und schrieb: »*Storch schätzt ein, in 20 Jahren lachen sie darüber, wenn sie überhaupt noch lachen können in zwanzig Jahren. Seite glaubt, dann ist ihnen das Lachen vergangen.*«

Klaus Feld:
Wie kann ich das deuten?

Berndt Seite:
Wie schon gesagt, ergab sich aus einer bestimmten Situation eine Wertung – denn wir wollten nicht immer in einem dunklen, feuchten und kalten Wald leben, aus dem wir nicht herausfinden –, kam es zu solchen Aussagen. Und dann spricht man sich Mut zu. Es war aber noch immer wie das bekannte Pfeifen im Wald, denn ich glaubte nicht daran, dieses System zu meinen Lebzeiten loszuwerden. Und die Einheit Deutschlands kam in meinen Vorstellungen auch nicht vor, nicht einmal in meinen Träumen. Wenn man bedenkt, dass das Gehirn überall hin Ausflüge unternimmt, die ganze Welt umrundet und nicht einmal vor dem Universum Halt macht, dann ist das sehr bedenklich. Das Ende der Nazi-Diktatur war mir aus den Erzählungen der Eltern

bekannt, und Flucht und Vertreibung habe ich selbst als Kind erlebt, sodass ich mit Schrecken daran dachte, sobald dem Warschauer Pakt so ein Ende drohte. Was würden sie tun? Und dann war ich wieder euphorisch, als ich 1988 zu einem Assistenten sagte, *»Sie werden noch einmal Tierarzt in freier Praxis sein!«* Aber dann verließ mich wieder der Mut, als ich anderen empfahl, das Land zu verlassen, weil sich hier nichts ändern würde.

Klaus Feld:
Und warum hat Ihrer Meinung nach der Warschauer Pakt 1989 tatenlos zugesehen, als das System unterging?

Berndt Seite:
Es wäre auch sein Untergang gewesen. Ich bin sehr dankbar, dass es so nicht gekommen ist, aber deshalb muss ich die Kommunisten nicht loben. Jetzt stehen wir schon wieder vor einer Herausforderung, indem der russische Machthaber beginnt, hemmungslos Land zu rauben, Krieg in der Ostukraine führt, als befände er sich noch im 19./20. Jahrhundert. Am 30. November 1940 überfiel die Sowjetunion Finnland, einfach so, weil sie sich von 4 Millionen Finnen bedroht fühlte! *»Russland stellt heute die europäische Friedensordnung infrage und bricht internationales Recht«* (Merkel). Dem darf man nicht tatenlos zusehen.

Klaus Feld:
Auch Ihre Post wurde lückenlos kontrolliert. Haben Sie davon gewusst?

Annemarie Seite:
Geahnt, mehr nicht. Sie verdrängen das, wenn nicht, dann müssen Sie stumm werden. Die Post zu überwachen war für das MfS einfach, denn in den Postämtern saßen seine Leute. Aus den Briefen und den Telefongesprächen hat die Stasi die meisten Informationen geschöpft und die waren nicht so bedeutend. Das wusste sie auch, daher war sie so erpicht, etwas aus Vieraugengesprächen zu erfahren. Sie verhielt sich wie ein schizophrener, paranoider Sammler von heute.

Abteilung 26
A/3/88/156-158　si
Tgb.-Nr.: 1506

Neubrandenburg, 18. Juli 1988

Dokument ist zu behandeln
gemäß Ziffer 4.5. der VS-Ordnung

KD Röbel
Abteilung XX
Abteilung II

Informationsbericht

Frank **H ö r n i g k** setzt sich mit Bernd Seite in Verbindung und fragt diesen, wann S. mal wieder in Berlin sind. S. erzählt darauf vom geplanten Wochenende.

Es wird im folgenden Gespräch vereinbart, daß S. am 29. 8. 88 die Familie H. besuchen. S. erwähnt, daß er bis 19.9.88 Urlaub hat.
Aus dem Gespräch geht hervor, daß H. damit rechnet, Professor zu werden, so daß sie das dann feiern werden.

14.7.88, 20.38 Uhr

Anne **G ö p f e r t** spricht mit S. Aus einer Äußerung Annes, sie ist der Meinung, das Gespräch wird abgehört, entwickelt sich folgender Dialog.

A.: Ich dachte immer, Ihr seid unwesentliche Personen.
S.: Ne, ich hatte doch ein Grundsatzgespräch mit denen, und die haben gesagt, die brauchen ein Bild von mir - haben sie gesagt.
A.: Echt? Ein personelles oder ein -?
S.: Am 8. April. Naja, über manche Leute machen sie sich ein Bild. Also, sie observieren sie nicht, aber sie machen ein Bild sich.
A.: Von Dir ... kann man sich doch kein Bild machen!
S.: Natürlich! (lachen beide)
A.: Ja, nur einfältige Gemüter brauchen sowas. Ich hab von Dir ein richtiges Bild.

Beide kommen dann abermals auf den geplanten Besuch bei Gansel' zu sprechen, wobei Anne äußert, daß es ihnen "wahnsinnig schwer" wird, morgen zu kommen.

16.12.1985   Bd.-Nr. 110-82

Seite ruft bei ~~Bernd~~ G ö p f e r t an. S. bedankt sich für
die Zeitung, die A n n e geschickt hat, sie haben das auch
sehr aufmerksam gelesen und mit viel Freude. S. berichtet, daß sie
ihn zur Polizei hinbestellt haben, und ihn verwarnt haben. S.
sollte eine Einladung kriegen, die er nie gekriegt hat. S.: "Ich
meine, die hören ja nun zu, das können sie ruhig hören."

Das sollte eine Einladung von einer Gruppe aus Ostberlin sein.
Die wollten Seite einladen und das hat denen nicht gepaßt. Aber
S. hat die Einladung nie bekommen. Es ging über Menschenrechts-
fragen. Da haben sie da gleich so ein präsentives Netz über die
DDR ausgeworfen und haben die Leute alle vergattert. Irgendwie
einer hat wohl die Liste mitgehen lassen und da wußten sie bestens
Bescheid. Jedenfalls war S. mächtig sauer. Das hat er auch diesem
Mann gegenüber zum Ausdruck gebracht. Das ist S. das erste Mal
in seiner ganzen Laufbahn passiert, ihn da vorzuladen, er hatte
noch Urlaub, das war ein Tag vor dem Fest. So blöd kann man ja
wohl nicht sein. "Ich kann ja nicht gleichzeitig in Berlin sein
und zu Haus, die ganze Bude voller Leute. Ich habe denen auch gesagt, irgendwas klappt ja nun wirklich da nicht bei Euch."

KOPIE aus der BStU

Kreisdienststelle Röbel   Röbel, den 26. 09. 1989

Stimmungen und Reaktionen des Dr. Seite zu sogenannten "Aktivgruppen" in der DDR

Gegenüber der Person

    H ö r n i g k , Frank,

Hochschullehrer an der Humboldt-Universität Berlin, äußerte sich Dr. Seite dahingehend, daß S. nicht glauben kann, daß diese Propaganda das Offizielle sein soll. Er (Seite) hat z. B. jetzt den Aufruf zur Neugründung der SPD mit der Unterschrift von vier Leuten mit einer Sperrfrist und dem Aufruf zum Mitmachen ins Haus bekommen. Das ist eine Aktivgruppe, die anstrebt, die SPD in der DDR neu zu gründen. Es werden sich auch noch andere gründen, da ist was im Gange.

H. hält Strukturveränderungen genauso nötig, wie S., aber die SED muß in diesen strukturellen Wandlungen einbezogen werden, anders geht es nicht. Man muß von den Bedingungen ausgehen, die politisch da sind. An allen Dingen vorbei gehen wollen, wäre naiv.

K. kritisiert die Meinung des H. Seite steht auf dem Standpunkt, wenn man etwas ändern will, dann muß man neue Strukturen schaffen. "Das "Neue Forum" und diese "Aktivgruppe" sind ein Anfang dafür. Natürlich werden die Jungs von der Stasi zugreifen und meinen, daß das illegal ist, aber ein Anfang ist gemacht und schließlich haben sie 40 Jahre gewartet. Nichteinmal die Blockparteien wären für S. ein Ansprechpartner."

Maßnahmen:

- Speicherun in der ZPDB

F.d.R.d.A.

Rüh
Leutnant

Konterrevolutionär – Schule für Zivilverteidigung

Klaus Feld:
Sie sprachen in unserem Vorgespräch auch vom Scheitern der Revolution. Was wäre danach geschehen? Kennen Sie so ein Szenario?

Berndt Seite:
Ich konnte es mir vorstellen. Mit meiner Frau habe ich Ende der 80er-Jahre einige Male darüber gesprochen. Das Szenario liefe so: Nach einem misslungenen Aufstand gegen das DDR-Regime wäre eine Propagandakampagne der Mächtigen inszeniert worden. Die Konterrevolution hätte ihr Haupt erhoben, aber die wachsamen Arbeiter und Bauern hätten das verhindert. Die Rädelsführer wären enttarnt worden und sähen ihrer gerechten Strafe entgegen. Einer von ihnen wäre der Tierarzt in unserer Kooperation gewesen, der unter dem Deckmantel der Kirche maßgeblich dazu beigetragen hätte, unseren Arbeiter-und-Bauern-Staat zu schwächen. Das werde er nie wieder tun, dafür sei gesorgt, so die Sprachregelung.

Klaus Feld:
Wie würden Ihre Mitbürger auf die Ereignisse reagiert haben?

Berndt Seite:
Natürlich sind das theoretische Erwägungen, die wir durchspielten. Die Mehrheit der Menschen hätte geschwiegen, sich weggeduckt und »Toter Mann« gespielt. In Diktaturen ist das normal, denn es ist lebenserhaltend für den Einzelnen. Die Systemkonformen unter ihnen hatten es »schon immer gewusst, dass es einmal so mit ihm enden würde«. Recht sei ihm geschehen: »Warum war er nicht Teil des Kollektivs?«

Klaus Feld:
Nach der ersten »Ökumenischen Versammlung für Frieden und Gerechtigkeit« 1988 in Dresden gab es ein »politisches Gespräch« des Sekretärs für Agit./Prop. (Agitation und Propaganda) der SED-Kreisleitung, Genossin Ruppersberg, mit den Tierärzten des Kreises. Der IMS »Andre« hatte am 7.7.1988 berichtet. Was war da geschehen?

Berndt Seite:
Da wurden die Ereignisse im Zusammenhang mit dieser kirchlichen Tagung »ausgewertet«. Die Genossin verstieg sich zu der Behauptung, dass sich in Dresden Konterrevolutionäre unter dem Dach der Kirche versammelt hätten. Ich protestierte wegen dieser Aussage, aber die Genossin Ruppersberg blieb bei ihrer Meinung. Der Text des MfS schildert den Verlauf.

Klaus Feld:
In dem Bericht des IMS »Andre« steht auch, dass Sie eine »vorbildliche Tierarzttätigkeit« betreiben. Wie passt das zusammen?

Berndt Seite:
In diesem Dilemma befand sich die Stasi seit Jahren. Für die war unsere berufliche Tätigkeit nur Tarnung. Wir haben uns schon darüber unterhalten.

Klaus Feld:
Und was ist mit dem einzigen Aufrechten, der zu Ihnen hielt, von dem die Bibel berichtet?

Berndt Seite:
Den gibt es, aber wir haben ihn nicht erkannt. Der Aufrechte ist ein Trost in einer verwüsteten Welt. Er ist eine Hoffnung, dass diese Welt sich noch einmal erholt.

Klaus Feld:
Sie und andere Teilnehmer hatten ein besonderes Erlebnis bei einem Lehrgang im Juni 1983 in der »Schule für Zivilverteidigung« in Burg Stargard, Bezirk Neubrandenburg. Welche Folgen hatte das für Sie?

Berndt Seite:
Zu unseren Dienstaufgaben gehörte auch, sogenannte »Tierrettungstrupps« zu führen, um nach einem Atom-

schlag die Versorgung der Bevölkerung aufrechtzuerhalten. Wir Tierärzte und unsere »Mitkämpfer« hielten von diesen Maßnahmen wenig. Wer sollte unter solchen Bedingungen noch fähig sein, praktikable Entscheidungen zu treffen? In einem Vortrag während des Lehrgangs verstieg sich ein Referent zu der Aussage, dass es Bürger gebe, die von der Zivilverteidigung nichts hielten. Es wäre das Beste, sie an die Wand zu stellen und zu erschießen. Diese Aussage stieß bei einer Reihe von Teilnehmern auf Unmut; auch ich protestierte heftig. Als »Wortführer« wurde ich zum Direktor der Schule zitiert. Dort versuchte er, den Vorgang herunterzuspielen und mich zur Verschwiegenheit anzuhalten. Ich lehnte ab. Die Folge war, dass mein »Arbeitgeber« mich zu solchen Lehrgängen nicht mehr schickte.

Klaus Feld:
Die Stasi hatte angeordnet, Sie auch auf Dienstreisen zu bespitzeln. Wussten Sie davon?

Berndt Seite:
Nein. So eine Dienstreise war auch ein kleines Erlebnis in der ummauerten DDR. Da wir uns vorwiegend im tierärztlichen Milieu bewegten, traf man Kollegen aus anderen Kreisen und Bezirken, Freunde und Bekannte. Da gab es viel zu erzählen, auch über Politik wurde geredet, je nachdem, wie gut man sich kannte.

Klaus Feld:
Und bei dieser Gelegenheit gab es Möglichkeiten, einiges über Sie oder von Ihnen zu erfahren?

Berndt Seite:
Wenn Sie mit einem Kollegen einige Tage das Zimmer teilen, kommt man sich auch persönlich näher, und manches wird dann erzählt, was Sie sonst nicht täten.

Klaus Feld:
Wie muss ich das verstehen?

Berndt Seite:
Einmal tauscht man sich auf fachlicher Ebene aus. Das ist bei allen Berufsgruppen so, es sei denn, man sieht den Beruf nur als Job an. Und meistens ging es um die Beschwerlichkeiten in der beruflichen Tätigkeit, da befand man sich gemeinsam auf einem weiten Feld.

Klaus Feld:
Und Sie haben nie daran gedacht, dass unter denen, mit denen Sie »nächtigten«, auch Späher sind?

Berndt Seite:
Nein, aber mir fiel auf, dass ich Leute traf, die ich sonst nur am Rande meines Bekanntenkreises wahrnahm. Die Aktennotiz des MfS sagt mehr dazu aus.

Bv Leipzig
abt XVIII
betr.ov »prediger« unserer de
der tierarzt dr. seite, bernd rpt seite aus unserem vb besucht vom 25.11.-06.12.85 rpt 24511-061285 eine weiterbildungsveranstaltung in leipzig.

Wir bitten sie unter wahrung der konspiration um die uebermittlung des teilnehmerkreises und der namen (kleine personalien) der zimmerbelegung, in dem dr.seite untergebracht ist.

um schnellstmögliche realisierung wird gebeten, da sich daraus weitere op. masznahmen erforderlich machen.
Kd. Roebel/bv nbg.
i.a. scheel/ hagel

Seitdem wurden meine Aufenthalte mit dem MfS abgesprochen und gesteuert. Im Nachhinein frage ich mich, mit wem hatte ich es da zu tun? Ein Glück, dass ich davon nichts gewusst habe.

Umweltaktivitäten – Das Leben des IMB »Hans Habicht«

Klaus Feld:
Kommen wir noch einmal auf Ihre Umweltaktivitäten zurück. Die wollte das Ministerium für Staatssicherheit als Nachweis nutzen, um Sie als Staatsfeind zu entlarven. Es setzte einen »Experten« auf Sie an, den IMB »Hans Habicht«. IMB steht als »Informeller Mitarbeiter Feindberührung«. Wie kann man Umweltaktivitäten in eine »feindliche Aktion« ummünzen?

Berndt Seite:
Man kann – alles. In der Diktatur ist der Mensch vogelfrei. Er wird zur Marionette, einer Figur auf dem Schachbrett der Macht, wie es das diktatorisch wieder-erstarkte Russland zeigt. Den Namen Dr. Peter Krägenow, (IMB »Hans Habicht«), kannte ich nur aus der Zeitung. Er gehörte zu den »Naturschützern« und Vogelbeobachtern auf dem Großen Schwerin, einer Halbinsel in der Müritz.

Klaus Feld:
Er war Lehrer und wurde aus dem Schuldienst entlassen, weil er einen Schüler zu hart angefasst hatte. Danach schlug er sich beim FDGB-Feriendienst durch und später in einem Naturschutzprojekt. Einige Zeit soll er auch freiberuflich tätig gewesen sein. War das nicht etwas merkwürdig?

Berndt Seite:
Es gab da so Gerüchte. Gerüchte sind das Kleingeld mancher Tage, auf dem Land besonders, aber hier ging es bald um große Scheine. Eines Tages stand er vor unserer Haustür. Sein erster Bericht macht deutlich, dass das MfS ihn mit Informationen über uns versorgt und eine Legende für ihn gestrickt hatte, um mich anzulocken und gleichzeitig in Sicherheit zu wiegen.

Klaus Feld:
Und Sie haben sich »wiegen lassen«?

Berndt Seite:
Ja, denn ständiges Misstrauen gehört nicht zu meiner Lebensauffassung. Was er vorbrachte, klang plausibel. Dass wir die Trollblume, eine vom Aussterben bedrohte Pflanze, in unserem Kreis erhalten wollten, das war doch ein harmloser Einsatz für die Umwelt. Ich bitte Sie, eine sehr schöne Blume – und Blumen, die selten werden, sind immer schön, wie eine Frau, wenn andere nicht in der Nähe sind. Dafür kann man sich doch einsetzen! Nur das Unternehmen hatte einen Haken. Die sogenannte »Trollblumen-Wiese« wurde auf Anweisung des KAP-Leiters (Kooperative Abteilung Pflanzenproduktion) umgepflügt. Damit war der Streit vorprogrammiert und wurde zum Politikum. Damals zählte nur die Produktion, und der hatte sich alles unterzuordnen.

Klaus Feld:
Was wurde dann daraus?

Berndt Seite:
Nicht viel. Es gab etwas Aufregung mit der KAP und der Umweltbehörde, pro forma mit der Auflage, die Wiese wiederherzustellen. Die Trollblume kam nicht wieder. Sie hatte genug von uns, wie eine schöne Frau, wenn sie nicht mehr beachtet wird, um im Bild zu bleiben. Damit war das Problem gelöst. Und den IMB »Hans Habicht« hatte ich jetzt an meiner Seite.

Klaus Feld:
Was war die Kooperative Abteilung Pflanzenproduktion?

Berndt Seite:
Am Anfang der Kollektivierung der Landwirtschaft betreute eine LPG (Landwirtschaftliche Produktionsgenossenschaft) das Land und ihre Tiere. Ab 1972 glaubte die SED, »eine höhere Stufe der gesellschaftlichen Produktion in der Landwirtschaft zu erreichen«, und gründete eigenständige Genossenschaften, die sich nur um die Felder kümmerten, eben die KAP. So recht geklappt hat das nie. Es gab jetzt einen zusätzlichen König auf dem Land. Wenn er es geschickt anstellte, der Partei gut folgte, dann

herrschte er fast absolutistisch. Das kann man sich heute kaum noch vorstellen.

Klaus Feld:
Also mit denen hatten Sie nur bedingt etwas zu tun. Mehr mit Ihren Anliegen im Umweltschutz?

Berndt Seite:
Beruflich wenig, obwohl die SED den Versuch unternommen hatte, die Tierärzte für die Erzeugung des Futters mitverantwortlich zu machen. Das war auch einmal ein Thema auf einer Tagung der »Wissenschaftlichen Gesellschaft für Veterinärmedizin« in Prenzlau, wo ich kritisierte, dass wir nicht mehr in der Urgemeinschaft leben, sondern in einer Gesellschaft der Arbeitsteilung. Das gefiel der Tagungsleitung gar nicht. Trotzdem nahmen die Auseinandersetzungen mit der KAP 1988/89 erheblich zu. Meine Frau und ich haben im Mai 1989 einen Brief an den Kooperationsrat der LPG Pflanzenproduktion Penkow geschrieben und auf den Missstand aufmerksam gemacht, dass durch die unqualifizierte Ausbringung von Gülle ein Fischsterben im See unseres Dorfes einsetzte. Das MfS, die SED-Kreisleitung und der Rat des Kreises wurden benachrichtigt. Der Vorsitzende der KAP war außer sich, er bangte um seinen Posten und ruderte nach seinen Möglichkeiten zurück. Der IM »Blitz« hat über seinen Zustand berichtet.

Klaus Feld:
Und was geschah dann?

Berndt Seite:
Von den Aussprachen, die in der SED-Kreisleitung und dem Rat des Kreises geführt wurden, habe ich keine Kenntnis. In den Akten steht, dass die »Organe« abwarten wollten, also aussitzen. Unser Brief hatte nur zur Folge, dass die Tierärzte einen Sitz im Kooperationsrat erhalten sollten. Eingeladen wurde ich nie, denn als Mitglied wäre es mit mir nicht nur um Gülle und Trollblumen-Wiesen gegangen. Das Ende der KAP kam dann mit dem Mauerfall.

Klaus Feld:
Die Stasi und der IMB »Hans Habicht« brüteten neue »Maßnahmen« gegen Sie aus?

Berndt Seite:
Der IMB war auch Vorsitzender der »Arbeitsgemeinschaft für Natur und Umwelt« im Kreis. Warum er das wurde, kann man nur erahnen. Das »Blüchersche Bruch« in Wendhof, einem Ortsteil der Gemeinde Göhren-Lebbin, war unter Schutz gestellt worden. Es ist ein idyllisch mit raschelnden Schilfgürteln eingehegtes Sumpfgebiet am Kölpinsee, in dem sich schweigende, schwarzblinkende Wasserflächen verstecken. In das Bruch liefen auch ungeklärte Abwässer aus einer großen Rinderanlage.

Klaus Feld:
Und dann schlug der IMB »Hans Habicht« Ihnen vor, einen »Diagnosekoffer« zu besorgen, um an der Rinderanlage Wasserproben zu untersuchen und die Verantwortlichen der LPG »zu überführen«?

Berndt Seite:
Nein, ich sollte überführt werden. Mit dem Koffer ging es dann hin und her, weil »sein Kurier« noch immer nicht erschienen war. Zwischenzeitlich bot ich ihm meine Hilfe an, um den Koffer zu besorgen! Mit meiner »Kümmerkompetenz« hätte ich mir eigenhändig den Strick um den Hals gelegt. Schließlich fragte ich mich, warum wir etwas untersuchen sollten, das schon bekannt war? Als er dann mit dem Koffer erschien, hatte ich so ein komisches Gefühl – fragen Sie mich nicht warum. An der Untersuchung beteiligte ich mich nicht, dass er es dann allein getan hat, bezweifele ich.

Klaus Feld:
Aber vertrauensselig blieben Sie noch immer, wenn ich an die Geschichte mit dem Schwarzstorch denke.

Berndt Seite:
Mein Gott, war das auch harmlos, aber nicht mal das konnte er für sich behalten! Ich kann mir nicht vorstellen, dass es in den Reihen der Stasi viele Ornithologen gab, sondern die hockten vermutlich nur im Gebüsch, um »unliebsame Vögel« zu beobachten. Jedenfalls hat der IMB »Hans Habicht« – man beachte seinen Vogelnamen, ein Raubvogel, wenn er zwischen die Singvögel stößt, dann gibt es Tote – meine Entdeckung von einem brütenden Schwarzstorch auch dem

145

KOPIE durch BStU gez. Dallman
185

Abschrift Röbel, 28.6.1983
Bericht vom 24.6.1983
Quelle: "Hans Habicht"

Betr.: S e i t e , Bernd , Tierarzt , wh: Walow

Am 9.6.1983 Kontrollfahrt (mit Frau) zur Trollblumenwiese
zwischen Walow und Kisserow (ca. 17.00 bis 17.45 Uhr).
Feststellung: Standort I : ca. 35 Pflanzen blühn !
              Standort II: (wo vorher Massen blühten):nichts

Anschließend nach Walow, Dr. Seite zunächst nicht anwesend. Als
ich losfahren wollte, kamen beide mit Kind an. Von mir kurzer
Hinweis auf Zahl und Standort der Pflanzen. Von Seiten Dr. S.
und Frau, keine eigenen Bemerkungen!
Ich glaube, die sind irgendwie gewarnt !!!
Begründung: Am Telefon neulich verhielt er sich sehr reserviert,
wenn ich länger schwieg, blieb er auch ruhig. Keine Gesprächs-
fortsetzung durch ihn. Ich mußte die Pausen überbrücken.
Genauso beim Besuch. Weder von ihr noch von ihm ein Ansatz
des Gespräches. Also glaube ich, die sind gewarnt.!

Anschließend nach Stuer zu Bennewitz. Er war nicht da, ich
teilte seiner Frau mit, daß 35 Pflanzen blühen und das ich
am Sonntag, den 12. 6. hinkommen würde, und mich mit D.
Bekanntmachen würde !!!

F.d.R.d.A. gez. "Hans Habicht "

Kreisdienststelle Röbel Röbel, den 14. 5. 1987

Abschrift

Information zur Eingabe Dr. Seite zu Fragen des Umweltschutzes

Am 14. 5. 1987 auf der Leitungssitzung der LPG (P) Penkow
gab der Vorsitzende, Koll. Mencwell, eine kurze Erläuterung zu
den Untersuchungen am 13. 5. 87 in Walow zur Eingabe Dr. Seite.
Thema: "Umweltschutz".
Kollege Mencwell äußerte, daß Dr. Seite etwa 2 Stunden am
Nachmittag des 13. 5. 87 bei ihm im Büro war (was ich bestätigen
kann) und mit ihm nochmals über das Thema "Umweltschutz" sprach.
In diesem Gespräch wurde herausgestrichen, daß Dr. Seite bei
jeglichen Verstößen gegen die Umwelt das Ministerium unverzüglich
informiert und keinerlei Verstöße zulassen will. Nach den Äußerungen vom Koll. Mencwell wurden in der 2stündigen Debatte von Dr. Seite
harte Forderungen aufgemacht, so daß Koll. Mencwell nach seinen
eigenen Angaben total entnervt war.
Nach den Äußerungen von Koll. Mencwell hätte er Dr. Seite zur
Mitarbeit und um Lösungswege diesbezüglich gebeten. Es blieb aber
nur bei den Forderungen Dr. Seites. Lösungsvarianten schlug
er nicht vor, sondern beharrte nur auf seine Forderungen.

"Blitz"

Operative Wertung des Berichtes des IMS "Blitz"

Der IMS war objektiv in der Lage, den Sachverhalt einzuschätzen,
da er Teilnehmer der Leitungssitzung war.
Die Information dient der Ergänzungseinschätzung des Berichtes
v. Gen. Mencwell.
Eine Ergänzung der Inform. erfolgt nicht, da der IM längere Zeit
im Betrieb abwesend sein wird.
Die Information ist operativ bedeutsam hinsichtlich der Äußerungen
von "Sanddorn".

Maßnahmen:

- Ltr. KD zur Kenntnis
- Einspeicherung ZPDB
- Auswertung OV "Sanddorn"

Mitarbeiter

Hagel
Major

Röbel, den 17. 04. 1989

Auswertebericht **KOPIE** durch BStU

OV "Sanddorn", Reg.-Nr. III/894/82

Haltungsfragen zur Landwirtschaft der DDR

Konspirativ wurde bekannt, daß "Sanddorn" der Meinung ist, die Landwirtschaft der DDR in der gegenwärtigen Form habe keine Perspektive. Sie sei zu groß und daher zu russisch/amerikanisch. Die Menschen in der Landwirtschaft würden auf der Grundlage dieses Systems in der DDR als Eigentümer der Produktionsmittel entfernt werden.
Nach seiner Auffassung habe der real-existierende Sozialismus keine Chance mehr.

Referatsleiter

Foncik
Major

Maßnahmen:

1. Einspeicherung in der AKG

Kreisdienststelle Röbel　　　　　　Röbel, den 30. 4. 1987

Aktenvermerk

Am 30. 4. 1987 um 10.30 Uhr informierte der IMS "Andre" telefonisch, daß der Gen. M e n c w e l l , Dieter mit einer Eingabe des "Sanddorn" mit Androhung eines Ordnungsstrafverfahrens zu Umweltproblemen im Bereich des KOR Penkow im Rat des Kreises Röbel, Abt. Landwirtschaft aufhältig ist.

Nach diesem Anruf wurde telefonisch Verbindung zum Genossen Mencwell durch den operativen MA aufgenommen. Genosse Mencwell sagte zu, mit der Eingabe zur KD zu kommen.
Er informierte zum Sachverhalt, daß er die Eingabe am 29. 4. 87 durch "S" direkt im Büro erhalten hat. Ein Exemplar wurde jeweils an die KL der SED, Rat des Kreises und Ministerium für Wasserwirtschaft und Umweltschutz Berlin gesandt.

In Absprache mit der SED-KL wurde festgelegt, vorerst nicht auf die Eingabe zu reagieren.
Genosse Mencwell hat in seinem Verantwortungsbereich jedoch umgehend durchgesetzt, daß keine Gülle in Vorfluter im Bereich des KOR einfließt. Weitere Maßnahmen wurden nicht getroffen.
Die Eingabe wurde durch den Gen. Mencwell im Original der KD zeitweilig überlassen.

　　　　　　　　　　　　　　　　　　　　　Mitarbeiter

　　　　　　　　　　　　　　　　　　　　　Hagel
　　　　　　　　　　　　　　　　　　　　　Major

MfS gemeldet. Vermutlich hätten die lieber gesehen, wenn ich Russenpanzer ausspioniert hätte.

Klaus Feld:
Wann wurde der IMB verpflichtet?

Berndt Seite:
Am 22.10.1982 und er erhielt den Decknamen »Hans Habicht«. Der Mann vom MfS fragte ihn bei der »Vereidigung«: »*Ihr Familienname Krägenow heißt latinisiert im eigentlichen Sinne Habicht.*« Krägenow antwortete: »*Ja, ich wäre ein Hans im Glück, wenn ich solche Stellung im Leben hätte, wie ein Habicht unter den Vögeln.*« Toll! Er war von der Stasi auch vorgesehen, in Spannungsperioden und im Verteidigungsfall zur Sicherung von Personen in Isolierungsobjekten eingesetzt zu werden. Da hätte er unter den Menschen die Stellung des Habichts gehabt!

Klaus Feld:
Den »Habicht« wurden Sie nicht mehr los?

Berndt Seite:
Nein, so richtig nicht, aber ihm kamen auch Zweifel, ob wir ihn nicht schon enttarnt hatten. Am 3.12.1983 fand im »Haus der Kirche« in Güstrow eine Veranstaltung zu den Menschenrechten statt. Und wer saß unter den Teilnehmern? Der Peter Krägenow! Ich war erstaunt und überrascht, ihn hier zu treffen. Einer, den ich noch nie bei einer innerkirchlichen Veranstaltung gesehen hatte, saß jetzt unter uns.

Klaus Feld:
Was hat er gesagt, als Sie ihn begrüßten?

Berndt Seite:
Er wäre mit seiner Frau da und würde sie begleiten, sagte er. Ich kannte seinen Schwiegervater, einen ordentlichen, systemfernen Mann. Was hätte der gesagt, wenn er gewusst hätte, dass sein Schwiegersohn ein Spitzel ist! Der Konsistorialpräsident Manfred Stolpe hielt ein Referat über die Menschenrechte. In der anschließenden Diskussion packte ich den Stier bei den Hörnern und redete »staatskonform«. Ich erzählte von den Menschenrechten in der DDR, die auf gutem Weg seien, um ganz verwirklicht zu werden. Das Recht auf Arbeit sei schon längst Bestandteil unseres Lebens, anders als im Westen. Und das Recht auf Teilhabe am gesellschaftlichen Leben stehe allen Bürgern offen. Einige Teilnehmer, die mich kannten, waren bestimmt irritiert. Vermutlich auch der IMB, der einen ausführlichen Bericht an das MfS verfasste. Das hatten »die Genossen« nicht erwartet.

Klaus Feld:
Warum taten Sie das?

Berndt Seite:
Der Mensch besitzt ein Unterbewusstsein, etwas, das er seit dem Aufstieg aus dem Tierreich noch immer konserviert hat. Vieles ging verloren, aber wir sind noch immer das, was wir waren, Nomaden auf dem Weg in eine ungewisse Zukunft. Ich hatte das Gefühl, eingekreist und belauert zu sein. »Warum ist Krägenow hier?«, fragte ich mich. Trotz meines Lebensprinzips, jedem Menschen einen Vertrauensvorschuss zu geben, blieb ich misstrauisch. Ich glaube mit Vorbehalt, dass der Mensch sich ändern kann, wenn er Anstrengungen dazu unternimmt, aber nur sehr wenig.

Klaus Feld:
Und wie ging es mit dem IMB weiter?

Berndt Seite:
Im Herbst 1989 verlegte er seine Spitzeltätigkeit auf die neuen politischen Gruppierungen. Bei mir auf das Neue Forum, bei den anderen Mitstreitern auf die neu gegründete SDP, die später die SPD wurde. Er hat weiter berichtet. Der letzte Bericht in unseren Akten ist vom 7. November 1989 und von Peter Krägenow. Die KD Röbel des MfS schreibt, Quelle IMB »Hans Habicht«:
 Durch den IM wurde aus persönlichen Gesprächen mit Dr. Seite und Pastor Timm zu ihrem weiteren geplanten Vorgehen mit dem Ziel der Destabilisierung und Erweiterung des Bewegungen an der Volksbasis, der Destabilisierung und der Zurückdrängung des Einflusses der SED in allen Bereichen des gesellschaftlichen Lebens bekannt:
 Organisierung von öffentlichen Veranstaltungen in Form von Demonstrationen, Gesprächsabenden mit thematisch offenen oder ausgewählter angekündigter

Tagesordnung zur Mängeldiskussion über Entwicklungsprozesse, die der SED angelastet werden können.

Sicherung einer aktiven Arbeit der Basisgruppen

Jede Zusammenkunft soll mit einem konkreten Ergebnis beendet werden(Eingaben, Forderungen, Resolutionen, u. a. mehr)

Eine Teilnahme der bestehenden Organisationen und Parteien wird abgelehnt.

Treffen in Gruppen von 15–20 Personen. Jedoch in privaten Räumen, kirchlichen nur bei Unumgänglichkeit und wenn Massendemonstrationen vorgesehen sind. Jede Gruppe soll einen »Sprecher« bestimmen.

Klaus Feld:
Das war bei Ihnen der letzte Eintrag des MfS?

Berndt Seite:
Ja, soweit mir das bekannt ist. Der IMB »Hans Habicht« flog nun weiter. Vielleicht hat er bis zum 5. Dezember 1989, als die KD Röbel geschlossen wurde, noch andere Instruktionen erhalten. Bei den Kommunalwahlen 1990 kandidierte er für die FDP und wurde gewählt. Mit ihm führte ich Gespräche, um seine Partei zu bewegen, mit der CDU eine Koalition zu bilden, was dann auch geschah. Als es dann um die Überprüfung der Mitglieder des Kreistages auf Stasi-Tätigkeit ging, verschwand er. Gesehen habe ich ihn seitdem nicht mehr. Inzwischen hat er auch ein Buch über den Buchfink geschrieben. Er hätte besser über den »Schmutzfink« schreiben sollen, denn da weiß er noch besser Bescheid. Entschuldigung, aber manchmal muss man auch das sagen!

Klaus Feld:
Im Westen können sich viele Menschen so ein Verhalten wie beim IMB kaum vorstellen.

Berndt Seite:
Wie auch, sie haben es nicht erlebt! Daraus mache ich ihnen keinen Vorwurf. Beurteilen kann das nur, wer mitten im Gedränge stand, die Auseinandersetzungen führte und erlebte, das Knistern der Spannung spürte und die Freude und die Enttäuschungen in dieser Zeit miterlebte. Heute verdrängen die Täter die Dinge und möchten sie ungeschehen sehen. Sie stehen an langen Trögen mit scharfer Waschlauge, um ihre schmutzigen Westen zu reinigen, und hoffen, dass ihre Umgebung nicht so genau hinsieht. Sie jonglieren mit Vergleichen, auch Demokratien würden über Geheimdienste verfügen, die es nicht so genau nähmen. Bestimmte deutsche Parteien bestärken die Täter in dieser Haltung. Am liebsten sähen sie es, man zöge unter ihre Vergangenheit einen Schlussstrich, denn damit würde das Land endgültig befriedet sein, meinen sie. Ich vermute – und bei einigen weiß ich es auch –, ihren Frauen, Kindern und Enkeln haben die IM kaum etwas von ihren Taten erzählt. Etwas Gespenstisches lauert in den Familien. Wie mag es im Inneren der IM aussehen?

Klaus Feld:
Haben die IM alles verdrängt?

Berndt Seite:
Zum großen Teil schon, denn der Mensch relativiert sein Handeln so lange, bis von der Tat nichts übrigbleibt. Schwerer Legendennebel wabert jetzt über das Land, und je weiter die Vergangenheit entschwindet, umso unkenntlicher wird sie. Die Wunden vernarben zwar, aber etwas bleibt immer wie Kehricht liegen und meldet sich in der abgelegenen Kammer des Menschen eines Tages zurück.

Klaus Feld:
Nach dem Nationalsozialismus geschah im Westen Ähnliches. Der Sparkassendirektor, der bei der Wehrmacht in Russland an Aktionen gegen die Zivilbevölkerung beteiligt war, nahm nach dem Ende des Krieges wieder Platz und reichte neue Kredite aus.

Komplex B-Punkt

Klaus Feld:
Die Staatssicherheit hatte große Anstrengungen unternommen, um einen »B-Stützpunkt« (Beobachtungsstützpunkt) in der Nähe Ihres Hauses einzurichten. Ist es ihr auch gelungen?

Berndt Seite:
Aus einer Mitteilung vom 12.6.1986 geht hervor, dass es aus dem B-Stützpunkt in Walow einen »Lagefilm« gibt. Die Stasi hatte erreicht, eine Wohnung als konspirativen Stützpunkt zu nutzen, um unser Haus zu observieren. Der damalige Inhaber der Wohnung hat für seine Bereitschaft höhere Geldbeträge erhalten. Nach dem Mauerfall hat er das Dorf schnell verlassen. Auch andere Bürger, die nur »Auskunftspersonen« waren, standen dem MfS zu Diensten und erhielten Geld. Mitte der 80er-Jahre hatte die Stasi »aufgerüstet«. Mit moderner Fototechnik konnten sie den Besucherverkehr noch besser dokumentieren. Ich frage mich noch heute, welchen Sinn es machte, so einen Aufwand zu betreiben, wo das MfS doch seine Informanten bei uns vor der Tür postiert hatte? Traute es denen nicht?

Klaus Feld:
Und die IM waren auf Posten?

Berndt Seite:
Ja, nicht nur einer. Einige Male hatten wir mehrere »Spaziergänger« vor der Tür, obwohl das Wetter nicht so gut war, aber ich dachte mir nichts dabei. Im Sommer 1989 hatte sich die KD Röbel/Müritz einen besonderen Coup ausgedacht. Bei einem unserer Sommerfeste fuhren wir mit unseren Gästen auf einem »Leutewagen« – das war ein LKW mit einer aufgebauten Fahrgastzelle – zu einer architektonisch schönen Dorfkirche im Kreis Röbel. An der Wegstrecke hatte das MfS getarnte feste und mobile Beobachtungsposten eingerichtet. Von dem anschließenden Spaziergang durch den Wald gibt es Fotos, dass man glaubt, der Fotograf stünde unter uns. Stumm wie Hasen in der Sasse müssen die Stasi Männer im Dickicht gelegen haben. Aber ein Problem konnte die Stasi nie lösen: Gespräche von unseren Gästen und uns mitzuhören und aufzuzeichnen. Das bedauerten die »Operateure« in ihren »Einschätzungen« immer wieder.

Klaus Feld:
Es gab doch auch einen Nachbarn, der sein Haus dem MfS nicht als »B-Stützpunkt« zur Verfügung stellte?

Berndt Seite:
Ja. In einem Bericht ist die Rede von einem »B«, der als IM geworben werden sollte. Als ich meinen Nachbarn Horst Block (Jahrgang 1932) nach dem Fall der Mauer wieder einmal in seinem Haus besuchte, erzählte er von einem Besuch von Stasi-Leuten am 2.5.1983, und dabei zeigte er aus dem Fenster auf unser Haus.

Klaus Feld:
Die Stasi wollte also von dort aus fotografieren?

Berndt Seite:
Ja, da hatte sie eine hervorragende Position zu unserem Haus. Nach dem Besuch in seiner Wohnung bestellten die Stasi-Leute ihn in ein konspiratives Objekt und begannen mit dem üblichen Palaver wie: »alle müssten sich für den Frieden einsetzen« etc. Er wehrte sich wie der berühmte Schwejk aus dem Roman von Jaroslav Hašek. Niemand in seiner Familie sei jemals Mitglied einer Partei gewesen und er wolle das auch nicht werden (wonach sie gar nicht gefragt hatten!). Er sei mit Leib und Seele Traktorist und ziehe mit seinem Traktor den ganzen Tag seine Bahnen über das Feld. Da es immer laut sei, müsse er sehr aufpassen und könne nicht noch an andere Dinge denken. Am Abend dröhne ihm der Kopf immer so, dass er bald zu Bett gehen müsse. Was er auf dem Feld leiste, das sei doch ein großer Beitrag für die Erhaltung des Friedens, erklärte er.

Klaus Feld:
Das ist ein Beispiel, wie man sich auch verweigern konnte?

Berndt Seite:
Natürlich, und es gibt noch viele andere. Mein Nachbar wusste genau, was das MfS von ihm wollte. Er blieb seinem Wertekanon treu: Einen Nachbarn denunziert man nicht und liefert ihn nicht aus.

Klaus Feld:
Aber andere hätten es getan?

Berndt Seite:
Ja. Das liegt u. a. in der Persönlichkeitsstruktur begründet, eventuell ist sie ein Teil des genetischen Codes. So wie der festgelegt ist, so handelt der Mensch auch. In Nuancen kann er sich durch Partner verändern, aber nie durch einen großen Sprung. Das hat mit dem MfS nichts zu tun. Es gibt überall Familien, ob in der Stadt oder auf dem Land, die sind für ganz bestimmte Haltungen bekannt. Kommen Neue als Familienmitglieder dazu, dann nehmen sie im Laufe der Jahre die gleichen Eigenschaften an wie die »Urfamilie«. Die Gruppendynamik ist übermächtig. Wie gesagt, das hat auch etwas mit Biologie zu tun.

Klaus Feld:
Sind Sie nicht misstrauisch geworden, als einmal Ihr Telefon mehrere Tage gestört war und dann ein Fernmeldetrupp aus Röbel auftauchte, obwohl Ihr Apparat immer von den bekannten »Strippenziehern« aus Malchow betreut wurde?

Berndt Seite:
Unser Telefon war oft gestört, denn schon nach einem kleinen Sturm lagen Zweige und Äste auf der Freileitung und dann ging nichts mehr. Ich war froh, dass Techniker überhaupt kamen, woher, war mir egal. Mich interessierte nur ein funktionstüchtiges Telefon, denn davon hing unsere Arbeit ab. Heute glaube ich, dass der »fremde Trupp« bestimmt eine spezielle Aufgabe zu erledigen hatte.

Aktion »Eisentür«

Klaus Feld:
In Ihrer Akte ist 1989 vermerkt, dass Sie als Einziger, von ehemals 15 Personen aus dem Kreis Röbel/Müritz bei einem politischen oder militärischen Konflikt in die Untersuchungshaftanstalt des MfS Neubrandenburg verbracht werden sollten; Ihre Frau und die anderen Personen n u r in Isolationsobjekte. Wie muss ich das verstehen?

Berndt Seite:
Der Einlieferungsschein für diesen Tag liegt bei den Akten. Mit der »Aktion Eisentür« sollten für den SED-Staat missliebige Personen aus der Öffentlichkeit entfernt werden, damit sie für die SED nicht zu einem Risiko während einer politischen oder militärischen Auseinandersetzung wurden. Der Mitarbeiter der BStU-Außenstelle Schwerin, Peter Sense, schrieb mir zu diesem Komplex am 27.3.2013:

»Schlagartig, konspirativ und vorbeugend sollte es geschehen. Fast 86.000 Bürger der ehemaligen DDR hätte es betroffen. Sie alle waren vom MfS im sogenannten ›Vorbeugekomplex‹ erfasst und im Spannungsfall oder Verteidigungszustand zur Festnahme, Isolierung bzw. verstärkten operativen Kontrolle und Überwachung vorgesehen. In x+24 Stunden sollten geeignete und konspirativ aufgeklärte Objekte mit Stacheldraht und Wachtürmen umgeben und das ganze Land mit Isolierungslagern überzogen werden. Hunderte von MfS-Mitarbeitern bereiteten diese Aktion seit Jahrzehnten vor und arbeiteten die entsprechenden Planungen ständig ›tagfertig‹ auf. In den Panzerschränken des MfS-Kreisdienststellen lagen bis Anfang Dezember 1989 versiegelte Briefumschläge mit der Aufschrift ›Kz 4.1.3‹ mit penibel ausgefüllten Personalunterlagen griffbereit. Diese Papiere, zu öffnen auf ein

zentrales Codewort hin, würden den bewaffneten Verhaftungskommandos der Stasi den Weg zu DDR-Bürgern weisen, die, weil sie dem Sicherheitsdienst irgendwann unliebsam aufgefallen waren, zu Tausenden in Vorbeugungshaft und Arbeitslager wandern sollten. Dieses Codewort könnte für den Zuständigkeitsbereich Röbel/Müritz die Bezeichnung ›Eisentür‹ getragen haben. Die im ›Vorbeugekomplex‹ geplanten Isolierungslager waren nach einem Kennziffernsystem in die gesamtstaatliche ›Mobilmachungsarbeit‹ eingebettet, mit der sich das SED-Regime auf den Ernstfall vorbereitete. Die letztendliche Befehlsgewalt lag beim Vorsitzenden des Nationalen Verteidigungsrates der DDR, seit 1971 bei Honecker.

Die geplanten Isolierungsmaßnahmen richteten sich ausschließlich gegen die eigene Bevölkerung, gegen Bürger, die dem SED-Regime – aus welchen Gründen immer – missliebig aufgefallen waren und deshalb im Ernstfall ausgeschaltet werden sollten. Mit Stand vom Dezember 1988 hatte das MfS 85.939 Personen im ›Vorbeugekomplex‹ erfasst. Davon waren 2.955 Personen (u. a. Dr. Berndt Seite) zur Inhaftierung in den MfS-Untersuchungshaftanstalten vorgesehen (Kennziffer 4.1.1.). 10.726 Personen (u. a. Dr. Annemarie Seite) sollten in Isolierungslager verbracht werden (Kennziffer 4.1.3.). 937 ›unzuverlässige‹ Leiter waren für eine verstärkte Überwachung mit dem Ziel ihrer späteren Ablösung vorgesehen (Kennziffer 4.1.4.). Weitere 71.321 DDR-Bürger hatte das Mfs als sogenannte ›feindlich negative‹ Personen registriert (Kennziffer 4.1.5.).

Zu isolierende Personen konnten sein:
  ›Personen, die Träger der politisch-ideologischen Diversion sind und bestimmte Bevölkerungskreise massiv beeinflussen und zu Handlungen gegen den Staat aufwiegeln können‹.
  ›Personen, die Ersuchen auf Übersiedlung gestellt haben‹.
  ›Personen, die zu reaktionären klerikalen Kräften und anderen inneren Feinden in der DDR bzw. zu feindlich-negativen Einrichtungen und Kräften im Operationsgebiet und dem Ausland enge, operativ-bedeutsame Kontakte unterhalten.‹«

Klaus Feld:
Frau Seite, waren Sie nicht erstaunt, dass auch Sie auf der Liste der Inhaftierten standen, obwohl sie in den MfS-Berichten nur »nebenbei« erfasst wurden?

Annemarie Seite:
Wir kennen die internen Absprachen des MfS nicht, sondern unsere Informationen beziehen sich nur auf die Akten, die uns zugänglich sind. Das entsprechende Gesetz will es so. Manchmal finde ich es schon mehr als merkwürdig, dass mit uns Opfern so verfahren wird. Wir wüssten gern mehr. Aber, um auf die Frage zurückzukommen: Es wundert mich nicht, denn in Diktaturen gilt generell Sippenhaft. Man kann den Vergleich mit der Nazi-Diktatur ziehen, auch wenn das heute nicht der Political Correctness entspricht. Ich sage es trotzdem. Dazu kommt, dass den IM eine bedeutende Rolle bei den geschilderten Vorgängen zufiel. Keiner von ihnen kann sich herausreden, er hätte davon nichts gewusst, sei nur Werkzeug gewesen, das bekanntlich nur wenig weiß, wozu es gebraucht wird.

Klaus Feld:
Kennen Sie die Namen der anderen Menschen, die inhaftiert werden sollten?

Annemarie Seite:
Nein, aber denen wäre ich dann im Lager begegnet. Ich vermute, es wären Menschen gewesen, die in kirchlichen Friedens-, Umwelt- oder in Menschenrechtsgruppen agierten oder als »unsichere Kantonisten« in den Augen der Macht galten.

Klaus Feld:
Haben Sie mit Ihrem Mann darüber gesprochen, was zu tun ist, sollte der Fall der Inhaftierung eintreten?

Annemarie Seite:
Manchmal, aber irgendwie sind wir der Frage auch aus dem Weg gegangen. Wenn ich manchmal an die Stasi dachte, trieb mich eine ahnungsvolle Angst um, dass ein Raubtier um unsere Hürden schliche. Uns wäre es so ergangen wie vielen vor uns. Den Machthabern in der DDR-Diktatur habe ich alles zugetraut. Hilflos wären wir gewesen und in einer kriegerischen Auseinandersetzung mit dem Westen sowieso. In

»normalen Zeiten« hätte der Westen vielleicht etwas interveniert, eine Protestnote abgeschickt, aber mehr nicht. Die Ereignisse um die Krim und der Krieg in der Ukraine zeigen das Dilemma der westlichen Demokratien, wenn man nicht einen Weltkrieg vom Zaun brechen will. Aber das sind alles theoretische Erwägungen.

Klaus Feld:
Herr Seite, ist es nicht in allen politischen Systemen so, dass missliebige Personen im Bedarfsfall aus dem Verkehr gezogen werden? Der FBI-Chef Edgar Hoover setzte z.B. Dorothy Day, die demnächst vom Papst heilig gesprochen wird, auf eine Liste von Personen, deren Festsetzung er sich im Falle eines nationalen Ausnahmezustands vorbehielt.

Berndt Seite:
Ich kenne die offenbar demokratisch legitimierten Notstandsgesetze der USA aus der Zeit von Edgar Hoover nicht. Ich gehe davon aus, dass es sie gab. Wenn nicht, dann wären die Absichten von Hoover mit denen der SED gleichzusetzen. Aber selbst wenn etwas demokratisch legitimiert ist, muss es nicht gleichsam auch legitim sein. Auch in Demokratien ist Irrtum möglich. Und die »NSA-Praxis« der USA gegenüber Freunden im Bündnis kann ich auch nicht gutheißen. Die »Aktion Eisentür« war nicht demokratisch legitimiert. Wir sollten illegal, anonym, ohne Gerichtsbeschluss inhaftiert werden. In Diktaturen sind die Menschen vogelfrei. Ich erinnere mich noch an den Vers – oder war es ein Lied –, in dem die Rede davon war, dass im Kreml noch Licht brenne und Väterchen Stalin an unserem Glück arbeite. Heute wissen wir, dass der Diktator in der Nacht oft wie am Fließband Todesurteile unterschrieb.

Klaus Feld:
Ahnten Sie, dass man Sie eines Tages inhaftieren würde?

Berndt Seite:
Meine Frau hat davon schon erzählt. In normalen Zeiten rechnete ich damit nicht, aber schon in einem heraufziehenden Ost-West-Konflikt oder auch bei politischen Unruhen in der DDR. Unsere Mitbürger hätte das wenig berührt. Der Mensch denkt zuerst an sein Überleben, an das seiner Familie und vielleicht dann noch das seiner Nachbarn, wenn noch Zeit ist. So hat es die Natur festgelegt, auch wenn das Christentum uns andere Wege aufzeigt. Ausnahmen gibt es immer, und dann zählt man diese Frauen und Männer zu den Gerechten, damit die Welt nicht im Chaos versinkt.

Klaus Feld:
Wie sah das dann in praxi aus?

Annemarie Seite:
Peter Sense berichtete bereits davon.

Klaus Feld:
Warum plötzlich die Korrektur der Einlieferungslisten? Was vermuten Sie?

Berndt Seite:
Vermutlich war den Machthabern die Internierung so vieler Menschen zu riskant und zu auffällig. Vielleicht waren sie auch logistisch nicht dazu in der Lage. Bei der Isolation konnten sie flexibler bleiben.

Klaus Feld:
Wie beurteilen Sie heute die Sachlage von damals?

Annemarie Seite:
Hier zeigt sich die Verlogenheit des Systems in mehreren Facetten. Das Gesäusel von Humanismus und Sozialismus hat sich endgültig als Farce entpuppt. Neben dem »Sklavenverkauf« von Bürgern an den Westen fiel die DDR mit den Maßnahmen der Aktion »Eisentür« unwiderruflich in die Rolle des Unrechtsstaates.

Reg.Nr 1 0048 0314

DE   Röbel   Röbel,   08.06.1986

Personenerfassung

19__

BStU 000020

Name: **Dr.Seite**   Vorname: **Annemarie**
Geburtsname bei Frauen: **geb.Brandt**
PKZ: 13 10 39 50 39 29   geb. in: **Stralsund**
Familienstand: **verheiratet**
Anzahl und Geburtsjahr der Kinder: **2 / 1966, 1969,**
wohnhaft: **2071 Walow , Kisserowerstr.05**
Bezirk: **Nbg.**   Kreis: **Röbel**   Ort: **Walow**
Straße: **Kisserowerstr.**   Nr.: **05**   Etage:
Untermiete: Telefon: **Malchow 697**
Nebenwohnung:
Wochenendgrundstück (Anschrift, Lage):

Arbeitsstelle: **Rat des Kreises , Staatl.Tierarztpraxis Walow**
Beruf: **Tierarzt**   Tätigkeit: **Tierarzt**
Staatsangehörigkeit: **DDR**
Parteizugehörigkeit:
vor 1933   :
nach 1933   :
nach 1945   :

Zugehörigkeit zu Organisationen: **FDGB,**

Militärverhältnis (vor 1945):

Bewaffnete Organe der DDR:
von   bis   Einheit   Standort   Dienstgrad

NATO-Angehöriger/Fremdenlegion:
von   bis   Einheit   Standort   Dienstgrad

Zu beachtende Verbindungen (in der DDR, im soz. u. kap. Ausland):

Name, Vorname	geb. am	wohnhaft	Art der Verbindung
Dr. Ackermann, Manfred	2.6.41	Ständ. Vertr. BRD in DDR	persönl.
Lochen, Hans-Hermann	8.8.19	- " -	persönl.
Gansel, Jürgen	23.10.47	- " -	persönl.

Sonstige Angaben zur Person:
Republikflucht am: Rückkehr am:
Erstzuzug aus BRD/WB und anderen NATO-Staaten am:
Haft von   bis   Grund:

Fahrerlaubnis/Klasse: **IV**
Besitzer eines Pkw/Krad/Moped, Typ: **Wartburg/T.**   Farbe: **rot**
polizeiliches Kennzeichen: **CO 64 - 44**

Einreisen:

von	bis	Name	Vorname	wohnhaft	beschäftigt als
		Döring,	Werner	Grebenau, Alsfelderstr. 16	
		Slamet,	Doddy	Bochum, Stegelerstr. 71 A	
		Rietmüller,	Günter	Urbar, IM Marzenthal 21	
		Kirchner,	Otto	Haan 2, Fröbelweg 6	
		Schumann,	Richard	Hameln, Stettinerstr. 3	

Ausreisen: (von - bis - wohin)

Spezialkenntnisse:

Besondere Hinweise zur Person (z. B. Verdacht Waffenbesitz, Boot usw., Charaktereigenschaften und besondere Gewohnheiten):

Variante der Zuführung: **X** a) UHA/BV
b) KD mit zeitweiliger Verwahrung
c) StVE und UHA der DVP

Günstigste Variante zur Durchführung der Festnahme im

- Arbeitsbereich:

- Wohnbereich: **X**

- Freizeitbereich:

Ausführliche Begründung (konkrete Beweise anführen):

S. wird seit dem 5.3.85 zusammen mit dem Ehemann im OV wegen Verdacht der Begehung von Straftaten einer landesverräterischen Tätigkeit bearbeitet.
S. unterhält persönliche Kontakte zu mehreren Mitarbeitern der Ständigen Vertretung der BRD in der DDR.
Durch M-Materialien wurde bekannt, daß sie negative Äußerungen zu Grundfragen der Politik von Partei - und Regierung, insbesondere zur Landwirtschaftspolitik tätigte.

Vorschlag in Kennziffer: 4.1.1.

Roß OSL
Leiter der Diensteinheit

Angaben zu operativen Materialien, OPK, OV, Archivmaterial u. a.
(Reg.-Nr., Archiv-Nr., wo lagern diese):
OV "Sanddorn"- Reg.Nr. III/894/82
SLK 314

Raum für Ergänzungen:
Datum:

Personalkarte

Reg.-Nr.: 1 0048 0298

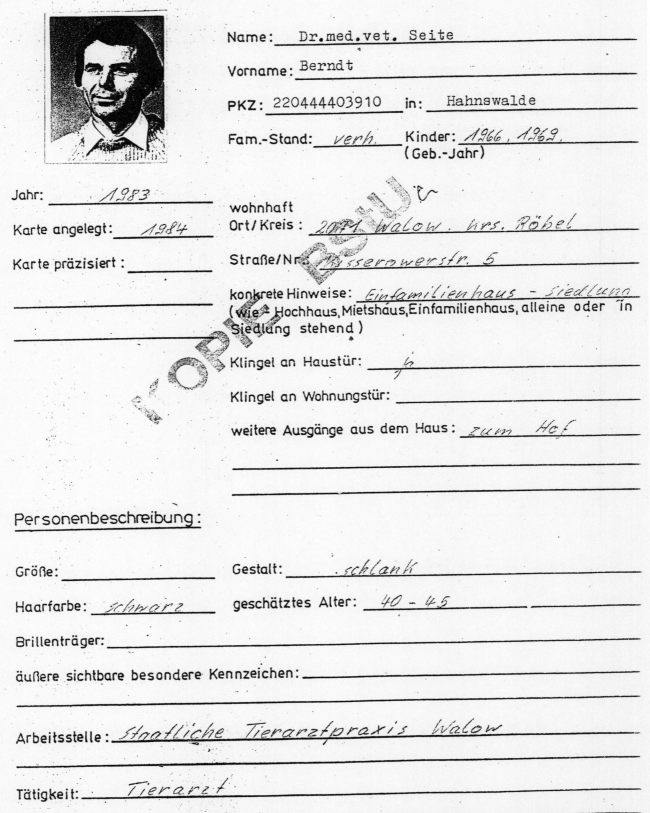

Name: Dr.med.vet. Seite
Vorname: Berndt
PKZ: 220444403910 in: Hahnswalde
Fam.-Stand: verh.   Kinder: 1966, 1969.
(Geb.-Jahr)

Jahr: 1983
Karte angelegt: 1984
Karte präzisiert: ___

wohnhaft
Ort/Kreis: 2071 Walow, Krs. Röbel
Straße/Nr.: Risserowerstr. 5
konkrete Hinweise: Einfamilienhaus - Siedlung
(wie - Hochhaus, Mietshaus, Einfamilienhaus, alleine oder in Siedlung stehend)

Klingel an Haustür: ja
Klingel an Wohnungstür: ___
weitere Ausgänge aus dem Haus: zum Hof

Personenbeschreibung:

Größe: ___   Gestalt: schlank
Haarfarbe: schwarz   geschätztes Alter: 40 - 45
Brillenträger: ___
äußere sichtbare besondere Kennzeichen: ___
Arbeitsstelle: Staatliche Tierarztpraxis Walow
Tätigkeit: Tierarzt

Weitere mögliche Aufenthaltsorte:
(Wochenendgrundstück, Eltern, Kinder, Geschwister u. ä.)

_____

_____

_____

_____

zu beachtende Hinweise: _Hund_
(evtl. Jagdwaffe, Hund,
gewalttätig, Besitzer   _Wartburg/Tourist, rot, CO 64-44_
von Kfz-Typ, Farbe,
poliz. Kennzeichen)   _____

operative Maßnahme: Festnahme mit Hausdurchsuchung, Festnahme, Isolierung

(zutreffendes unterstreichen)

Unterbringungsobjekt:

U.H.A   _BV Neubrandenburg_

Isolierungsobjekt _____

Kurzbericht:

operative Maßnahme realisiert am _____, _____ Uhr und

eingeliefert am _____, _____ Uhr durch _____

(Name, Vorname,

_____

Dienstgrad aller Mitarbeiter)

Vorkommnisse:

Folgende Gegenstände wurden sichergestellt/beschlagnahmt und am _____
übergeben:

_____

Unterschrift

IM »Hans Habicht« 1989 – Charakter der Demonstrationen

Klaus Feld
Im Jahr 1989 spitzte sich dann die politische Situation in der DDR zu. Tausende Menschen versuchten, die DDR zu verlassen. Eine außerordentliche Situation?

Berndt Seite:
Viele Menschen hatten einen Zustand erreicht, dass sie mit der verordneten Lüge des Systems nicht mehr leben wollten. Sie wussten zwar, dass sie gegen Maßnahmen des Unterdrückungsapparats wenig ausrichten konnten, um politische Änderungen herbeizuführen, aber trotzdem begannen sie, sich aufzulehnen. Wer sich von solchen aussichtslosen Zielen nicht abbringen lässt, der wird auch von moralischen Prinzipien geleitet. Vaclav Havel hat gesagt: *»Den Schritt zu tun, um die Lüge hinter sich zu lassen und fortan in der Wahrheit zu leben, ist immer und überall möglich.«* Warum sie jetzt so handeln mussten, wussten die meisten, mit denen wir auf dem Marktplatz standen vermutlich nur vage; doch ihr Inneres muss ihnen signalisiert haben, dass sie keine andere Wahl hatten als mitzumachen, um vor sich selbst zu bestehen. Andere haben sich mitreißen lassen, um nicht zu spät zu kommen. Und die Opportunisten hielten ihr Saatkorn für den neuen Acker bereit. Revolutionen entstehen immer aus einer ganz besonderen Lage und Situation heraus. Die Ausreisewelle war der sichtbare Ausdruck dafür.

Klaus Feld:
Wenn ich Sie recht verstehe, dann ließen die Menschen, die jetzt auf die Straße gingen, auch noch den letzten Rest des kleineren Übels hinter sich, das sie mit dem System eingegangen waren?

Berndt Seite:
Diktaturen sind so lange gefestigt, wie sich Furcht und Unterdrückung die Waage halten. *»Das Geheimnis der Macht besteht darin zu wissen, dass andere noch feiger sind als wir«*, sagte Ludwig Börne. Das kleinere Übel in der Diktatur ist der Punkt, wo der Einzelne nicht mehr bereit ist, die Lügen des Systems zu ertragen, wie ich schon sagte. Es war so, dass jedes ruhige, konforme und ergebene Verhalten des Einzelnen vom System damit belohnt wurde, ihn nicht noch weiteren Schikanen auszusetzen. Das Spiel kannten beide, die Unterdrücker und die Unterdrückten. Eines Tages ist die Waage zwischen Furcht und Unterdrückung nicht mehr austariert, sondern ein Anstoß genügt und die berühmte historische Sekunde tritt ein, wo sich alles ändert.

Klaus Feld
Es gab doch auch Auslöser für diese Demonstrationen, Menschen, die es wagten, einen Anfang zu machen?

Berndt Seite:
Ja, bei Revolutionen ist das immer so. Eine gewisse Initialzündung muss erfolgen, und es gibt dann Menschen, die eine Bresche in die Mauer schlagen, andere folgen dann. In der DDR war es vielleicht der Sturm auf die westdeutsche Botschaft in Prag oder das Gestammel von Schabowski mit dem berühmten Zettel am 9. November, als dann die Mauer einstürzte. Im Lauf dieser Ereignisse vollzieht sich auch in den Forderungen der Menschen ein Wandel, sozusagen der Umschlag in eine neue Qualität, wie uns im »ML«(Marxismus-Leninismus)-Unterricht beigebracht wurde: 1989 von *»Wir sind das Volk!«* zu *»Wir sind e i n Volk!«*

Klaus Feld
Spielten bei diesen Demonstrationen nicht auch Dinge eine Rolle, von denen Sie nicht reden? Wollten viele der Demonstranten nicht genauso leben wie ihre Landsleute im Westen?

Annemarie Seite:
Ja, natürlich auch, das war unbestritten so. Der heimliche Wunsch bestand schon und wurde später auch so artikuliert. Wir *»saßen am Webstuhl der Zeit«* (Goethe),

als unsere Revolution lief. Dass da der »Schuss« nicht immer problemlos lief, lag an der Zeit. Dann fiel die Mauer.

Klaus Feld
In seinen »Kellergesprächen« mit dem Journalisten Heribert Schwaan erklärte der ehemalige Bundeskanzler Helmut Kohl, dass die Annahme falsch sei, der Heilige Geist wäre über die Plätze in Leipzig gekommen und hätte die Welt verändert, sondern die Wirtschaft habe der DDR das Licht ausgeblasen – und nicht der Pastorengeist.

Berndt Seite:
Ohne den wirtschaftlichen Niedergang hätte die DDR noch länger bestanden, da hat er Recht. Aber der »Pastorengeist« hat entscheidend zum Untergang der DDR beigetragen. Auf alles waren die Machthaber in der DDR im Konfliktfall vorbereitet, nur nicht auf Kerzen, Gebete und die stumme Flucht der Menschen aus ihrem Herrschaftsgebiet.

Klaus Feld
Und Angela Merkel, gehörte die zu den Revolutionären?

Berndt Seite:
Kaum. Sie war eine junge Wissenschaftlerin, die aus einem politisch aufmerksamen Pfarrhaus kam. Politisch kritisch, wie etwa in Basisgruppen der Friedens- und Umweltbewegungen, ist sie nicht in Erscheinung getreten. Da war sie nicht dabei. Es gehört auch zu den Phänomenen solcher Systemwechsel, dass die »Macher«, die das alte System lange Jahre bekämpften, nach dem Umbruch sehr selten führende Ränge in der Politik einnehmen. Ich glaube, sie tragen ihr »Revolutionär-sein« weiter fort und können sich den pragmatischen Gegebenheiten der Gegenwart nicht beugen. Dann kommt die Zeit für Menschen wie Merkel, Gauck, Thierse und andere.

Klaus Feld
Und wie passen Sie in das Schema?

Berndt Seite:
Ich gehöre mehr zu der ersten Gruppe und bin auch nicht flexibel genug, mich den wechselnden Gegebenheiten anzupassen. Strippenziehen liegt mir nicht, ich kämpfe lieber mit offenem Visier. So war auch mein Abgang: geradeaus, schnörkellos und nicht wehleidig, wie mein ehemaliger Staatssekretär Thomas de Maizière feststellte, als er selbst an den Rand der Selbstaufgabe gelangte.

Klaus Feld
Der Journalist Frank Pergande von der FAZ zählt Sie nach Max Weber zu den Gesinnungsethikern, da Sie so unbeugsam mit den Leuten von »gestern« umgehen?

Berndt Seite:
Ja, aber ich fühle mich auch als Verantwortungsethiker, das habe ich in verschiedenen Positionen bewiesen.

Klaus Feld
Als dann die DDR untergegangen, die Unterdrücker ab 1990 im Volk untergetaucht waren, wie stand es da um das Erinnerungsvermögen dieser Leute?

Berndt Seite:
Ich glaube, die Täter machten sich etwas vor, wenn sie dachten, weil sie gesetzeskonform gehandelt hätten, könnten sie nicht schuldig sein. Für sie ist es ganz einfach: Woran man sich nicht erinnert, da existiert auch keine Moral.

Kreisdienststelle Röbel   Röbel, den 7. 11. 1989

OV "Sanddorn", OPK "Schärpe", OAM "Neffe"

Quelle: IMB "Hans Habicht" KD Röbel

Zu Plänen und Absichten der weiteren Gestaltung der neuen "Bewegungen" im Kreis Röbel

Durch den IM wurde aus persönlichen Gesprächen mit Dr. Seite und Pastor Timm zu ihrem weiteren geplanten Vorgehen mit dem Ziel der Stabilisierung und Erweiterung der Bewegungen an der Volksbasis, der Destabilisierung und der Zurückdrängung des Einflusses der SED in allen Bereichen des gesellschaftlichen Lebens bekannt:

- Organisierung von öffentlichen Veranstaltungen in Form von Demonstrationen, Gesprächsabenden mit thematisch offenen oder ausgewählter angekündigter Tagesordnung zur Mängeldiskussion über Entwicklungsprozesse, die der SED angelastet werden können.

- Sicherung einer aktiven Arbeit der vorhandenen Basisgruppen (Ltr. sollen die bekanntgemachten Kontaktadressen sein) sowie die Schaffung weiterer Gruppen, um die jeweils bereichsinteressierten Bürger mit den einzelnen Konzeptionen der gegenwärtigen "Bewegungen", besonders denen des "Neuen Forums" und der "SDP" vertraut zu machen (laut Problemkatalog des "Neuen Forum").

  Jede Zusammenkunft der Basisgruppen soll mit einem konkreten Ergebnis beendet werden (Eingaben, Forderungen, Resolutionen u. a. mehr).

- Eine Teilnahme an Veranstaltungen der bestehenden Parteien und Organisationen wird abgelehnt. Verzicht auf den Dialog. Orientierung auf grundsätzliche Veränderungen in der DDR, auf Beseitigung der vorhandenen Machtstrukturen.

- Treffen in Gruppen mit 15 - 20 Personen. Jedoch in privaten Räumen, in kirchlichen nur bei Unumgänglichkeit und wenn Massendemonstrationen vorgesehen sind.

  Jede Gruppe soll eine "Sprecher" bestimmen für die "Koordinierende Arbeit" der Bewegung und eine selbständige, jedoch koordinierte Arbeit außerhalb kirchlicher Räume leisten.
  Vorgesehen sind auch Gaststättenräume oder öffentliche Lokale.

  Die "Sprecher" führen ihrerseits Zusammenkünfte zur Koordinierung/ weiteres Vorgehen/ Ergebnisse der Basisgruppentreffen durch. Des weiteren sollen sie auch an Zusammenkünften anderer Gruppen teilnehmen und darüber in ihren Gruppen berichten.

- Schnelles Verbreiten von schriftlichen Positionspapieren u. a. Materialien, Vervielfältigung und Weitergabe an alle Bekannten/Werktätigen in Betrieben und Einrichtungen.

- Ständige Analysierung der Wirkungen der Arbeit in der "Bewegung", Austausch - Absprache von weiteren Aktionen zur Erreichung einer noch größeren Masse und Öffentlichkeit zur Unterstützung der Ziele der "SDP" und des "Neuen Forum".

Stellv. Leiter der KD

S c h e e l
Oberstleutnant

Beginn der politischen Arbeit – Landratsamt

Klaus Feld:
Ihre politische Laufbahn begann mit dem Eintritt in das Neue Forum? Sie wurden dessen Sprecher im Kreis Röbel/Müritz?

Berndt Seite:
Eine gewisse Vorerfahrung besaß ich schon seit meiner Wahl 1975 in die Synode der Evangelisch-Lutherischen Landeskirche Mecklenburgs. Aber so richtig los ging es im Oktober 1989 mit den drei Versammlungen zur »Demokratischen Erneuerung« in Röbel/Müritz.

Klaus Feld:
Sie haben schon in Ihren anderen Büchern davon berichtet, dass für Sie das Neue Forum (NF) ein Sammelbecken war, in dem die Menschen selbst nur wenig politische Verantwortung übernehmen wollten, und das Wahlergebnis bei den Volkskammerwahlen war entsprechend schlecht. Aus dem NF gingen dann viele Menschen in andere Parteien?

Berndt Seite:
Ja, ich ging zur CDU, andere in die SPD, die FDP und zu den Grünen. Und die Linken blieben dort, wo sie waren.

Klaus Feld:
Warum gingen Sie? Waren Sie unzufrieden mit dem NF?

Berndt Seite:
Das NF war eine wichtige Etappe auf dem Weg zur neuen Demokratie. Das darf man nicht unterschätzen, und es sollte nicht vergessen werden. Aber irgendwie wollte das NF den sogenannten »Dritten Weg« einschlagen, was immer das war. Den gab es meiner Meinung nach nicht.

Klaus Feld:
Dann wurden Sie Landrat, Generalsekretär der CDU in Mecklenburg-Vorpommern und dann Ministerpräsident des Landes.

Berndt Seite:
Solche Karrieren gibt es nur in Revolutionszeiten. Die meisten Menschen scheitern. Um es militärisch auszudrücken: Es ist so, als ob sie sich mit einem unerfahrenen Stoßtrupp in vermintem Gebiet auf den Weg machen, wie Ernst Jünger es formuliert hätte.

Klaus Feld:
Aber der revolutionäre Elan ist Ihnen geblieben, wie man an Ihren Aktivitäten im Landratsamt Röbel/Müritz ablesen kann. Sie haben nach der »friedlichen Revolution« als Landrat auch Entscheidungen getroffen, die nach der Wiedervereinigung keinen Bestand hatten? Stehen Sie dazu?

Berndt Seite:
Sie sprechen von den Jagderlaubnissen? Bedenken Sie, dass wir uns in einer revolutionären Situation befanden, nicht wussten, wie die vertriebene Macht noch reagieren könnte und die neue Regierung unter Führung von Lothar de Maizière wenig Fortune besaß. Mir gefiel gar nicht, dass die vorwiegend mit der Jagd betrauten SED-Genossen noch immer bewaffnet unterwegs waren. Niemand hatte daran gedacht, sie zu entwaffnen. Ich suchte nach einem plausiblen Grund, wenigstens den Spitzenfunktionären die Jagderlaubnis zu entziehen.

Klaus Feld:
Und wie gelang das?

Berndt Seite:
Nur teilweise, aber ich nutzte den mehr oder weniger rechtsfreien Raum dieser Zeit, um zu handeln. Im Jagdgesetz der DDR stand, dass die Jagd nur ausüben darf, wer bereit ist, den Sozialismus zu verteidigen. Dabei hatten die SED-Waffenträger versagt. Ich ließ die Dokumente einsammeln.

Klaus Feld:
Und haben sich die »Kollektivjäger« daran gehalten?

Berndt Seite:
Die meisten schon, denn die waren doch obrigkeitshörig. Schon der Vorgang an sich zeigte Wirkung und wurde von der Bevölkerung mit Wohlwollen aufgenommen. Psychologisch war das wichtig, diese Leute nicht mehr mit geschultertem Gewehr durch die Landschaft laufen zu sehen. Später haben sie geklagt, vermutlich auch ihre Scheine zurückbekommen. Ich kenne die Einzelheiten nicht.

Klaus Feld:
Das war also mehr eine symbolische Handlung?

Berndt Seite:
Politik hat doch viel mit Psychologie zu tun. So zu handeln, zeigt einen gewissen Grad von Entschlossenheit und erzielt oft eine größere Wirkung als materielles Handeln.

Klaus Feld:
Und die Schulleiter haben Sie auch zum 1.9.1990 auswechseln lassen?

Berndt Seite:
Das gehörte zur Revolution dazu und war einfach, da die Lehrer beim Landratsamt angestellt waren. Erst später übernahm das Land die Aufgabe.

Klaus Feld:
Und warum die Schulleiter?

Berndt Seite:
Die Lehrer sind eine besondere Zielgruppe, nicht nur in Revolutionszeiten. Sie stehen nach den Eltern der nächsten Generation besonders nahe. In unserem Komitee vor und nach dem Mauerfall war uns das sehr bewusst, denn eine unbekannte Zahl von Lehrern bleibt bis zu ihrem Lebensende dem alten System verhaftet, glaube ich. Die Machthaber in der SBZ hatten das nach 1945 erkannt und fast alle »Nazilehrer« entlassen. Sie setzten auf ihre »Neulehrer«; wir konnten so radikal nicht handeln, da zog die Politik nicht mit. Wenigstens wurden nach der Überprüfung auf Stasi-Tätigkeit Lehrer entlassen.

Klaus Feld:
Als Ministerpräsident äußerten Sie am Anfang Ihrer Regierungszeit einmal, 1.000 Lehrer aus dem Westen würden dem Land gut tun, denn sie brächten ihre demokratischen Verhaltensweisen mit in die Schulen nach Mecklenburg-Vorpommern. Wurden Sie dafür nicht heftig attackiert?

Berndt Seite:
Sehr. Für die Opposition war das eine Steilvorlage und meine Parteifreunde fanden das aus unterschiedlichen Gründen nicht gut, sie rührten keine Hand für mich. Meine Aussage von damals finde ich noch heute sachlich in Ordnung. Wer nichts mit dem kommunistischen System zu tun hatte, der war kaum von der Ideologie infiziert, so mein Ansatz. Politisch aber waren meine Vorstellungen unklug, denn damit vergraulen Sie Wähler. Vermutlich wäre es mir auch nicht gelungen, so viele Lehrer aus dem Westen zu mobilisieren, weil sie sich den Schwierigkeiten bei uns nicht aussetzen wollten. Und dazu kommt, dass einige von ihren neuen Kollegen im Osten mehr oder weniger gemobbt worden wären. Sie kamen, wenn sie kamen, in ein unbekanntes Land, und nicht jeder von ihnen fühlte sich als Pionier, auch als Patriot.

Klaus Feld:
Mit einem Problem wurden Sie als Landrat auch nicht fertig: Die neuen Arbeitsämter waren ein Sammelbecken der Leute von gestern. Besonders die Mitarbeiter der Abteilung Inneres fanden dort Unterschlupf, oder?

Berndt Seite:
Leider, wenn man bedenkt, wie dort mit dem MfS zusammengearbeitet wurde. In der Abteilung Inneres war auch die Abteilung »Arbeit« angesiedelt. Und aus der Abteilung rekrutierte sich überwiegend das Personal für die neuen Arbeitsämter. Die unterstanden dem Bundesministerium für Arbeit und Soziales, an dessen Spitze Norbert Blüm als Minister stand. Ihm ging es darum, schnell eine schlagkräftige Behörde zu installieren, denn die Arbeitslosigkeit stieg rasant. Das war auch nötig, aber mit mehr Fingerspitzengefühl, wie ich fand! Als ich 1992 eine erregte Auseinandersetzung mit ihm über das Thema »alte Kader SED« führte, forderte er mich auf, die Schuld der Betreffenden

nachzuweisen. Da hatte er schon recht, aber er stand nie als Arbeitsloser einem Genossen von der Abteilung Inneres des ehemaligen Rates des Kreises gegenüber, der jetzt das Arbeitsamt repräsentierte, aber in der DDR die Zustimmung zu einem Reisepass verweigert hatte. »Da sitzen sie ja schon wieder«, hat damals so mancher Arbeitsloser 1990 gedacht. Diese Frau oder dieser Mann vom neuen Arbeitsamt sollte jetzt schon wieder entscheiden, ob man eine neue Tätigkeit bekam oder nicht. Ich hätte mir mehr Fingerspitzengefühl gewünscht, denn es wäre auch anders gegangen.

Klaus Feld:
Nicht nur gegenüber Blüm hatten Sie Vorbehalte?

Berndt Seite:
Jetzt kommen wir in eine Grundsatzdiskussion nach dem Motto: Was hätte 1990 anders laufen müssen? Das ist jetzt rein spekulativ. Nach zwei Diktaturen im Osten von 1945 bis 1989 wäre es angebracht gewesen, strengere Kriterien für eine Weiterbeschäftigung der diktaturbelasteten Menschen anzulegen – fragen Sie mich jetzt nicht, wie das hätte gehen können. Es wäre gegangen, wenn man es gewollte hätte, ohne in eine »Hexenjagd« zu verfallen. Das Ergebnis sehen sie heute im Osten bei geschätzt einem Drittel der Bevölkerung: Misstrauen gegenüber der Demokratie, Ostalgie aus einem hübsch hergerichteten Sessel, Antiamerikanismus, dafür Russlandverständnis in allen Schattierungen. Genug davon, denn wir verlieren unser Thema.

Klaus Feld:
Als Landrat hatten Sie auch mit Investoren aus dem Westen zu tun? Wie haben Sie die erlebt?

Berndt Seite:
Ich hatte schon eine gewisse Vorerfahrung mit unseren Landsleuten aus dem Westen, wie ich bereits erzählte. Auf uns »Eingeborene« machten einige von ihnen mit brillanter Zungenfertigkeit Eindruck. Oft, aber nicht immer, verbargen sich dahinter einige schlichte, aber räuberische Absichten. Und dann der neue Kommerz, ein Krebsgeschwür, eine geschwätzige Lüge. Am Anfang waren viele Glücksritter unterwegs, und als sie ihren zugeteilten Claim ausgebeutet hatten oder er nichts mehr hergab, zogen sie weiter. Später besserte sich das.

Die Überprüfungspraxis für den öffentlichen Dienst auf IM-Tätigkeit

Klaus Feld:
Mir fällt auf, dass Sie in Ihrem Sprachgebrauch wenig Unterschiede zwischen den Untaten der Nationalsozialisten und später der Sozialisten/Kommunisten machen. Das verstößt doch etwas, vorsichtig ausgedrückt, gegen den Mainstream, wie man das heute nennt?

Berndt Seite:
Warum sollte ich mich heute einer öffentlich kaum legitimierten Meinungsmehrheit beugen, wo ich das zu Zeiten der Kommunisten auch nicht getan habe? Alles, was die sogenannte Mehrheit nicht vertritt, ist nach ihrer Ansicht politisch inkorrekt. Dem beuge ich mich nicht. Ich unterscheide schon zwischen den einmaligen Untaten der Nazis und denen der Kommunisten in ihrer insgesamt 44-jährigen Herrschaft im Osten Deutschlands. Den Diktaturen aber gemeinsam ist: Hitler und Stalin waren Massenmörder. Beide haben unsägliches Leid über die Menschen in der Welt gebracht. Sie vertraten Ideologien, die den Menschen knechteten und versuchten, ihn in Teilen neu zu erschaffen. Dass die Nachfolger der kommunistischen Diktaturen heute mit ihren neuen Parteien dem demokratischen Spektrum zugerechnet werden, halte ich für einen politischen Irrtum. Ein Grund für diese Haltung der demokratischen Parteien ist, dass die russischen Kommunisten und später der Warschauer Pakt nie einen Krieg gegen die westlichen Demokratien geführt haben.

Klaus Feld:
Mit dieser Haltung machen Sie sich nicht nur Freunde.

Berndt Seite:
Es geht hier nicht um Freunde, sondern um die Warnung, dass Demokratien keine Selbstläufer sind. Ich habe die Geschichte als Heranwachsender und Erwachsener verfolgt. Ich lasse mich von den säuselnden Diktatur-Gesängen nicht einlullen, und nicht umsonst habe ich den Titel unseres Gesprächs so gewählt. Ich muss in keine Polemik verfallen, wenn ich feststelle, dass Linke und Rechte in Deutschland einen anderen Staat errichten wollen. Ihre Programme sagen das aus. *»Es muss alles demokratisch aussehen«* (Walter Ulbricht), bis der Tag kommt und man das wahre Gesicht wieder zeigen kann.

Klaus Feld:
Als Ministerpräsident muss es Sie doch 1992 umgetrieben haben, selbst der Regierungskommission zur Überprüfung aller Mitarbeiter auf Stasi-Tätigkeit vorzustehen. Warum haben Sie es nicht getan?

Berndt Seite:
Das war ein schwieriges Terrain. Als Landrat in einem kleinen Kreis war das überschaubar. Ich hatte im Kommunalwahlkampf 1990 den Menschen im Kreis versprochen, nach den Wahlen mit einem großen Besen zu kehren, obwohl ich nur einen kleinen besaß. Das geschah dann auch. Einige IM in der Kreisverwaltung gaben schon vorher auf, andere verschwanden sang- und klanglos und wieder andere wurden später enttarnt. Das waren die Raffinierten. Einige retteten sich auch an das andere Ufer, weil die Gesetzgebung es zuließ. In anderen Kreisen war es anders. Dort galt das Motto »Nur keine Aufregung, auch die Demokratie besitzt einen großen Magen!«

Klaus Feld:
Was taten Sie noch?

Berndt Seite:
Die »Mitglieder des Rates des Kreises« habe ich nicht übernommen, denn ich wollte keine ehemaligen SED-Genossen in führenden Positionen, sondern die wurden mit parteilosen Leuten besetzt, die in der Bürgerbewegung am Sturz des Regimes beteiligt waren.

Klaus Feld:
In Schwerin war das anders?

Berndt Seite:
Im Amt des Ministerpräsidenten durfte ich in die harten Auseinandersetzungen nicht eingreifen, um politisch nicht beschädigt zu werden, obwohl ich liebend gern in den Ring gestiegen wäre. Es war nicht einfach für mich zu verkraften, wenn ich mir die »Altgedienten« aus der DDR ansah, die jetzt in allen Fraktionen des Landtages saßen. So ein Land wird nach einer Revolution nicht neu geboren! Auch im Landtag gab es Abgeordnete in der Koalition, die zögerlich waren, dieses forsche Vorgehen nicht gebilligt hätten, aus welchen Gründen auch immer. Von der PDS/SED ganz abgesehen. Da saßen ja noch als IM Enttarnte im Landtag und niemand konnte sie entfernen.

Klaus Feld:
Und wie haben Sie das Problem gelöst?

Berndt Seite:
Im Landtag wurden per Gesetz Ehrenkommissionen eingesetzt. Im Ergebnis mussten dann Abgeordnete den Landtag verlassen.

Klaus Feld:
Hat Sie das nicht besonders berührt, schließlich mussten auch vier aus Ihrer Partei gehen?

Berndt Seite:
Nein. Die Entscheidung war schon vor meiner Wahl gefallen, und Nachsicht wäre von mir nicht zu erwarten gewesen.

Klaus Feld:
Da waren Sie anders als Stolpe?

Berndt Seite:
Wie Manfred Stolpe in seiner Regierung in dieser Frage gehandelt hat, weiß ich nicht. Aber dass er sich als Konsistorialpräsident viele, viele Male mit Stasi-Offizieren in einer konspirativen Wohnung getroffen hat und eine Auszeichnung bekam, fand ich mehr als fragwürdig. Und dann das Hickhack um den Ort der Übergabe des Ordens. Ein Mitglied aus seiner Regierung

hat aus diesem Grund Konsequenzen gezogen: Marianne Birthler. Sie ist zurückgetreten. Ich glaube nicht, dass ich mich mit so einer Vorgeschichte in das Amt hätte wählen lassen. Gysi eilt zu diversen Gerichten, damit die entscheiden, ob er Kontakte zur Stasi hatte oder nicht.

Klaus Feld:
Die Überprüfungen durch Kommissionen gingen in den Ministerien Ihrer Regierung weiter. Wie überprüft wurde, haben sie den Ministern überlassen?

Berndt Seite:
Mit Vorgaben und nach den Kriterien der Ehrenkommission. Ich hatte keinen Einfluss auf die Verfahren, sondern die Minister gemahnt, nach den Vorgaben zu verfahren. Besonders schwer hatten es der Innenminister und die Kultusministerin. Der eine musste über die Polizisten und die andere über die Lehrer entscheiden. Noch vor meiner Amtszeit wurden die ehemaligen Leiter der Volkspolizeikreisämter nur versetzt und nicht entlassen, weil man Angst hatte, die Polizei ganz in ihrer Tätigkeit zu schwächen. Es fand also nur eine Rochade wie auf dem Schachbrett statt, auch eine sehr schwierige Entscheidung. Aber vermutlich sind die meisten Damen und Herren Abgeordneten und der damalige Innenminister nie auf ein Volkspolizeikreisamt (VPKA) »einbestellt« worden, »zwecks Klärung eines Sachverhalts«. So ist das in der Politik. In den Auseinandersetzungen über eine zu treffende Entscheidung ist persönliches Erleben immer sehr hilfreich. Ob ich das Vorgehen verhindern hätte können, ist fraglich.

Klaus Feld:
Da haben Sie versagt?

Berndt Seite:
Mir liegt es fern, Verantwortung von mir abzuwälzen. Revolutionen muss man richtig machen. Das stimmt, aber auch die politischen Rahmenbedingungen sind bei der Umsetzung zu beachten. In Schwerin habe ich in einer anderen Liga gespielt, denn das war nicht die Kreisklasse von Röbel/Müritz. Und wenn Sie die Anstrengungen der Handvoll »Revolutionäre« in der Volkskammer betrachten, die ein schärferes Vorgehen gegen die Führer und Mittäter der Diktatur forderten, aber auch scheiterten, dann muss ich mich mit dem Erreichten zufriedengeben. Wir leben in einer Demokratie und da geht es bei den Entscheidungen nicht per Order de Mufti, sondern endet meistens in einem Vergleich der unterschiedlichen »Marktteilnehmer«. Bei der nächsten Revolution, wenn wieder eine Diktatur zu stürzen ist, machen wir es besser. (lacht!)

Die SED macht u. a. die Treuhand als einen Schuldigen aus

Klaus Feld:
Einige Zeit nach dem Mauerfall machten die SED-Nachfolger einen weiteren Schuldigen aus, der die DDR ruiniert hätte, die Treuhand. Das glauben noch heute viele Menschen. Oder?

Berndt Seite:
Das gehört nicht ganz zu unserem Thema, aber beleuchtet die damalige Situation. Man kann sie nicht genug ausleuchten! Die Treuhandanstalt für die Überführung der volkseigenen Betriebe und Einrichtungen in private Hand wurde von der Modrow-Regierung gegründet. In dieser Behörde saßen vorrangig Leute aus dem DDR-Staatsapparat, also ausgesuchte Kader des Systems. Nach der Wahl zur Volkskammer am 8. März 1990 kamen dann auch Fachleute aus dem Westen dazu. Ja, die »Ostalgiker« sehen die Treuhand als Buhmann an, so kann man das sehen.

Klaus Feld:
Mich interessiert, wie Sie den Komplex Treuhand sehen, denn Sie waren später als Ministerpräsident im Vorstand der Treuhand qua Amt?

Berndt Seite:
Die DDR hatte keine Rechnungsführung wie die westlichen Staaten. Rechnungsführung in der Planwirtschaft war bestimmt durch ein kompliziertes System von Kennziffern. Die DDR bewertete in Eigenregie ihre Wirtschaft. Die aufgestellten Volkswirtschaftspläne entsprachen nicht den wirtschaftlichen Gegebenheiten. Daher auch die propagierte These, das Industrievermögen der DDR wäre 600 Mrd. Mark wert gewesen. Und alle Welt glaubte das anfangs auch. Die DDR sollte in den 80er-Jahren nach ihrer Wirtschaftskraft den zehnten Platz auf einer Weltwirtschaftstabelle einnehmen, so stand es in den Zeitungen.

Klaus Feld:
Und wann gab es realistische Zahlen über den ökonomischen Zustand der DDR?

Berndt Seite:
Den Anfang machte unmittelbar vor dem Zusammenbruch der DDR, Gerhard Schürer, der letzte Planungschef der DDR in einem Geheimpapier, das die DDR-Führung nicht zur Kenntnis nahm. Aber endgültige Klarheit herrschte erst, als Ende 1992 alle Eröffnungsbilanzen der Treuhandbetriebe vorlagen. Am Ende wurden nach Abzug der »Privatisierungsgewinne« 210 Milliarden DM benötigt, um die Privatisierung zu Ende zu führen.

Klaus Feld:
Es wird behauptet, der Westen hätte den Osten ausgeplündert.

Berndt Seite:
Ja, es hat kriminelle Handlungen gegeben. Das ist bei so einer Herkulesarbeit unvermeidbar. Erstaunlich auch, wie schnell die »Ost-Kader« mit den westlichen »Beutemachern« zusammenfanden. Wenn ich an die Werften in Mecklenburg-Vorpommern denke, die privatisiert werden mussten – und das in einer weltweiten, schweren Werftenkrise – um dem Land nicht das industrielle Standbein zu nehmen, war das eine große Leistung der Treuhand. Dazu kam: Wer sollte eigentlich auf einem übersättigten Markt die Schiffe kaufen? Die Russen waren zwar Vertragspartner, aber bei denen brach die Wirtschaft auch zusammen. Bei der Privatisierung der Ostwerften ist die Treuhand den politischen Vorgaben gefolgt und nicht dem ökonomischen Sachverstand. Nein, der Zusammenbruch hat auch neue Reformbewegungen ausgelöst. Nur die Werften in Mecklenburg-Vorpommern haben weiter gewirtschaftet wie früher, jetzt in modernem Gewand, bestens technisch ausgerüstet, mit Westgeld in der Hand, aber mit wenig Fortune. Das Ergebnis sieht man.

Klaus Feld:
Also alles in Ordnung?

Berndt Seite:
Natürlich nicht. Die »gefühlte Stimmungslage« ist oft eine andere, obwohl sie von den Tatsachen nur zum Teil gedeckt wird. Richard Schröder(Fraktionsvorsitzender der SDP in der DDR-Volkskammer) schrieb in der FAZ, dass durch die schnelle Öffnung der Mauer zwar die Einheit Deutschlands möglich war, aber der Freiheitsbaum auch Schatten geworfen hat. Niemand weiß, wie die politische Landschaft ohne die Einheit Deutschlands ausgesehen hätte. Lieber die Einheit, die Freiheit mit einer kaputten Wirtschaft, als weiter unter dem Kommando der Russen und ihrer Befehlsempfänger zu leben.

Verband der Tierärzte

Klaus Feld:
Noch während der Zeit des Mauerfalls, also vor dem Einstieg in die aktive Politik, haben Sie sich verstärkt um Ihre Berufsgruppe gekümmert.

Berndt Seite:
Ja, das war mir ein besonderes Anliegen. Man fasst immer das ins Auge, von dem man glaubt, besonders viel zu verstehen. Bei den politischen Auseinandersetzungen während einer Fachtagung der Veterinärmediziner fassten wir den Entschluss, einen eigenen Interessenverband der Tierärzte zu gründen.

Klaus Feld:
Und dann haben Sie mit Gleichgesinnten sofort nach dem Mauerfall den »Verband der Tierärzte in der DDR« (VdT) gegründet. Wie ist es Ihnen dabei ergangen?

Berndt Seite:
Es ist uns gelungen, aus eigener Kraft, ohne Vormundschaft, etwas Eigenes auf die Beine zu stellen und damit auch Erfolg zu haben. Das ist ein großes und bleibendes Erlebnis. Die Idee hatte ich schon vor dem Mauerfall, aber andere auch. Wir wollten uns in unserem Beruf von der Bevormundung durch den Staat und von seinen Funktionären befreien. Am 16.12.1989 haben wir den VdT gegründet, dem die meisten Tierärzte beigetreten sind. Neu war, dass in den noch bestehenden Bezirken der DDR Tierärzte eigenständig die neuen Strukturen des Berufs weiter aufgebaut haben.

Klaus Feld:
Sind Sie darauf stolz?

Berndt Seite:
Ja. Und nicht nur ich, sondern auch viele Kollegen in den damaligen Bezirken der DDR, die dort selbstständig die Arbeit im VdT fortsetzten und noch heute mit Freude an diese Zeit zurückdenken. Auch solche Erlebnisse gibt es nur in Umbruchzeiten.

Klaus Feld:
Das ging doch nicht ohne Schwierigkeiten vonstatten?

Berndt Seite:
In solchen Zeiten gibt es besonders große Schwierigkeiten, aber uns kam zu Hilfe, dass das DDR-System schon in der Agonie lag, also mehr tot als lebendig war. Unsere Berufsgruppe gehörte zu den wenigen, die ihr Schicksal selbst in die Hand nahmen und nicht auf Vorgaben vonseiten des Staates warteten. Das kam erst später.

Klaus Feld:
Was hat die Gründung des Verbandes für die weitere Entwicklung gebracht?

Berndt Seite:
Wir konnten unseren Kollegen dabei helfen, mit ihrem Beruf im neuen System Fuß zu fassen, sich als Freiberufler niederzulassen. Das war für viele Kollegen nicht einfach. Dabei haben uns die Kollegen im Westen tatkräftig und kollegial unterstützt. Und wir konnten auch zum Teil verhindern, dass die ehemaligen Funktionäre in unserem Beruf Chancen bekamen, sich den Kollegen im Westen anzudienen.

Klaus Feld:
Gab es diese Tendenz?

Berndt Seite:
Und ob, denn die Menschen im Westen waren doch ahnungslos, weil sie nicht wussten, dass hinter der Funktion, die der Mann bekleidete, ein SED-Mann stand, oft auch ein Stasi-Zuträger, der sich in der neuen Zeit anbiedern wollte.

Klaus Feld:
Ist das nicht etwas weit hergeholt?

Berndt Seite:
Nein. Trotz unserer massiven Einsprüche, also vonseiten des VdT und später durch mich als Ministerpräsident von Mecklenburg-Vorpommern, ist der ehemalige Leiter des Veterinärwesens in der DDR vom Bundesministerium für Ernährung, Landwirtschaft und Forsten übernommen worden, ohne nachzuschauen, welchen führenden SED-Kader »sie sich eingefangen« hatten. Als wir immer weiter insistierten, kam zuletzt das Argument, man hätte jetzt gegenüber den Angestellten eine Fürsorgepflicht! Und wie sah die »Fürsorgepflicht« gegenüber den anderen Tierärzten in der ehemaligen DDR aus?

Klaus Feld:
Und dann haben Sie nicht aufgepasst, als Informelle Mitarbeiter sich auch in Ihrem Verband tummelten?

Berndt Seite:
Wir haben es geahnt, aber nicht gewusst. Sie waren doch überall, in jeder Berufsgruppe. Man muss die Dinge und die Ereignisse immer im Kontext der Zeit betrachten. Wir wollten mit unserem Verband schnell tätig werden und dabei brauchten wir auch Leute, die Zugang zu den ehemaligen Funktionären des Berufs hatten, damit von denen nicht eine Front des Widerstandes aufgebaut wurde. Es ist wie beim Skat: Wer in Vorhand sitzt, kann die entsprechende Karte ausspielen.

Klaus Feld:
Für diesen Gesprächsabschnitt haben Sie 2013/14 bei der BStU recherchiert?

Berndt Seite:
Ja, für das Gespräch, das den Titel trägt: »Gefangen im Netz der Dunkelmänner«. Bei der BStU habe ich einen sogenannten Forschungsantrag gestellt, welche Personen bei der Gründung des VdT am 16. Dezember 1989 eventuell dem MfS gedient haben. Ich durfte in 5 Personalakten Einsicht nehmen.

Klaus Feld:
Und sind Sie fündig geworden?

Berndt Seite:
Ja, aber bedenken Sie, dass das MfS in seinen letzten Zügen lag und für solche »Nebensächlichkeiten« wie die Gründung eines Verbands kaum noch ein Ohr hatte. Vielleicht wurde darüber geredet, aber in den Berichten vom November 1989 steht davon nichts mehr.

Klaus Feld:
Kann man die Ergebnisse Ihrer Recherche, vorwiegend aus Kreisen des ehemaligen Bezirks Neubrandenburg, auch auf die anderen Kreise in der ehemaligen DDR übertragen?

Berndt Seite:
Nein, da keine Untersuchungen vorgenommen wurden. Da aber anzunehmen ist, dass es im Veterinärwesen der DDR eine »Gleichbehandlung« gab, kommen meine/unsere Ausführungen zu dem Berufsstand meiner Recherche sehr nahe. Auch dort gab es Kreistierärzte und eine Reihe von anderen Mitarbeitern des Staatlichen Veterinärwesens, die IM waren oder dem MfS zugearbeitet haben.

Klaus Feld:
Aber alles, was mit dem VdT zusammenhängt, nimmt eine Sonderstellung ein.

Berndt Seite:
Ja, aber ich habe nur eine »Stichprobe« für unser Gespräch vorgenommen, und es liegt mir überhaupt nichts daran, weitere Untersuchungen vorzunehmen. Das will ich nicht, denn ich bin kein neuer Joseph McCarthy.

Klaus Feld:
Der später enttarnte IM »Rüdiger« wurde nach der Gründung des VdT Geschäftsführer und Sie Präsident. Hatten Sie da nicht den falschen Mann am richtigen Ort?

Berndt Seite:
Das trifft zu. Der IM »Rüdiger« war der tierärztliche Leiter einer großen Mastrinder-Anlage und wurde mir von Kollegen empfohlen. Ich habe mich geirrt, als ich mich auf ihn einließ, obwohl mein innerer »Mitwisser«

mich gewarnt hatte. Der tierärztliche Leiter einer so großen Anlage musste nicht unbedingt IM sein, aber Genosse schon. Wurde er trotzdem IM, war er noch »wertvoller« für das MfS, denn es hatte besseren Zugriff auf ihn. Sein Vorgänger taucht in unseren Akten als IM auf, obwohl ich nie etwas mit ihm zu tun hatte. Aber die Stasi hatte etwas mit ihm vor.

Klaus Feld:
Sie haben sich trotzdem auf den IM »Rüdiger« eingelassen.

Berndt Seite:
Als Geschäftsführer war er geeignet, und umtriebig, wie er war, knüpfte er schnell Kontakte zu den Landesgeschäftsführern der Deutschen Tierärzteschaft.

Klaus Feld:
Als sich abzeichnete, dass der VdT durch die neuen Tierärztekammern der Bundesländer ersetzt werden würden, haben Sie ihn als Mitarbeiter für das neue Landwirtschaftsministerium in Schwerin vorgeschlagen.

Berndt Seite:
Ich fand ihn geeignet für eine Aufgabe im Ministerium, aber vorher führte ich noch ein Gespräch mit ihm über seine SED-Vergangenheit und eventuelle Kontakte zum MfS. Glauben Sie mir, ich habe ihn eindringlich befragt. Bis auf die Mitgliedschaft in der SED wäre da überhaupt nichts, versicherte er mir.

Klaus Feld:
Als Sie Ministerpräsident waren, hat Sie sein Problem eingeholt.

Berndt Seite:
Er wurde vom zuständigen Minister entlassen, weil er IM war.

Klaus Feld:
Noch eine Enttäuschung?

Berndt Seite:
In der Politik gibt es viele Enttäuschungen, aber sie haben keinen Platz; die können Sie sich für den Ruhestand aufheben. Als Mitglied einer Kommission innerhalb des Ministeriums zur Überprüfung der Mitarbeiter auf eine eventuelle IM-Tätigkeit hatte der IM »Rüdiger« auch über den Verbleib oder die Entlassung von Mitarbeitern im Ministerium zu entscheiden, so wurde mir berichtet. Nach seiner Enttarnung als IM in Schwerin besaß er die Chuzpe, sich in Niedersachsen als Mitarbeiter bei der Tierseuchenkasse zu bewerben. Er wurde auch eingestellt, aber dann in der Probezeit entlassen, aber nicht wegen seiner IM-Tätigkeit im Osten. Das wurde dann bekannt. Trotz der Einsprüche der Landestierärztekammer war dies nicht der Grund seiner Nichteinstellung. Das passt in das westdeutsche Schema: Was geht uns an, was die im Osten machen, uns hat der Mann doch nicht geschadet!

Verpflichtungserklärung
vom 23.5.1986 von Dr. Claus., handschriftlich.
Mir wurde diese Berufung zur Kenntnis gegeben. Ich erkläre mich bereit, die mir übertragenen Pflichten ehrlich und gewissenhaft zu erfüllen. Ich verpflichte mich über diese vertrauliche Zusammenarbeit gegenüber allen Personen sowie staatlichen und gesellschaftlichen Organen undbedingtes Stillschweigen zu bewahren. Zu meiner eigenen Sicherheit nehme ich den Namen »Rüdiger« an.

Bericht vom 12.7.89
Dr. C. ist offen und ehrlich gegenüber unserem Organ. Er ist stets bereit Aufträge entgegenzunehmen und diese auch zu erfüllen.

Quittungen vom MfS hat er immer mit seinem Decknamen »Rüdiger« unterzeichnet.

Klaus Feld:
Was trieb den Mann an?

Berndt Seite:
Wie immer: neue Zeit, neue Kleider, neues Spiel! Und dann mit aller Macht die Vergangenheit hinter sich lassen! Alles abstreiten, abwiegeln, weil man vielleicht die Zusicherung von seinem Führungsoffizier hatte, die e i g e n e Akte sei beseitigt worden. Das war oft eine Lüge, nur ein Hinhalten, da viele Teilakten bereits archiviert waren. Die Stasi war gar nicht mehr in der Lage, trotz aller »Heiz- und Zerreißaktionen«, die riesigen

Aktenberge zu beseitigen. Und dann kommt immer die Persönlichkeitsstruktur dazu: So, wie der Charakter des Menschen ist, so ist er im Leben auch unterwegs. Ein IM, der bei der Gründung des VdT dabei war, hat sich noch am 16.11.1989 mit seinem Führungsoffizier getroffen, um die eingetretene Lage nach dem Mauerfall zu erörtern. Nach einigen vorgetragenen Zweifeln war er bereit, in der »größeren Bundesrepublik« weiterzumachen. Da hätten wir die »Maulwürfe« in den eigenen Reihen gehabt, wenn das MfS nicht kollabiert wäre.

Klaus Feld:
Aus Ihren Schilderungen entnehme ich auch, dass es vielen »Stichwortgebern« in der alten Bundesrepublik egal war, was die Leute vorher in der DDR getan hatten.

Berndt Seite:
Ja. »Na und«, haben viele gesagt, »das liegt jetzt hinter uns, nach dem 2. Weltkrieg war es nicht anders.« Konrad Adenauer sagte in seiner ersten Regierungserklärung 1949: »*Vergangenes vergangen sein lassen*«. Außerdem haben die meisten von denen »den anderen« nicht geschadet. Heute reden viele Mitläufer aus der ehemaligen DDR so.

Klaus Feld:
Die Gründungsurkunde des VdT hat auch Dr. Hans Müller unterschrieben. Bei einer Versammlung der »Wissenschaftlichen Gesellschaft für Veterinärmedizin« am 26.10.1989 in Röpersdorf, Kreis Prenzlau, also noch vor dem Fall der Mauer, stand er noch fest in der Phalanx seiner SED-Parteigruppe. Sie hatten eine heftige Auseinandersetzung mit ihm über das Problem der Ausreise vieler Menschen, ja Sie sprachen davon, dass der Staat DDR den Menschen die Kinder nähme, weil sie aus dem Land flüchteten. Und trotzdem ließen Sie zu, dass er die Urkunde unterschrieb. Warum?

Berndt Seite:
Dr. Hans Müller war ein umtriebiger, im Gespräch verbindlich agierender Kreistierarzt. Ihm gelang es, Gesprächspartner sehr schnell für sich einzunehmen. So »schätzten« ihn auch seine Genossen ein. Wir brauchten ihn, um auch den »staatskonformen Tierärzten« Zugang zum Verband zu ermöglichen. Das war wichtig, damit der Verband nicht ein Sekten- oder Nischenprodukt wurde. Er hat für die im »öffentlichen Sektor« tätigen Tierärzte unterschrieben.

Klaus Feld:
Und, hat er die Erwartungen erfüllt?

Berndt Seite:
Er hat einmal in Berlin an einer Dienstberatung der Bezirkstierärzte in der »Noch-DDR« im Januar 1990 teilgenommen und da über den VdT gesprochen. Was er dort gesagt hat, wissen wir nur von seinem Bericht. Wir waren nicht dabei. Im Verband nahm er aber keine bedeutende Position ein.

Klaus Feld:
Hatten Sie nicht die Vermutung, dass sich im VdT noch mehr IM bewegten?

Berndt Seite:
Natürlich, diese Vermutung war und ist berechtigt. Heute wissen wir mehr. Ich habe nur von Menschen in meinem Umkreis erzählt. Was in anderen Landesteilen geschah, weiß ich nicht. Da wird es ähnliche Fälle gegeben haben, denn dafür spricht schon der statistische Durchschnitt. Die IM zu enttarnen, ist nur nach den Vorgaben des Stasiunterlagengesetzes möglich. An diese Vorgaben muss man sich halten. Da so wenige IM aus den Akten von Betroffenen öffentlich benannt werden, werden auch zu wenige enttarnt.

Klaus Feld:
Aktuell zeigt sich das Problem IM wieder bei dem Fall eines Geschäftsführers in Mecklenburg-Vorpommern.

Berndt Seite:
Ja, es geht um den Geschäftsführer des Städte- und Gemeindetages von Mecklenburg-Vorpommern, Michael Thomalla. Er ist nie von der BStU überprüft worden. Seine Vorgesetzten haben sich nicht darum gekümmert. Mitte Oktober 2014 wurde er als IM »Mike König« enttarnt. Sechs Jahre bis zum Mauerfall hat er als hauptamtlicher Sekretär der Partei LDPD in Neubrandenburg der Stasi Berichte geliefert. Und nach dem Ende der DDR und seiner Partei schlich er sich als Geschäftsführer in die neue Organisation ein. Interessant ist, dass der IM »Mike König« heute für sich eine

Art von »Persilschein« fordert, indem er gegen seine fristlose Entlassung klagt; schließlich wiegen die 6 Jahre Spitzeltätigkeit im Vergleich zu 24 Jahren Geschäftsführer im demokratischen Rechtsstaat wenig. Sie sind nicht mehr als eine Jugendsünde, meint er. Nur vergisst er, dass er seinen Arbeitgeber vorsätzlich getäuscht hat. Vom Verrat einmal ganz abgesehen, der nie verjährt. Ich glaube, dass die BStU viel mehr über Personen im heutigen öffentlichen Leben weiß, aber es nicht ausreicht oder die entsprechenden Unterlagen fehlen, um ihre Mitarbeit für das MfS zu belegen. Das ist sehr deprimierend.

Klaus Feld:
Dass insgesamt bei der Nennung der Klarnamen von IM so restriktiv verfahren wird, gefällt Ihnen gar nicht?

Berndt Seite:
Es geht hier nicht um gefallen, denn ich muss mich an die Gesetzeslage halten. Ich hätte mir vom Gesetzgeber nicht solche Einschränkungen gewünscht. Hier kommt meine These vom »Landfrieden« wieder ins Spiel, um die Wiedervereinigung nicht zu gefährden.

Klaus Feld:
Ein Ausspruch von Ihnen ist: Revolutionen muss man richtig machen.

Berndt Seite:
So ähnlich.

Klaus Feld:
Kommen wir zu einem weiteren Tierarzt, mit dem Sie befreundet sind. Er war nicht direkt an der Gründung des VdT beteiligt.

Berndt Seite:
Nein, aber er hat in seinem Umkreis für Veränderungen gesorgt. In meinem Buch »Schneeengel frieren nicht« habe ich bereits darüber geschrieben. Seine Frau hat mich damals vor ihm gewarnt, da er vom MfS bedrängt würde, mit mir Kontakt aufzunehmen. Er hat es nicht getan, aber auch über den Sachverhalt in den letzten 25 Jahren geschwiegen.

Klaus Feld:
Der IM »Siegmund«, wie ihn das MfS nannte, wurde in einer Reihe von Zusammenkünften von der Stasi »bearbeitet«, damit er sich Ihnen nähert. Aber mit wenig Erfolg.

Annemarie Seite:
Mich stimmt der Fall besonders traurig, da wir mit dem Ehepaar an der Humboldt-Universität studiert haben. Uns verbindet eine langjährige Freundschaft. Seine Haltung zum MfS würde ich als »grenzwertig« beurteilen, da er sich ständig geweigert hat, Berichte zu schreiben oder gegen uns aktiv zu werden. Wie soll ich da urteilen? Manchmal möchte ich von dem ganzen Schmutz nichts mehr wissen.

Berndt Seite:
Wir haben erfahren, dass er durch eine »gestrickte und getürkte Legende« vom MfS verleitet wurde, an der Aufklärung eines »Sachverhalts« mitzuarbeiten. In der Verpflichtungserklärung hat er davon ausdrücklich geschrieben; ihm sei aber wichtig, dass seine Frau über jeden seiner Schritte informiert ist. Als er dann merkte, dass es nicht um den angeblichen Sachverhalt ging – der Westen sollte an seiner wissenschaftlichen Arbeit interessiert sein –, sondern um Berndt Seite, hat er 1987 die Mitarbeit aufgekündigt.

Klaus Feld:
Wie hat er Schluss gemacht?

Berndt Seite:
Er hat jegliche Ausspähung meiner Person abgelehnt, keine Berichte verfasst und keinen Kontakt mit mir gesucht.

Klaus Feld:
Und was geschah dann mit ihm?

Berndt Seite:
Bei der letzten Zusammenkunft 1987 haben ihn die Stasi-Leute aufgefordert – es waren fünf! – mit ihnen in den Wald zu kommen. Als sie auf dem Waldweg unterwegs waren, kam ihnen wie aus dem Nichts ein Mann entgegen, der ein Gewehr geschultert hatte und wortlos an ihnen vorüberging. Danach erklärten

die Stasi-Leute ihm, dass die Legende über die Ausspähung westlicher Wissenschaftler zu seinen Forschungsergebnissen zu Pelztieren von ihnen nur erfunden wurde. Da er sich weigere, mit ihnen zusammenzuarbeiten, würden sie dafür sorgen, dass seine Kinder nicht studieren dürften, und wie es mit ihm beruflich weiterginge, müssten sie sich noch überlegen.

Klaus Feld:
Ich sehe schon, mit ihm üben Sie Nachsicht.

Berndt Seite:
Nein, aber es gibt bei jeder Regel eine Ausnahme. Er hat nach seiner Wahl zum Bürgermeister einer mecklenburgischen Kleinstadt vor der Stadtvertretung die Zusammenarbeit mit dem MfS dargelegt. Und ist im Ergebnis seiner Weigerung gegenüber der Stasi hart verfolgt worden. Ich habe Respekt vor seiner Haltung. Das berührt meine allgemeine Sicht von der Verantwortung der IM gegenüber dem Volk nicht.

Klaus Feld:
Sie haben recherchiert. Wie beurteilen Sie seine Haltung?

Berndt Seite:
Ich möchte kein Urteil darüber abgeben, ob ein IM wenig oder viel berichtet hat und seine Aussagen bösartig oder harmlos waren. Für mich gilt eine Verpflichtung des MfS. Ich habe mich bei der Beurteilung der Stasi-Akten darauf festgelegt, ansonsten verliere ich mich haltlos in dem Stoff. Auch dieser Fall zeigt, dass der Betroffene in seiner Situation im Hinblick auf die Akten einer Fehleinschätzung erlegen war. Nicht jeder ist in so einer Lage sicher und zum Verweigerer geboren.

Klaus Feld:
Bei diesem Gesprächsteil hat es den Anschein, als seien überproportional viele IM in Ihrem Beruf »verpflichtet« worden.

Berndt Seite:
Das mag den Anschein haben, da wir nur eine kleine, überschaubare Berufsgruppe waren. Bei den Kreistierärzten vermuten viele meiner Kollegen noch heute, sie wären alle bei der »Firma« gewesen. Dass alle »Leitungskader« innerhalb der Berufsgruppe der Stasi nach Befragung Auskunft zu geben hatten, ist auch bekannt. Wurde der »Kader« noch IM, dann band er sich endgültig an die Stasi. Unterschätzen darf man nicht, dass die Tierärzte für die Lebensmittelkontrolle zuständig waren, denn auf die Versorgung mit Lebensmitteln legten die Machthaber besonderen Wert. Viele Spitzenkommunisten kamen aus kleinen Verhältnissen, und dort waren Hunger und Unterversorgung keine Fremdworte gewesen. Und sie wussten: Erst kommt das Fressen, dann die Moral – und dass die Unterversorgung mit Lebensmitteln viel gesellschaftlichen Sprengstoff in sich barg.

Hader mit dem Rechtsstaat?

Klaus Feld:
Mir fällt nicht nur bei dieser Aussage auf, dass Sie mit der strafrechtlichen Verfolgung durch den Rechtsstaat im vereinigten Deutschland hadern?

Berndt Seite:
Ich gehöre nicht zu den Nörglern am neuen System, wie andere in den neuen Bundesländern. Aber die Täter so laufen zu lassen, wie es nach 1990 geschah, sehe ich als einen historischen Fehler an. Ich weiß aber auch, politisch gab es kaum eine andere Möglichkeit, sich der Russenherrschaft zu entledigen. Im politischen Spiel ist vieles möglich. Vermutlich haben die Russen gefordert:

»Tut unseren Genossen in der DDR nichts!« Dem ist der Westen gefolgt. Die Ausgangslage war eine andere als nach der Nazidiktatur. Der Sozialismus sowjetischer Prägung besaß im Westen viele Sympathisanten. Heute wissen wir, dass dieser sogenannte Sozialismus purer russischer Nationalismus war, der sich nur eine sozialistische/kommunistische Larve vorgehalten hatte. Irgendeinen Sozialismus erstreben noch heute viele, aber bitte aus einem gut gepolsterten Eigenleben heraus.

Klaus Feld:
Das heißt also, Ihre »friedliche Revolution« war keine Revolution, sondern eine Folgeerscheinung des Zusammenbruchs des Sowjetimperiums?

Berndt Seite:
Doch, ja, eine Revolution war sie schon, denn sie erfüllte die Kriterien einer Revolution, wie die DDR-Schule es lehrte. Das alte System wurde gestürzt, die gesellschaftlichen Verhältnisse geändert, ein neues ökonomisches System installiert. Dass die Rechtsprechung den allgemeinen Menschenrechten anzupassen ist, wurde aber bei der »DDR-Einschätzung« vergessen. Die politische Großwetterlage Ende der 1980er-Jahre und der Zusammenbruch der Sowjetunion haben dazu beigetragen, dass die Revolution gelang, sonst gäbe es uns heute nicht mehr.

Klaus Feld:
Es gibt eine Reihe von Menschen, die zu der »friedlichen Revolution« eine andere Meinung haben. Da seien Menschen mit viel zu großen Schuhen von anderen unterwegs gewesen. So selbstständig hätten die »Revolutionäre« in der DDR nicht gehandelt, sagen sie.

Berndt Seite:
Mag sein, alles hängt mit allem zusammen. Wir haben unseren Teil dazu beigetragen.

Klaus Feld:
Aber Sie wollten mehr.

Berndt Seite:
Bärbel Bohley (Mitbegründerin des Neuen Forums) hat das auf ihre Art mit dem Ausspruch beschrieben: *»Wir wollten Recht und erhielten den Rechtsstaat.«*

Ich erwartete auch, dass die Täter zur Rechenschaft gezogen werden, aber das ist kaum geschehen. Die Revolution ist stecken geblieben. Sie hat zwar nicht alle ihre Kinder gefressen, aber einige schon. Die Schuld sollten wir nicht bei den Verantwortlichen der alten Bundesrepublik suchen, sondern bei uns selbst. Die Abgeordneten der ersten frei gewählten Volkskammer hatten wenig politischen Elan. Sie hatten doch Angst vor der Angst, etwas verkehrt zu machen, und bei ihnen brannte das revolutionäre Feuer nur mit kleiner Flamme. Wie sollte es auch anders sein, da sich die neue Volkskammer überwiegend aus Abgeordneten zusammensetzte, die schon zu DDR-Zeiten Mitglieder der damaligen Parteien waren. Lothar de Maizière war kein Revolutionär. So ist er heute noch.

Klaus Feld:
Da nehmen Sie Ihre Ost-CDU nicht aus?

Berndt Seite:
Nein, auch wenn es schmerzhaft ist. Die CDU gehörte zu den Blockparteien und sammelte ein bürgerliches Potenzial ein, das politisch tätig sein, aber nicht der SED angehören wollte. So ist es nach Umbrüchen immer, man hat es mit »gebrauchten Menschen« zu tun. Und man nimmt sich zu wenig Zeit, nach anderen zu suchen.

Klaus Feld:
Gibt es die, die »anderen Menschen«?

Berndt Seite:
Die gibt es, aber nach denen müssen Sie suchen. Die meisten denken gar nicht daran, sich in die Politik einzumischen: zu kompliziert, zu anrüchig. Da sind die Leute, die im alten System gedient haben, im Vorteil. Auch die Aufgaben in einer Verwaltung kann man erlernen, aber das braucht Zeit. Nimmt man sich die, dann ist man später vor Überraschungen sicherer, denn bei den »Systemnahen« sind viele faule Früchte darunter.

Klaus Feld:
Wäre es damals nach den Vorstellungen von Wolfgang Schäuble gegangen, gäbe es die Akten des MfS nicht mehr; auch wäre der Zugang von Leuten aus dem alten System in das neue kein Problem gewesen.

Berndt Seite:
Ich weiß davon. Das ist sehr traurig. Es kam immer darauf an, mit welchen Leuten man es während des Umbruchs und danach zu tun hatte. Schäuble ist ein Vollblutpolitiker, sonst wäre er heute nicht mehr dabei, anders als wir, die wir durch die Revolution moralisch aufgeladen sind. Seine neuen Gesprächspartner aus dem Osten zählten vermutlich nicht zu den Revolutionären. Natürlich, wenn man die Akten vernichtet, dann kann man schnell zur Tagesordnung übergehen. Nach 1945 war es so, als man glaubte, auf gut ausgebildete, mit dem System verbundene Menschen nicht verzichten zu können. In einem Interview vom 14.1.2009 sagte Wolfgang Schäuble: »*Ja. Ich habe dazu* (zur Vernichtung der Akten) *– genau wie Helmut Kohl – geraten, damit die Streitigkeiten der Vergangenheit nicht zu sehr den Wiederaufbau der neuen Länder und damit die Zukunft belasten. Wir haben dann den Wunsch der frei gewählten Volkskammer nach Aufarbeitung respektiert und eine entsprechende Regelung in den Einigungsvertrag aufgenommen.*« Helmut Kohl glaubte auch, alles könne so laufen wie zu Beginn der alten Bundesrepublik. Er bedachte nicht, dass hinter den Menschen im Osten 40 Jahre einer erneuten Diktatur lagen. Das prägt und sozialisiert die Menschen entsprechend.

Klaus Feld:
Schäuble sagte in dem Interview vom 14.1.2009: »*Wir haben dann den Wunsch der Volkskammer nach Aufarbeitung respektiert.*« Ist das nicht pure Arroganz?

Berndt Seite:
Klug war das nicht. So ist Schäuble. Aber es trifft zum Teil die Sachlage, denn verfasst wurde der Einigungsvertrag vorwiegend von Personen aus dem alten Bundesgebiet. Wir, die »Neuen«, hatten das Personal überhaupt nicht zur Verfügung. Bei allen Irritationen, notwendigen Ad-hoc-Entscheidungen, hadere ich nicht mit der Demokratie, denn es gibt kein ideales System des Zusammenlebens der Menschen. Unsere Demokratie ist erfolgreich. Und soziale Gerechtigkeit, von der soviel geredet wird, gibt es kaum. Auch Gott hat seine Schwierigkeiten mit der Gerechtigkeit, sonst wäre seine Schöpfung gerechter. Aber das ist ein theologisches Thema. Unser Thema ist das Leben in den Zeiten des MfS, oder wie der Titel heißt: »Gefangen im Netz der Dunkelmänner«.

Annemarie Seite:
So differenziert mein Mann auch argumentiert, ich hadere schon mit dem neuen Rechtssystem, denn die Staatsanwaltschaft ist weisungsgebunden durch das jeweilige Justizministerium, daher auch die Bezeichnung »Anwalt des Staates«.

Klaus Feld:
Was meinen Sie damit, Frau Dr. Seite?

Annemarie Seite:
Ich habe als Bürgermeisterin einen Prozess durchstehen müssen, in dem der Richter einige Male angeregt hatte, das Verfahren gegen mich einzustellen, aber der Staatsanwalt ist dem nicht gefolgt. In der Urteilsbegründung steht in der letzten Zeile: »*Sie ist die Ehefrau des ehemaligen Ministerpräsidenten Dr. Berndt Seite.*« Da frage ich mich, was hat mein Mann damit zu tun? Der war nicht angeklagt und hatte mit dem Sachverhalt nichts zu tun. Ich kann nur vermuten, dass sich die politisch Verantwortlichen nach der Amtszeit meines Mannes politisch an mir schadlos halten wollten.

Klaus Feld:
Sie vermuten also eine politische Intrige?

Annemarie Seite:
So lupenrein ist die juristische Angelegenheit nicht, zumal der Richter eine Revision nicht zugelassen hat. Ich hadere schon mit diesem Teil des Systems. Als Betroffener sieht man so manches anders, auch wenn mein Mann sich nur für die »großen Anliegen« zuständig fühlte.

Die Familie sollte »zersetzt« werden – die IM tragen Mitschuld

Klaus Feld
1976 erließ der Minister Erich Mielke, Chef des MfS, die Richtlinie 1/76, einen operativen Vorgang, der als sehr geheim deklariert wurde. Sind auch Sie davon betroffen gewesen?

Berndt Seite:
Die Maßnahmepläne zeigen das. Die Stasi wollte in diesen Plänen bei Menschen Krisen auslösen, damit sie ihre Mitarbeit z. B. in Friedens-, Umwelt- und Menschenrechtsgruppen einstellen. Diese geheimen Zersetzungsmaßnahmen wurden u. a. bei Personen angewandt, die man nicht wagte zu inhaftieren, weil sie auch im Westen einen bestimmten Bekanntheitsgrad erreicht hatten. Das MfS war darauf bedacht, nach der Schlussakte von Helsinki 1975 im KSZE-Prozess den Anschein aufrechtzuerhalten, dass die DDR sich konsequent an die Vereinbarungen hält. Sie hielt sich nicht daran. Metaphorisch gesprochen, hatte die Stasi uns einen langen, imaginären Strick um den Hals gelegt, und wir fürchteten, dass einmal daran gezogen wird.

Klaus Feld:
Wie sahen die Zersetzungsmaßnahmen bei Ihnen aus?

Berndt Seite:
Ziel war es, mich aus der Synode zu entfernen, von der »Anhängerschaft von Bischof Stier« abzukoppeln, die Bekanntschaften mit den Leuten von der StäV aufzulösen und meinen übrigen Freundes- und Bekanntenkreis zu verunsichern.

Klaus Feld:
Und haben Sie bemerkt, auf welche Art und Weise man gegen Sie vorging?

Berndt Seite:
Nur zum Teil. Offensichtlich wurde es, als eine ehemalige Mitschülerin, die frisch verliebt am Plauer See Urlaub machte, die Briefe ihres Freundes an unsere Adresse schicken ließ. Als sie schon abgereist war, kamen noch weitere Briefe, die ich dann an ihre Heimatadresse schickte. Sie schrieb mir dann einen bitterbösen Brief, in dem sie mich beschuldigte, ihre Briefe geöffnet und gelesen zu haben. Erst hatten wir unsere Kinder beschuldigt, aber dann merkten wir, dass andere Leute ihre Hand im Spiel hatten. Meine Mitschülerin glaubt bis heute leider, dass ich der Übeltäter war und nicht die Stasi.

Klaus Feld:
Es waren also nur Kleinigkeiten, die Sie wahrgenommen haben.

Berndt Seite:
Gott sei Dank, denn ich hätte vermutlich nicht in der DDR weiterleben können, wenn mir die Stasi-Machenschaften bekannt gewesen wären. Mein Beruf hat mich auch davor geschützt, anders als bei Pfarrer Rainer Eppelmann (oppositioneller Pfarrer in Ostberlin und später Vorsitzender des Demokratischen Aufbruchs) und Heiko Lietz (Bürgerrechtler, schloss sich nach 1990 dem Neuen Forum an), mich intensiver mit den Vorfällen zu beschäftigen. Wir arbeiteten uns beruflich in den »Mühen der Ebene« ab, wo sich die ganze Misere des real existierenden Sozialismus zeigte. So achteten wir nicht auf die Indizien: Briefe, die wir in den Westen schickten, wurden nicht beantwortet; Haustürschlösser ließen sich plötzlich schwer schließen oder das Telefon bekam seine »Macken«; schließlich »klemmte« es permanent im System. Uns hat geschützt, dass wir ein hohes Arbeitsethos besaßen und ein transparentes Leben führten, auch wenn das MfS bis zu seinem Untergang anderer Meinung war. Deutlich wird das an den OV »Prediger« und OV »Sanddorn«, die keine Ergebnisse erbrachten und trotzdem fortgesetzt wurden.

Klaus Feld:
Ihr Fazit aus allen diesen Vorgängen?

Berndt Seite:
Das MfS hätte früher oder später einen Tatbestand konstruiert, um uns nach den § 99 (landesverräterische Nachrichtenübermittlung), § 100 (landesverräterische Agententätigkeit), § 218 (Zusammenschluss zur Verfolgung gesetzwidriger Ziele) und § 219 (ungesetzliche Verbindungsaufnahme) des Strafgesetzbuches der DDR ins Gefängnis zu bringen. Der § 219 des StGB der DDR sagte dazu: »*Wer zu Organisationen, Einrichtungen oder Personen, die sich eine gegen die gesetzliche Ordnung der Deutschen Demokratischen Republik gerichtete Tätigkeit zum Ziele setzen, in Kenntnis dieser Ziele oder Tätigkeiten in Verbindung tritt, wird mit Freiheitsstrafe bis zu fünf Jahren, Verurteilung auf Bewährung oder mit Geldstrafe bestraft.*« Und wie die Maßnahmen von damals indirekt bis in die Jetztzeit wirken, sehen sie an den Ausreden der IM oder der Unkenntnis meiner Mitschülerin oder an den Aussagen von Postkommunisten: »Es muss nicht alles so schlimm gewesen sein, Herr Seite, schließlich durften Sie doch auch studieren.«

Klaus Feld:
Nun wissen Sie aus den Akten, dass man vorhatte, Sie zu »zersetzen«. Hat man auf anderen Gebieten versucht, Sie auszugrenzen?

Berndt Seite:
Nein, davon habe ich nichts bemerkt. Als Tierärzte waren wir »Dienstleister« und befanden uns damit mitten in der Gesellschaft. Um uns auszugrenzen, hätte man uns entlassen müssen, aber das hat man nicht gewagt. Wir haben uns bei bestimmten Anlässen selbst zurückgenommen/ausgegrenzt, als wir z. B. ablehnten, mit dem »Freundschaftszug« in die Sowjetunion zu fahren. Da wollten wir nicht hin.

Es ist auch vorgekommen, dass es manchmal »Leitern«, zu denen wir ein gutes Verhältnis hatten, peinlich war, wenn wir zu ihren Geburtstagen kamen und die Crew ihrer Genossen anwesend war. Dann haben wir locker und kritisch mit denen diskutiert. Einmal wurde mir angetragen, doch am nächsten Tag zu kommen oder mich in ein anderes Zimmer zu setzen, abseits von den »großen Genossen«. Das ist aber heute nicht mehr wahr, alles vergessen.

Klaus Feld:
Hört man Sie so argumentieren, könnte man glauben, viele DDR-Bürger seien in die Machenschaften des MfS involviert gewesen.

Berndt Seite:
Das muss man differenziert sehen. Aber es stimmt schon, dass die Diktatur mit ihren Helfern sich wie ein Krebsgeschwür im Volk ausgebreitet hatte. Es fällt mir schwer, die gesunden Teile dieses Körpers von den bösartig befallenen zu unterscheiden. Bei meinen Recherchen musste ich aufpassen, nicht noch nachträglich vom Stasi-Krebs befallen zu werden.

Klaus Feld:
Sie geben den IM auch die Schuld an der Verfolgung durch das MfS.

Annemarie Seite:
Ja, jeder, der sich als IM verpflichten ließ, ist schuldig. Es geht nicht nur darum, ob es eine Verpflichtungserklärung gab oder nicht, sondern auch um den Nachweis, dass Kontakte bestanden oder eine Zusammenarbeit stattfand. Auch diejenigen, die aus ihrer Leitungsposition heraus der Stasi Informationen gaben, gehören dazu. Sie haben die Sorgfaltspflicht gegenüber ihren Mitarbeitern, Untergebenen und vielleicht auch »Schutzbefohlenen« verletzt. Heute hüllen sich viele ehemalige Vorgesetzte in Schweigen; sie glauben, ein gutes Gewissen zu haben, weil nichts Schriftliches von ihnen vorliegt. »*Moralische Schuld unterliegt im Gegensatz zu Straftaten keiner Verjährungsfrist. Täter bleiben Täter, auch wenn sie strafrechtlich nicht zu belangen sind*« (Hans Jürgen Grasemann, Oberstaatsanwalt).

Klaus Feld:
Viele Menschen sehen das heute anders.

Berndt Seite:
Ja, aber das hindert mich nicht daran, weiter die Machenschaften der Stasi und andere Repressionen der Diktatur offenzulegen und aufzuarbeiten. Mag sein,

dass dieses Thema nicht aktuell ist, aber es wird eines Tages wieder auf mehr Interesse stoßen. Gewiss, es gibt viele Menschen in Deutschland, die von der DDR-Diktatur nichts mehr wissen wollen, sondern nach neuen Spielarten des Sozialismus suchen. Darauf versuchen sie das Hoffnungssiegel einer neuen Welt, ihrer Welt, zu drücken. Das habe ich schon einmal erlebt! Unsere freiheitliche Demokratie ist nicht so fest und wehrhaft, wie man uns glauben machen möchte. Sie ist ein fragiles Gefäß, das man nicht fallen lassen darf. Unsere Gesellschaft ist nicht nur auf dem rechten, sondern noch mehr auf dem linken Auge blind. Das vierzigjährige kommunistische Experiment ist mir noch sehr genau in Erinnerung. *»Was die Kommunisten selbst und ihre Nachfahren besonders gut können, ist ihre Kunst der Verschleierung, der Desinformation und des Dünkels, für das Höhere, das Bessere gekämpft zu haben«*(Chaim Noll).

Erfüllen die IM einen Straftatbestand? Lügen die Akten? Zeigen die IM Reue?

Klaus Feld:
Wenn man aus den Akten erfährt, wie das MfS alles daran setzte, Tatbestände zu konstruieren, um Sie nach dem StGB der DDR zu belangen, stellt sich die Frage: Wie hätte man strafrechtlich mit den IM nach dem Fall der Mauer verfahren können?

Berndt Seite:
Ich bin kein Jurist, aber gehe davon aus, dass auch ein IM nicht außerhalb des Rechts stand, denn wer rechtswidrig oder nicht handelt, wird in unserer Gesellschaft zur Rechtsperson. *»Und dass er nach seinen geistigen und sittlichen Eigenschaften im Stande ist rechtswidrig zu handeln und ein Verbrechen zu begehen. Damit unterliegt er dem Strafrecht«* (Musil). Wenn ich davon ausgehe, dass die meisten IM geistig zurechnungsfähig waren, muss ihnen auch der Charakter ihrer Tat bekannt gewesen sein. Für sie gilt auch der Straftatbestand.

Klaus Feld:
Welchen Straftatbestand würden Sie bei den IM annehmen?

Berndt Seite:
Das wäre nur eine hypothetische Aussage, da nach 1989 anders entschieden wurde. Sicher ist, dass eine IM-Tätigkeit gegen das Menschenrecht der Freiheit von willkürlichen Eingriffen in die Privatsphäre und damit gegen das Recht auf informationelle Selbstbestimmung verstößt. Von anderen Straftatbeständen ganz schweigen. Dieses Grundrecht ist vom Staat zu schützen, auch durch strafrechtliche Bestimmungen. Die DDR hat die KSZE-Akte von Helsinki unterschrieben und damit auch dieses Menschenrecht anerkannt. Die Politik hat 1989/90 anders gehandelt. 175.000 IM der Strafverfolgung zu unterziehen, wäre politisch nicht durchzuhalten gewesen. Aber der Straftatbestand ist vorhanden und eine Rechtspflege erfordert, dass jede schuldhafte Handlung bestraft werden muss, wenn sie mit Wissen und Willen vollendet wurde.

Klaus Feld:
Eine Reihe von Menschen behaupten, Teile der Akten des MfS seien gefälscht oder deren Inhalte erfunden. Was sagen Sie dazu?

Berndt Seite:
Wir haben schon darüber gesprochen. Warum sollte die Stasi eigene Akten fälschen, wo doch nach ihrer Lesart die DDR ewig bestehen sollte? Der Diktator Hitler dachte auch an ein »Tausendjähriges Reich«. Sagte Honecker nicht: *»Den Sozialismus in seinem Lauf hält weder Ochs noch Esel auf«?*

Der heutige Leiter der Stasiunterlagenbehörde sagte dazu in einer ARD Sendung 2013: »*Die Akten sind glaubwürdig, weil sie Arbeitsinstrumente der Staatssicherheit waren. Warum sollte die Stasi sich selbst belügen? Die Akten sind nicht angelegt worden in dem Wissen, dass wir heute hineinschauen, sondern als geheime Akten, die die Stasi benutzt hat, damit sie ihre Ziele verfolgen kann.*«

Klaus Feld:
Aber gibt es nicht Ausnahmen?

Berndt Seite:
Von Ausnahmen kann man nicht reden, aber es gab auch übereifrige Mitarbeiter, die sich hervortun wollten, wenn sie glaubten, einen neuen IM-Kandidaten am Haken zu haben.

Klaus Feld:
War das bei Ihnen so?

Berndt Seite:
Ja, aber ich kann nur für mich sprechen. Nach dem 2. Kontaktgespräch ging der Stasi-Offizier in seinem Bericht davon aus, dass ich bald als IM geworben werden könnte. Als ich mich im 3. Gespräch konsequent weigerte, IM zu werden und drohte, den Vorgang öffentlich zu machen, war das für den Berichtsschreiber bestimmt eine Niederlage. Es blieb für seine Vorschusslorbeeren nichts übrig. Eines war dem MfS sehr wichtig: ob die Informationen der IM und der anderen Zuträger den Tatsachen entsprachen. Durch die Einlassungen anderer IM wurde der Bericht noch einmal geprüft. Die Aussage der Stasi: »*Der IM hat wahrheitsgemäß berichtet*«, unterstreicht das.

Klaus Feld:
Das MfS war also misstrauisch gegen sich selbst?

Berndt Seite:
Natürlich. »Vertrauen ist gut, Kontrolle ist besser«, heißt es schon bei Lenin, der ein intellektuell eingefärbter Diktator war, daher besonders gefährlich. Heute fungiert nur Stalin als der böse Bube. In Diktaturen gibt es keine Freundschaften der Mächtigen, sondern das Misstrauen ist ein Teil der Unterdrückung. Unser Motto bei einem Kirchentag hieß einmal »Vertrauen wagen«. Das könnte die Machthaber vielleicht nachdenklich gemacht haben. Aber nur vielleicht, weil sie von ihrer Mission so überzeugt waren, dass sie an das eigene Ende nicht dachten.

Klaus Feld:
Und doch hält sich das Gerücht, eine von vielen Verschwörungstheorien auf der Welt, dass die Akten manipuliert sind.

Berndt Seite:
Gegen solche Theorien können Sie wenig ausrichten, die sind immer vorhanden. Im Zug der Zeit liegt es, dass Menschen, deren Verstrickungen in das System bekannt sind, versuchen, die Aktenlage als Lüge zu denunzieren. Mit einstweiligen Verfügungen und semantischen Auslegungen versuchen sie, ihre Zusammenarbeit mit der Stasi zu relativieren. Gregor Gysi führt einen beständigen Kampf. Nur Geduld, die Wahrheit kommt früher oder später ans Licht.

Klaus Feld:
Was ich auch interessant finde, ist die Aussage des MfS in einigen Berichten, Sie wieder »zurückzuholen«, obwohl Sie als Feind eingestuft wurden. Können Sie sich das erklären?

Berndt Seite:
Ein SED-Funktionär sagte einmal zu mir, seine Partei würde mich gern in ihren Reihen wissen. »*Solche Leute wie Sie brauchen wir.*« Mir sind Menschen bekannt, die mit ihrem Eintritt in die SED die Partei von innen heraus reformieren wollten. Eine Ausrede mehr, um ihren Aufstieg zu bemänteln. Von ihren erfolgreichen Bemühungen habe ich nie etwas gehört. Dass das MfS mich »zurückholen« wollte, daran glaube ich nur mit großem Vorbehalt. Nein, denen habe ich damals misstraut und daran hat sich nichts geändert.

Klaus Feld:
Sie glauben also nicht daran?

Berndt Seite:
Nein. Und hätte ich mich »zurückholen lassen«, wäre ich ein Niemand, ein Stigmatisierter bis zu meinem

Lebensende gewesen. Noch schlimmer erging es SED-Genossen, die parteischädigende »Verfehlungen« begangen hatten und sich nach der Selbstkritik virtuell entmannten oder als Fußabtreter benutzt wurden. Diktaturen wollen Menschen immer wie in einem Sklavendasein halten. Angst und Furcht zählen zu ihren Instrumenten.

Klaus Feld:
Betrachtet man das Gespräch mit den Offizieren vom 18. April 1988 im Nachhinein, dann war es ein offenes Gespräch, und Sie haben sich trotzdem nicht disziplinieren lassen.

Berndt Seite:
Von der Stasi vorgeladen zu werden, barg immer ein Risiko. Obwohl ich mich »abgesichert« hatte, fürchtete ich um meine Person. Und dann dachte ich, du darfst hier nicht nachgeben, *»denn man gewinnt nichts, wenn man Schurken schmeichelt«* (Lincoln). Und ich hatte die Hoffnung, dass ich länger leben werde als die alten Männer vom Politbüro der SED. Bis jetzt ist es so.

Klaus Feld:
Haben die IM und die Stasi-Leute inzwischen nicht ein schlechtes Gewissen bekommen wegen ihrer Taten?

Berndt Seite:
Nein, wieso schlecht? Ein schlechtes Gewissen hat man nur, wenn man ein Gewissen besitzt. Von Ausnahmen abgesehen, besaßen diese Leute keines.

Klaus Feld:
Im alten Bundesgebiet trauern bestimmte Gruppen und Personen der untergegangenen DDR noch immer nach. Was sagen Sie dazu?

Berndt Seite:
Ich weiß, dass Menschen im Westen das »sozialistische« Experiment in der DDR mit Wohlwollen begleiteten, aber nie den »real existierenden Sozialismus« erlebten. Viele gehörten zu den Intellektuellen und waren oft im Öffentlichen Dienst tätig. Von dieser Position aus ließen sie den Sozialismus als Film an sich vorüberziehen. Manchmal brachten sie als »Konterbande« Bücher, Westgeld und andere Dinge in die DDR mit und fanden sich dann ganz toll, wenn sie wieder zurück in den Westen fuhren. Günter Grass erschien auch mit gefüllten Taschen und nannte die DDR eine »moderate Diktatur«. Im November '89 war es dann mit dem »Spielzeug DDR« vorbei. Jetzt erleben Sie ähnliche Sympathien mit Putins Annexion der Krim und seinem illegalen Einmarsch in die Ostukraine. Heute werden diese Leute »Russland-Versteher« genannt.

Klaus Feld:
Die Ministerpräsidenten aus der Bundesrepublik gaben sich bei Honecker oft die Türklinke in die Hand. Einige von ihnen waren später Ihre Kollegen. Verstehen Sie das?

Berndt Seite:
Das fand ich schon zu DDR-Zeiten merkwürdig und heute noch mehr. So sind Politiker; es geht ihnen um Aufmerksamkeit, um Eitelkeiten und die Erhaltung der Macht. Ich gehörte später dazu. Auch fünfundzwanzig Jahre nach der Einheit Deutschlands finden viele Westdeutsche nichts dabei, so gehandelt zu haben. Vielleicht lief ihnen auch ein Schauer über den Rücken bei dem Gedanken, sich bei politisch so belasteten Leuten der DDR-Diktatur zu Besuch angemeldet zu haben. Bestimmte Dinge tut man nicht, gab mir meine Mutter mit auf den Weg. Man tritt als ehemaliger Bundeskanzler nicht in die Dienste von Putin, einem »lupenreinen Demokraten«. Es ist kein Wunder, dass Politiker von der Gesellschaft oft schlechte Zeugnisse ausgestellt bekommen.

Klaus Feld:
In jüngerer Zeit wird diskutiert, ob man wegen des »inneren Friedens« die Rolle der LINKEN im Versöhnungsprozess seit 1989 nicht mehr würdigen müsste. Schließlich hätten die 2,8 Millionen ehemaligen SED-Mitglieder einen schwierigen Weg seit 1989 zurückgelegt, denn der 9. November war für sie der Zusammenbruch aller Gewissheiten.

Berndt Seite:
Ich weiß, das geschieht immer nach einer gewissen Zeit, dann kommen diese Forderungen. Nach der Nazizeit geschah das, als viele sich nur als Mitläufer sahen, und es ist heute nicht anders.

Wenn wir von **Aufarbeitung** reden, und ich wiederhole mich, dann gehört dazu ein Schuldeingeständnis, aber das ist nicht geschehen. Nach wie vor stehen sich **Täter** und **Opfer** gegenüber. Es wird sich auch nichts ändern, denn die »Verstrickten« setzen auf den Faktor Zeit. Das ist für sie ein sicherer Begleiter. Die LINKE, auch mit neuem, jungem Personal ohne SED-Vergangenheit, will eine andere Republik, ein anderes System. Die Weimarer Republik ist untergegangen, weil Linke und Rechte dieses System, die Demokratie, gemeinsam bekämpft haben. Auch wenn die LINKE im Bund, in den Ländern und den Kommunen Mandatsträger besitzt, gilt: Man kann nicht mit einem Schritt ein anderer Mensch werden.

Die permanente Akteneinsicht – Wende gefällt mir nicht – Was blieb von der Revolution?

Klaus Feld:
Bei der BStU ist die Antragstellung ungebrochen. Das ist doch gut und zeigt, dass die Menschen nicht so politikverdrossen sind, wie es oft behauptet wird.

Berndt Seite:
Das ist sehr gut, weil die Antragsteller sich mit der Vergangenheit, mit der Geschichte ihres Landes und ihrer Familie auseinandersetzen. Seit dem Mauerfall werbe ich für die Akteneinsicht, aber oft nur mit mäßigem Erfolg. Nachdem ich unsere Akte kenne, weiß ich auch, warum. Mein Lebenslauf gab so lange keinen Anlass, die Stasi aufmerksam werden zu lassen, bis ich Mitglied der Synode wurde. Wäre mein Leben weiter unauffällig verlaufen, gäbe es vermutlich auch keine Akte. Und das trifft für die meisten DDR-Bürger zu. Ich erlebe Mitbürger, die ihre Akten nicht einsehen wollen und damit »kokettieren«. »Wenn ich Einsicht nehme, dann könnte ich erfahren, dass einige meiner Freunde IM waren. Das möchte ich mir nicht antun.« Die jetzt so reden, haben vermutlich nicht einmal einen Aktendeckel mit ihrem Namen beim MfS. Und dann gibt es andere, die Kontakt zur Stasi hatten und sich jetzt fürchten zu erfahren, was über sie geschrieben wurde. Das möchten sie nicht wissen, vielleicht schämt man sich auch ein wenig, aber nicht zu viel. Ich glaube, man will das Vergangene verdrängen, und an seine Niederlagen möchte man nicht erinnert werden. Auch treten im Nachgang die Bilder nur noch verschwommen auf, so, als habe Nebel sie eingehüllt und die verflossene Zeit lasse sie ganz verschwinden. Das ist ein Irrtum. Die Geschehnisse haften an den Menschen. Sie stinken wie Hundekot, nachdem man in einen Haufen getreten ist. Jetzt tritt eine neue Generation von Antragstellern auf, die wissen wollen, was in der Familie geschah. Bestimmt gibt es da unliebsame Überraschungen.

Klaus Feld:
Das ist mehr als eine Geschichtsstunde über das Thema. Das geht tiefer, auch in das eigene Ich, denn man trägt immer Gene von den Altvorderen in sich.

Berndt Seite:
Viel tiefer geht es, weil es sich um bekannte, vertraute Personen handelt. Da ist der liebe Opa oder die fürsorgliche Tante, die plötzlich in einem völlig anderen Licht erscheinen. So in das vergangene Leben von Familienangehörigen einzutauchen, gab es bisher in Deutschland kaum. Obwohl die westlichen Alliierten sich in ihren Besatzungszonen bemühten, die Vergangenheit sichtbar zu machen, ist die Offenlegung der Akten des MfS eine neue Kategorie der Vergangenheitsaufarbeitung. Und sie darf nicht aufhören!

Klaus Feld:
Die **Bewältigung** der NS-Vergangenheit nach 1945 in den westlichen Besatzungszonen war anders,

so gab es für die Zeit in der untergegangenen DDR nach 1989 keinen »Persilschein«.

Berndt Seite:
Den Versuch war es wert. Der von Ernst von Salomon entworfene Fragebogen, den jeder Erwachsene in den Westzonen ausfüllen musste, brachte Klarheit über die Tätigkeit des Einzelnen während der Zeit des Nationalsozialismus. So ein Fragebogen, der überprüfbar war, denn geschummelt wird immer, hätte uns nach dem Mauerfall bei der Neuordnung der Verwaltung und des öffentlichen Lebens sehr geholfen. Noch einmal zum Verständnis: Nach 1945 sollte die Vergangenheit bewältigt werden, von Aufarbeitung sprachen nur wenige. Der Auschwitz-Prozess in Frankfurt/Main war ein Auftakt.

Klaus Feld:
Sie hätten also »differenziert« bei der Auswahl? Sich genau angesehen, wer sich da bewirbt.

Berndt Seite:
Ja, aber die Verhältnisse waren nicht so. Eine ehemalige SED-Mitgliedschaft z. B. war kein Kriterium, um nicht in den öffentlichen Dienst übernommen zu werden. Doch wer Mitglied der SED war, der hatte eine Lebensentscheidung getroffen, denn einfach aus der Partei auszutreten, war fast ein Sakrileg und hatte schwerwiegende Folgen. Schon die Aufnahmebedingungen in die SED hatten pseudoreligiösen Charakter. Man musste zwei Bürgen stellen, durchlief eine Kandidatenzeit und wurde in der Ideologie geschult. Und das alles nach einem bestimmten Proporz, den sich die Partei selbst verordnet hatte. Mitglied der SED wurde man als Erwachsener, aus Überzeugung, es sei denn, man war Opportunist und wollte Karriere machen. Auch da wusste man, worauf man sich einließ. Als Resümee bleibt: Es sind gebrauchte (und auch missbrauchte, verführte) Menschen, und sie an vordere gesellschaftliche Positionen zu stellen, geht gar nicht.

Klaus Feld:
Aber das sieht man ihnen nicht an?

Berndt Seite:
Nach 25 Jahren hat man den Eindruck, SED-Mitglieder waren immer die anderen. Es findet ein Verdrängungswettbewerb statt, der die tollsten Blüten treibt. Und erstaunt frage ich mich: Habe ich es noch mit denselben Menschen zu tun, die als stramme Genossen oder SED-Opportunisten auftraten, mit denen ich in der DDR zusammenlebte? Lesen Sie in den SED-Zeitungen vor dem Mauerfall, dann erkennen Sie bekannte Leute von heute, die sich damals als Kommunisten gerierten, aber jetzt davon nichts mehr wissen wollen.

Klaus Feld:
Die Bezeichnung »Wende« für den Fall der Mauer gefällt Ihnen gar nicht?

Berndt Seite:
Nein, überhaupt nicht, weil er die Wirklichkeit verzerrt. Nach dem Krieg, als Not herrschte, wurden die Soldatenmäntel »gewendet«, um andere Mäntel daraus zu schneidern. Aber es war noch immer der alte Mantel. Das Substantiv »Wende« hat Egon Krenz in die Welt gesetzt. Ein raffinierter Schachzug seiner Berater. In den Wirren der Zeit wollte er den Untergang der SED verhindern, indem er erklärte, die SED, seine Partei, d i e Partei, würde jetzt eine Wende vollziehen. Damit schob er auch die Fehlleistungen der Partei auf andere, vorrangig auf das Ministerium für Staatssicherheit. Krenz und seine Genossen wollten ihr System nie preisgeben und die Einheit Deutschlands war keine Option für sie. Viele SED-Mitglieder sind im vereinigten Deutschland mental nie angekommen. Und das Eingeständnis, ein Leben lang an ein verlogenes und dem Untergang geweihtes System geglaubt und damit ein Leben umsonst geführt zu haben, wäre zu schmerzhaft. Wer verliert schon gern den Sinn der eigenen Biografie, wer gesteht sich den Zusammenbruch seiner bisherigen Welt ein?

Klaus Feld:
Wenn man das so hört, dann ist von Ihren »revolutionären Veränderungen« nicht viel übrig geblieben.

Berndt Seite:
Das Nulla-poena-Grundrecht, das Strafe nur gestattet, wenn die Tat am Tatort und zur Tatzeit strafbar war, wird zur Makulatur, wenn es auf Vorgänge in einem Unrechtsstaat angewandt wird. *»1945 wurde das nationalsozialistische Rassenrecht verworfen, aber das*

kommunistische Klassenrecht wurde nach dem Ende der DDR teils beibehalten« (Eike Libbert). Die große Politik hat anders entschieden. Das nehme ich zur Kenntnis und habe es auch in meiner politischen Tätigkeit mitgetragen. Die Deutsche Einheit ist eine Erfolgsgeschichte, hat aber wie jede Geschichte Defizite. Es bleibt das Manko, dass die Systemopfer zu wenig Gerechtigkeit erfuhren. Die Politik hätte seit 1990 mehr tun können, sie wollte es aus staatspolitischen Erwägungen nicht, obwohl der europäische Einigungsprozess nie infrage gestellt worden wäre. Es bleibt eine Tatsache: Wer mit Dingen nicht befasst ist, die großes Leid bewirken, der denkt, fühlt und handelt anders, als einer, der es erfahren hat.

Klaus Feld:
Wir befinden uns in einem Umbruchprozess, und neue Generationen betreten die Bühne des Lebens. Wird es nicht schwirig für Sie, eine Kultur der Erinnerung aufrechtzuerhalten?

Berndt Seite:
Die Erinnerung lebt von Bildern, und es ist schwierig, sie ständig lebendig zu erhalten. Ein gewisses Desinteresse an den vergangenen Ereignissen ist zu verzeichnen. Mir ging es als Jugendlichem nicht anders. Die Geschichte des 1. Weltkrieges beschäftigte mich wenig, dafür lag mir der Zweite Weltkrieg in der Erinnerung wesentlich näher, denn als Kind habe ich Flucht und Vertreibung miterlebt. Man muss Geduld haben, denn in historischen Abständen werden die Themen der Vergangenheit wieder aufgerufen, weil das Ende der Geschichte nicht eingetreten ist.

Ost-Ministerpräsidenten-konferenz zur Aufhebung der Kappung von Rentenobergrenzen für systemnahe Kader

Klaus Feld:
Es gab im Jahr 1996 eine Ost-Ministerpräsidenten-Konferenz in Potsdam mit weitreichenden Folgen. Sie kamen als Ministerpräsident in einen erheblichen Gewissenskonflikt. In der Biografie »Schneeengel frieren nicht« schreiben Sie darüber.

Berndt Seite:
Bei dieser Konferenz ging es darum, die Kappung der Rentenbezüge für systemnahe Personen aus der ehemaligen DDR aufzuheben. Bis dahin lagen die Bezüge für Mitarbeiter des MfS z. B. bei 800 DM.

Klaus Feld:
Sie wollten keine Änderung, haben aber dann doch zugestimmt. War das nicht ein Versagen des »Revolutionärs« Dr. Seite?

Berndt Seite:
Die Gesetzeslage ließ eine Deckelung nicht mehr zu. Ja, ich habe versagt und gegen mein Gewissen gestimmt, da ich etwas anderes wollte. Die Alternative war, von meinem Amt zurückzutreten, doch meine Entscheidung hätte am Resultat nichts geändert. Es wäre ein Zeichen gewesen, mehr nicht.

Klaus Feld:
In diesem Gespräch habe ich Sie schon anders erlebt. Dachten Sie hier nicht an die Worte von Heinrich Rathke, der von einem reinen Gewissen sprach?

Berndt Seite:
Ich will nichts beschönigen. Zurückzutreten wäre eine saubere, transparente Lösung gewesen, aber in dieser Situation ging es nicht nur um mich, sondern

auch um meine Partei und die Macht. Ich wollte meinen politischen Konkurrenten nicht freiwillig das Feld überlassen. So ist Politik. Wer mit diesen Rahmenbedingungen nicht fertig wird, der gehört nicht dazu.

Klaus Feld:
Also Sie gehören nicht dazu?

Berndt Seite:
Naturwissenschaftler haben es schwer in der Politik. Die Naturwissenschaften unterliegen Gesetzen, die unabhängig von menschlichen Entscheidungen überall wirken, auch im Universum. Politik bedeutet austarieren, nach gängigen Wegen, den Kompromiss für die unterschiedlichen Interessen der »Marktteilnehmer« suchen. Mein Verhältnis zu Parteien war schon immer kritisch, aber als ich dann Mitglied war, habe ich mich voll für ihr Anliegen eingesetzt.

Klaus Feld:
Ihr Verhältnis zur Landeskirche hat nach dem Mauerfall gelitten.

Berndt Seite:
Vermutlich war es den politischen Verhältnissen geschuldet. Wehrten wir uns vor 1989 noch gemeinsam gegen die Diktatur, setzte nach deren Ende eine Differenzierung nach den Parteifarben ein. Die CDU hat in der Evangelischen Kirche einen schweren Stand, bei den Katholiken ist sie wohlgelitten. Als ich Ministerpräsident wurde und Mitglied der Synode blieb, legte mir der Präses der Synode nahe, mein Mandat aufzugeben, da ich doch zeitlich sehr eingespannt wäre. Ich empfand das als eine ziemliche Zumutung. In der DDR war meine Kirche froh, überhaupt Laien in ihr Gremium zu bekommen. Die Staatsmacht setzte die Kandidaten erheblich unter Druck, dort nicht mitzumachen. Nach dem Mauerfall hätte es sich so manche Synode hoch angerechnet, den Ministerpräsidenten des Landes in ihren Reihen zu wissen.

Klaus Feld:
Und was geschah dann?

Berndt Seite:
Es gab einen fürchterlichen Krach. Ich blieb zwar in der Synode, aber das Ansinnen hat mich verletzt. Der »Bruder Seite« fühlte sich auch verschaukelt. Noch in der 1. Legislaturperiode hat der Landtag den Staats-Kirchenvertrag zwischen dem Land Mecklenburg-Vorpommern und den Kirchen beschlossen. Mein Anteil beim Zustandekommen war nicht gering. In einigen Bundesländern gab es bis dato überhaupt keinen Vertrag.

Klaus Feld:
Und wie ist es heute mit Ihrem Glauben bestellt?

Berndt Seite:
Das ist sehr privat gefragt, aber ich will die Frage beantworten. Es gibt für die Menschheit eine sehr entscheidende Frage, und die stellt sich nach dem Sinn des Lebens. Die Religion kann behilflich und die Kirche eine Stütze sein. Mehr nicht, denn die Kirche ist eine Dienstleistungsinstitution auf diesem Weg und wie alle Institutionen vergänglich. Die christliche Religion und andere Weltreligionen wären schon längst vergangen, wenn aus ihnen nicht ein »geistliches Beamtensystem mit politischer Wirksamkeit« (Musil) entstanden wäre. Inzwischen binden Seelsorge, Glaubenszeugnis und karitative Hilfe mehr Kräfte, als sie freisetzen. Das ist sehr, sehr bedenklich, denn die Spiritualität bleibt dabei oft auf der Strecke. Papst Franziskus spricht von »Alzheimer spirituale«, an der seine Kirche leidet, aber das ist medizinisch unkorrekt, denn sonst wäre keine Heilung möglich. Wer an Gott glaubt, der kann sich auch verlassen fühlen und die Wirklichkeit unter seinen Füßen verschwinden sehen. Und wer die Schrecken des Krieges miterlebte, der hat auch seinen Gott vernichtet gesehen. Trotzdem, ich bin und bleibe Mitglied meiner Kirche.

Klaus Feld:
Muss man als Politiker nicht mit solchen Zumutungen, wie Sie sie nennen, umgehen können? Gehört das nicht zum Job dazu?

Berndt Seite:
Mit Verlaub, das Amt habe ich nie als Job betrachtet. Das war eine sehr, sehr ernste Angelegenheit. Ich habe

einen Eid geleistet. Und das Verhältnis zu meiner Kirche hatte einen anderen Stellenwert als irgendeine andere politische Beziehung. Das ist schon etwas Besonderes, daher habe ich es auch so benannt. Heute sehe ich die Amtskirche kritischer, sie ist satt geworden im Wohlstand unseres Landes, anders als zu DDR-Zeiten, denn da war sie in Not.

Klaus Feld:
Sie gehen in diesem Gespräch auch kritisch mit sich um?

Berndt Seite:
Na, ja. Es stimmt schon, denn man sollte immer nach dem Spruch handeln: Nimm dich nicht so wichtig! Hans Magnus Enzensberger meint, *»Helden und Heilige gibt es nur wenige auf der Welt; jeder von uns ist vorprogrammiert, je nachdem wo er herkommt, aus welcher Zeit.«*

Klaus Feld:
Ich finde, Sie schleppen den »Stasi-Stein« wie eine große Last mit sich herum. Kommen Sie davon nicht los?

Berndt Seite:
Ja, dieses Gespräch soll dazu beitragen, aber ganz werde ich die Last nie mehr los. *»Je nachdem, wann und wo ein Mensch geboren ist, schleppt er ein bestimmtes historisches Gepäck mit sich herum«* (Enzensberger). Bei mir ist es Flucht und Vertreibung im Kindesalter und das Stasi-Problem als Erwachsener. Vor einigen Jahren habe ich die Berichte von Kriegskindern noch mit leichter Hand abgetan, die sich traumatisiert fühlen. Je älter ich werde, umso mehr Raum nimmt dieses Problem bei mir ein. Das Unterbewusstsein des Menschen ist ein tiefer, feuchter, dunkler Keller. In den sollte man nicht hintersteigen.

Die DDR – ein Unrechtsstaat?

Klaus Feld:
Es schwelt ein Dauerstreit um die Frage, ob die DDR ein Unrechtsstaat war. Ich erlebe, dass dieser Streit vorwiegend von der »politischen Farbe« abhängt.

Berndt Seite:
Das ist so. Das »persönliche Betroffensein« spielt dabei eine besondere Rolle. Einer meiner Nachfolger im Amt des Ministerpräsidenten sieht die DDR nicht nur als Unrechtsstaat. Er hat die DDR nicht erlebt, ist im Westen sozialisiert. Vielleicht erklärt das seine Haltung, oder er will auf Fang von Wählerstimmen gehen. Der neue Ministerpräsident von Thüringen windet sich mit dem Begriff »Unrechtsstaat« wie eine Schlange, die zu große Beute gemacht hat.

Klaus Feld:
Aber so eine Meinung zeigt auch Wirkung bei denjenigen, die den Staat DDR nicht erlebt haben.

Berndt Seite:
Mag sein. In der DDR wurde durch die Normen des politischen Strafrechtes die Ausübung von Grundrechten kriminalisiert. In Diktaturen gibt es keine Bürger, weil ihnen der Zugang zur »Agora«, dem Markt der freien Meinung, verwehrt ist. Es gibt auch keine Rechtssicherheit. Die Mächtigen behaupteten, die Rechtssicherheit in der DDR wäre ein Wesensmerkmal des Sozialismus. Der Wandel der DDR zu einem Rechtsstaat hätte eine Änderung des Systems bewirkt. Die SED hat während ihrer Herrschaft den Menschen das Recht genommen, sich im Recht zu fühlen und Recht zu genießen. Mit Vorsatz hat sie die verbrieften Rechte in der Verfassung, die also eine Scheinverfassung war, gebrochen und damit die Menschen rechtlos gemacht.

Jeder kann damit mit Recht die DDR als einen Unrechtsstaat bezeichnen. *»Ein Wesensmerkmal von Diktaturen ist, dass die Bewirtschaftung der Ängste zu den bedeutendsten Quellen der Macht von Menschen über Menschen gehört. Und so halten sich auf dieser Basis Herrschaftssysteme in Hülle und Fülle«*, so Norbert Elias. Ideologien spielen immer das gleiche Lied, indem sie die Schalmei der Verführung blasen. Dazu kam, dass *»die DDR ein heuchlerischer Staat mit seinem Hang zur Massenverdummung war, wie z.B. mit seinen geschönten Zahlen bei der Planerfüllung und bei den Wahlen«* (Ellen Thiemann).

Annemarie Seite:
Manchmal verbreitete sich auch unter uns eine desillusionierte Heiterkeit, die nur verstehen kann, wer lange genug hier gelebt hat. Wir waren schutzlos der Willkür der Mächtigen ausgeliefert, auch wenn das heute bestritten wird. Der Staat hatte alle Möglichkeiten, gegen Unliebsame vorzugehen. Da war ihm jedes Mittel recht, obwohl er sich den Anschein gab, es wäre alles rechtens. Das ist der entscheidende Eckpfeiler für unsere Behauptung, dass die DDR die Kriterien eines Unrechtsstaates erfüllte.

Klaus Feld:
Können Sie sich vorstellen, dass unter anderen politischen Rahmenbedingungen die IM wieder Auferstehung feiern? Und wenn ja, was kann man dagegen tun?

Berndt Seite:
Ja, das Böse ist in der Welt, es wird nur in bestimmten Zeiten zurückgedrängt, aber es bleibt für immer bei uns und nicht nur an dem Tag, an dem es uns heimsucht. Das Böse bestimmt den Kampf ums Leben, und unser Hang zum Bösen *»rumort wie das Feuer unter einem Kessel«* (Musil).

Klaus Feld:
Immer wieder wird gestritten, ob Gysi an das MfS berichtet hat oder nicht.

Berndt Seite:
Generell waren alle »Leiter«, also auch Gysi als Chef des Kollegiums der Rechtsanwälte in Berlin, angehalten, dem MfS zu bestimmten Angelegenheiten Auskunft zu erteilen, besonders wenn es um Sicherheitsfragen ging. Hatten sie »Feindberührung«, mussten sie es von sich aus tun. Seine Auslassung, er hätte es überhaupt nicht nötig gehabt mit der Stasi zu reden, weil er exzellente Beziehungen zum Politbüro hatte, ist pure Arroganz.

Klaus Feld:
Da in der »Klassenjustiz« der DDR die Rechtsanwälte handverlesen waren, kann man davon ausgehen, dass sie nicht unabhängig handeln durften.

Berndt Seite:
Sicher nicht, das ergibt sich schon aus dem »Klassenauftrag« an die Justiz. Glauben Sie etwa, dass Gysi ohne Zustimmung der SED Anwalt für Havemann (Robert Havemann war Kommunist und Regimekritiker in der DDR) und Bahro (Rudolf Bahro, DDR-Dissident, schrieb das Buch »Die Alternative«) werden durfte? Ich nicht. Die Rechtsanwälte und andere, die mit dem »DDR-Recht« zu tun hatten, liefen alle an der kurzen Leine der Partei. Die Genossen von damals wollen den Menschen heute, die von den Zuständen nur wenig wissen, etwas anderes einreden.

NVA-Soldat – Die Lex Kohl – Wie gehen spätere Generationen mit dem Thema Stasi um?

Klaus Feld:
Am Anfang unseres Gesprächs sprachen Sie davon, man müsse bei der Beurteilung eines IM das Alter und die Umstände in Betracht ziehen. Was meinen Sie damit?

Berndt Seite:
Ich sprach vom Druck durch das MfS, dem junge Leute ausgesetzt waren. Es gibt eine Reihe von Beispielen, wie man bei NVA-Soldaten versuchte, sie als IM zu werben. Von denen liegen Unterschriften vor, die sie nach ihrer Dienstzeit widerrufen wollten. Das haben die Überprüfungskommissionen versucht zu berücksichtigen. Es kommt aber immer auch auf den Stil, den Inhalt und das Ziel der Berichte an, die sie verfasst haben.

Klaus Feld:
Aber der überwiegende Teil der NVA-Soldaten hat das nicht getan.

Berndt Seite:
Ja, ich will sie nicht in Schutz nehmen, sondern nur zu bedenken geben, dass Schutzbefohlene, und das waren NVA-Soldaten auch, sich kaum wehren konnten. Dazu kommt: Nicht jeder ist in der Jugend schon so gefestigt, einer Gefahr standzuhalten. In der Nationalen Volksarmee hatte der Stasi-Beauftragte, also der Politkommissar wie in der Sowjetarmee, mehr zu sagen als der Kommandeur.

Klaus Feld:
Gehört zur Werbung von IM nicht Fingerspitzengefühl?

Berndt Seite:
Bestimmt, denn die einfachen Befehlsempfänger, die Vernehmer und das andere Personal des MfS konnten ohne Schützenhilfe ihrer Psychologen diese Arbeit nicht leisten. Mit einem Schlägertrupp kann man viel erreichen, aber einen Menschen ohne sichtbare Wunden zu zersetzen, ist doch viel wirksamer.

Klaus Feld:
Immer mehr frage ich mich, wie ich in solchen Situationen gehandelt hätte?

Berndt Seite:
Das ist schön, dass Sie sich dem unterziehen wollen, aber das müssen Sie nicht. Das ist alles hypothetisch. An den Menschen im alten Bundesgebiet ist dieser Kelch der Zumutung vorüber gegangen. In einer vergleichbaren Situation hätten sich auch in tief katholischen Gegenden ausreichend IM gefunden. Ihre Frage wird rhetorisch von vielen Westdeutschen gestellt. Helmut Kohl tat das in Gesprächen auch. Dahinter verbirgt sich unausgesprochen auch ein Stück Schlussstrich-Diskussion. »*Hört endlich damit auf! Was soll das noch! Vor uns liegen ganz andere Aufgaben.*« Merkwürdig ist und kaum erklärbar, dass man so wenig von den 30.000 IM des MfS im Westen hört. Es ist so, als ob das Thema Stasi nur ein Os-Thema wäre.

Klaus Feld:
Sie sind nicht einverstanden mit der »Lex Helmut Kohl«?

Berndt Seite:
Der Einspruch von Kohl gegenüber der Novellierung des Stasiunterlagengesetzes im Jahr 2000 hat mich schon verstört. Ich musste mich fast nackt ausziehen bei der Anschuldigung, ich wäre ein IM gewesen, um meine Unschuld zu beweisen. Damit spreche ich nicht von irgendeiner Schuld von Helmut Kohl, aber so, wie aktenkundig ist, was das MfS mit uns getan hat, so sind die Stasi-Machenschaften um Bundeskanzler Kohl auch ein Stück Zeitgeschichte und sollten zugänglich sein. Natürlich haben wir Kohl viel zu verdanken, es ist einmalig, was er für Deutschland in einer schwierigen Situation getan hat, aber das steht auf einem anderen Blatt.

Klaus Feld:
Sie sprechen davon, wie die nachfolgenden Generationen mit dem Thema Stasi in der Diktatur umgehen werden. Man spürt bei Ihnen die Sorge, dass so etwas wieder geschehen könnte.

Berndt Seite:
Die Demokratie als Staatsform ist nicht der Schlussstein des großen Hauses der Staatengeschichte, denn die demokratische Praxis in Mitteleuropa und in einer Handvoll anderer Staaten in der Welt gehört zu den Ausnahmen. Der Kitt der europäischen Einigung ist noch nicht fest. Und die Unantastbarkeit der Menschenrechte und unsere Demokratie sind zivilisatorische Errungenschaften, die nicht zeitlos sind. In der Geschichte unseres Kontinents bilden sie bisher die Ausnahme. Die Freiheit, die Demokratie, muss jeden Tag neu erstritten werden. Das geschieht nicht von selbst. Mich bedrückt, dass das Personal der Diktatur fast straffrei davonkommen konnte. Damit steht in den Geschichtsbüchern: Als Rädelsführer in Diktaturen geht man straffrei aus. Das Problem sind immer die Opfer, denn sie passen einfach nicht in unsere Welt. Es gibt so viele davon, dass wir vor Scham in Sack und Asche gehen müssten. Täter sind anders, sie schreiten zur Tat. Wir unternehmen alles, um sie wieder in die Gesellschaft aufzunehmen.

Klaus Feld:
Das MfS als Institution, als Geheimdienst, besitzt in der Welt noch immer einen gewissen Status.

Berndt Seite:
Die eigenen Genossen trauten ihm nicht. Die Stasi glich einem Magier, den man gerufen hatte und brauchte, dem man aber nicht traute. Den Magier umgab etwas Geheimnisvolles. Man wusste nie, wie viele Asse – eins, zwei oder keines – er im Ärmel trug, dafür vielleicht eine geladene Pistole. Die Mächtigen mussten wissen, was vor sich ging, denn sie selber trauten ihrem Nachbarn, dem Genossen, auch nicht über den Weg. Das ist in Diktaturen systemimmanent.

Klaus Feld:
Trotzdem ragt das MfS mit seinem »Ansehen« in der Welt über die DDR heraus. Empfinden Sie das auch so?

Berndt Seite:
Über Mielke wurde kolportiert, er kenne jeden zehnten DDR Bürger persönlich oder sei über ihn unterrichtet. Das war natürlich ein Witz. Zu diesem Nimbus hat das MfS selbst beigetragen. Die Stasi war genauso hausbacken und schmuddelig wie die DDR, auch wenn die Genossen heute ihre »Kundschafter« in höchsten Tönen loben. Dann versuchte sich die Stasi mit einer Aura der Raffinesse und Professionalität zu bekränzen, und die westlichen Medien halfen ihr dabei. Markus Wolff (ehemaliger Chef der Auslandsabteilung des MfS) wollte diesen Nimbus verstärken, aber scheiterte auf der »Nobel-Demo« am 4. November 1989 auf dem Alexanderplatz in Ost-Berlin kläglich. Diese Demonstration wird von vielen Ost-Intellektuellen als die entscheidende Demo gepriesen, aber sie war nur der klägliche Versuch, von der DDR noch zu retten, was nicht mehr zu retten war. Die hunderttausend Demonstranten auf dem Leipziger Ring haben der DDR schon Tage vorher das Totenbett bereitet.

Klaus Feld:
Markus Wolff hat sich danach immer noch clever in Szene gesetzt.

Berndt Seite:
Es hat ihm wenig genützt. Das MfS glaubte, ein in sich fest verfugtes Unterdrückungsgebäude zu sein, das für die Bewohner in allen Fragen Halt und Sicherheit bieten konnte und zugleich geschmeidig genug war, sich verändernden Verhältnissen anzupassen. Das war nicht der Fall, wie die Ereignisse zeigten. Die Mitarbeiter müssen zuletzt nur noch in ihren vergitterten Büros und Kellern gesessen haben, ohne jeden Kontakt zur Wirklichkeit. Und so haben sie sich genau den Feind gebacken, den sie brauchten. Die Stasi hatte nicht begriffen, dass dieses lächerlich kleine Häuflein von Menschen unter dem Dach der Kirche dem System bald das Totenglöckchen läuten würde. Am Ende mussten sie zugeben: An alles hatten sie gedacht, nur nicht an Kerzen und Gebete. Es gibt aber heute schon Historiker, die dem MfS außerordentliche Fähigkeiten bescheinigen und die IM als Beiwerk in ihren Aktionen abtun. Es kommt immer auf die Sicht an, die ein Historiker hat.

DDR-Intellektuelle nach dem Mauerfall – Gauck und die Freiheit

Klaus Feld:
Wie verhielten sich viele DDR-Intellektuelle nach dem Fall der Mauer? Wollten sie noch etwas unternehmen?

Berndt Seite:
Als Beispiele nenne ich Christa Wolf (DDR-Schriftstellerin) und Stefan Heym (DDR-Schriftsteller). Sie haben den Aufruf »Für unser Land« initiiert, weil sie den Sozialismus behalten, aber seine negativen Auswüchse beseitigen wollten. Sie sind damit gescheitert. Christa Wolf hat an ihrem Ideal, dem Sozialismus, bis zuletzt festgehalten. Er ist nur verraten und verspielt worden, glaubte sie. In ihren Büchern wollte sie nie wahrhaben, dass die DDR vorwiegend am Menschenbild scheiterte. In Diktaturen sind Menschen Verfügungsmasse für eine »höhere Idee«, für die Ideologie. Die schlimmste Niederlage für die sozialistische Nomenklatura besteht darin, dass sie ihre privilegierte gesellschaftliche Position verloren hat. Das schmerzt. In der Regel gehören die Intellektuellen immer zu den Vorreitern, den Stichwortgebern in der Gesellschaft und dürfen bei Machtmissbrauch nicht schweigen. Mit einigen Ausnahmen gehörten sie 1989 nicht zu den Reformern, den »Veränderern« auf der Straße.

Klaus Feld:
Gibt es eine Restauration der Ideologie?

Berndt Seite:
Ja, zum Teil. Den Sozialisten, wie sie sich jetzt nennen, ist es nach dem Zusammenbruch des Systems gelungen, die Verbrechen des Stalinismus gesichts- und namenlos erscheinen zu lassen. Im Gegensatz zum NS-Terror blieb der kommunistische Terror im kollektiven Gedächtnis der Menschheit nur marginal erhalten, und es scheint so, als hätte es die Opfer des Stalinismus nie gegeben. Diese Verbrechen sind kein Teil des universellen Gedächtnisses geworden.

Klaus Feld:
Der Bundespräsident trägt den Freiheitsbegriff wie eine Monstranz vor sich her?

Berndt Seite:
Ich weiß, gut, aber als Protestanten tragen wir keine Monstranz vor uns her. Leider redet er im Osten wie gegen eine Wand, denn mit dem Freiheitsbegriff können viele Menschen wenig anfangen. Freiheit bedeutet mehr als Reisefreiheit. Sein Leben selbst, eigenverantwortlich zu gestalten und zu leben, ohne aus der Solidargemeinschaft auszuscheren, ist der Kern der persönlichen Freiheit. Die Menschen sind auch gezeichnet von den vergangenen 44 Jahren der Unfreiheit, das muss man auch bedenken. Aber ein gewisser Teil der DDR-Bevölkerung konnte sich nie an den Verlust der Freiheit gewöhnen. Darin unterscheiden sich die Freien von den Sklaven in der Welt. Sklaven schauen nie in den Himmel, in die Weiten des Kosmos. Die meisten von ihnen verstehen unter Freiheit nur neue Formen der Sklaverei. Der sogenannte »Arabische Frühling« zeigt das deutlich. Als Grundsatz für jede politische Aktivität für die Freiheit muss weiter gelten: Keine Furcht haben!

Kann man sich in die Rolle eines IM versetzen?

Klaus Feld:
Ist es möglich, sich in die Rolle eines IM zu versetzen?

Berndt Seite:
Kaum, aber ich kann es versuchen. Die IM waren vermutlich auf eine besondere Art einsam, denn niemandem konnten sie sich anvertrauen, über ihre Tätigkeit sprechen, auch gab es keine soziale Kuschelecke, weil kein IM von einem anderen wusste. Ihr einziger Halt, ihr »Bruder im Geiste« und Tröster, war ihr Führungsoffizier. Nur der gab vor, sie zu verstehen, richtete sie in schwieriger Lage mental auf und versicherte ihnen: Du dienst einer guten Sache! Auch eine infame Lüge, da der IM nur Werkzeug, nie ein freier Gestalter war. Er wurde »geführt«, damit ist alles gesagt. Der gesamte Vorgang glich einer Verschwörung, verschworen gegen das eigene Volk! Der Zwang, als IM weiterzumachen und die Bemühung, nicht enttarnt zu werden, trennte den IM von der Solidargemeinschaft. Er war ständig maskiert, nur in der tiefen, schwarzen Nacht, wenn die Nachtsonne aufging, legte er vorsichtig die Maskerade ab. Vielleicht war es noch schlimmer, und der IM fand Lust an seinem Zustand, wie ein Spanner auf erotischem Posten. Ich will nicht tiefer in das Horrorgeschehen eindringen, denn wer sich zu lange mit diesen Vorgängen beschäftigt, der läuft Gefahr, weiter ein Teil davon zu bleiben. Die Mitarbeiter der BStU sind um ihre Arbeit nicht zu beneiden.

Klaus Feld:
Hat je ein Mensch mit Ihnen über seine Zeit als IM gesprochen?

Berndt Seite:
Gesprochen nicht, aber einer hat sich entschuldigt. Ich habe einige Male das Gespräch gesucht, aber zum Kern des Problems drang ich nicht vor. Der Versöhnungsprozess ist und bleibt schwierig, da vor einer Entschuldung immer das Schuldeingeständnis liegen muss. Und das findet nicht statt. Wir sind in der Sache gescheitert. Der Versöhnungsprozess kam und kommt nicht in Gang.

Klaus Feld:
Es ist ja bekannt, dass viele Stasi-Opfer traumatisiert sind. Wie steht das um Sie?

Berndt Seite:
Ich bin nicht traumatisiert. Heute spielt das Trauma in der Postmoderne eine besondere Rolle. Als die Soldaten der Wehrmacht aus dem Krieg zurückkamen, waren viele schwer traumatisiert, aber niemand nahm davon öffentlich Kenntnis. Als Kind habe ich sie fast nur schweigsam erlebt, sobald vom Krieg die Rede war. Und so war es in vielen Familien: über die Erlebnisse im Krieg wurde geschwiegen; zu schlimm waren die Erinnerungen, zu schmerzlich wäre die Offenlegung und Aufarbeitung gewesen. Den Opfern der SED-Diktatur ging es nach dem Mauerfall ähnlich, erst langsam begann man zu therapieren. Heute ist bei jeder schwierigen Situation psychologischer Beistand ein Teil der Behandlung. Das ist gut, wie auch die prophylaktische Schmerztherapie nach Operationen, damit sich kein Schmerzgedächtnis ausbildet.

Klaus Feld:
Aber Freunde von Ihnen sind traumatisiert?

Berndt Seite:
Ja, aber unterschiedlich. Manche sind krank und müssen behandelt werden. Bei anderen werden Aktivitäten freigesetzt, die sich nur mit diesen Vorkommnissen beschäftigen. Das Erlebte ist zum Lebensinhalt geworden. Jeden Tag nur das. Das sind die schlimmsten Traumata.

Klaus Feld:
Und manche haben später nie wieder ins Leben zurückgefunden.

Berndt Seite:
Ja, bei denen wurde der Lebensfaden in einem bestimmten Abschnitt brutal durchtrennt. Es ist wie bei einem Apfelbaum, dem das Fruchtholz weggeschnitten wurde, Äpfel trägt er dann nicht mehr.

Klaus Feld:
Bei den Opferverbänden tritt das Phänomen auf, dass zwischen den Verbänden gestritten wird, wer das größere, das besondere Opfer gebracht hat.

Berndt Seite:
Es gibt in der Opferrolle der Beteiligten eine gewisse Konkurrenz. In der Welt geschehen solche Ungeheuerlichkeiten und Schändlichkeiten, die Menschen ertragen müssen, dass man sich fragt, warum dieser Wettbewerb noch untereinander stattfindet.

Klaus Feld:
Wie erklären Sie sich das?

Berndt Seite:
Die Evolution hat auch hier das Wort. Evolution ist Wettbewerb, und da ist das Opfer mit dem größten erfahrenen Leid auch im Vorteil. Aber das erklärt das Phänomen nur teilweise.

Klaus Feld:
Aber dann gibt es noch die Opfer, die auch nach der Tat wehrlos bleiben.

Berndt Seite:
Das ist vermutlich die Mehrheit. Es ist bei ihnen so, als seien sie zu lebenslanger Haft verurteilt worden. Ihr gesamtes Leben ist jetzt darauf ausgerichtet. Betrachten Sie unsere Gesellschaft, dann haben die Opfer zu wenige Fürsprecher. Es wird kolportiert, dass bei Auseinandersetzungen zwischen Jugendlichen deutscher Herkunft und denen mit Migrationshintergrund zu den Deutschen gesagt wird: »Du Opfer!« Das Opfer ist immer der Unterlegene, der zum Schafott Geführte, eben das Opfer. Leider, die Täter sind die Stärkeren und denen gilt auf der Welt mehr Sympathie als den Opfern. Das Christentum mit seinem Neuen Testament versucht, das zu ändern. Der Mann am Kreuz bringt das Opfer für uns alle, damit wir befreit werden von der Last.

Klaus Feld:
Traumatisiert sind Sie nicht, aber berührt werden Sie schon von den Vorgängen?

Berndt Seite:
Wird über die Stasi geredet oder geschrieben, bin ich sofort hellwach. Oft fühle ich mich ohnmächtig, wenn ich die Gleichgültigkeit gegenüber den Opfern wahrnehme. Dann frage ich mich, warum die Opfer nur so eine kleine Lobby im Vergleich zu den Tätern besitzen. Denen baut man so viele Brücken, damit sie wieder ins normale Leben zurückfinden – und den Opfern? Als es darum ging, im Bundestag eine Opferrente zu beschließen, gab es lange Diskussionen und Vertagungen. Doch beim Beschluss, die Rentenkappung der »Systemnahen« aufzuheben, schnellten die Hände in die Höhe. Der Opferbegriff muss erweitert werden. Opfer sind nicht nur die Erschlagenen, Ertrunkenen, Ermordeten, sondern auch die in der Folge der Taten Traumatisierten, die sich von ihren Erlebnissen nie wieder befreien können.

Klaus Feld:
Wie zeigten sich die IM nach dem Mauerfall?

Berndt Seite:
Vor dem Fall der Mauer waren sie die Frauen und Männer ohne Schatten. Als viele von ihnen enttarnt wurden, sah man jetzt ihren langen Schatten, der nun als Schleppe den Staub der Diktatur aufwirbelte. Viele von denen glaubten, sich in dieser Staubwolke verstecken zu können, was einigen Raffinierten und Durchtriebenen auch gelang.

Eigene Betrachtungsweise der Akten

Klaus Feld:
Gehe ich richtig in der Annahme, dass Sie über die Akten des MfS eine sehr eigene Betrachtungsweise haben?

Berndt Seite:
Das weiß ich nicht, aber eine andere, vielleicht differenziertere Sicht auf die Ereignisse kann ich mir schon vorstellen, und die gibt es, da Menschen die DDR und das System unterschiedlich erlebt haben. Natürlich hat ein Parteifunktionär, eine Reihe von Lehrern, ein Kampfgruppenkommandeur, ein Stasi-Offizier, ein LPG-Vorsitzender eine andere DDR erlebt als ein Pastor, ein Ausreisewilliger, ein Bauer, der nicht in die LPG eintreten wollte, usw. Die Kommentierung unserer Akte ist unser Resümee. Hunderttausende Menschen lesen seit über fünfundzwanzig Jahren in ihren Akten. So erfahren sie, wie Diktaturen versuchen, Menschen zu manipulieren. Aber noch immer haben viele Menschen ihre Akte nicht eingesehen.

Klaus Feld:
Sie wollen sich also an der Aufarbeitung der SED-Vergangenheit beteiligen?

Berndt Seite:
Seit dem Mauerfall bin ich dabei, denn die SED ist die Verursacherin der DDR-Diktatur. Alles braucht seine Zeit. Gegenwärtig beschäftigen wir uns noch mit dem Nationalsozialismus und seinen Verbrechen. Unsere junge Vergangenheit ruht sich noch aus. Viele Ostdeutsche sähen es lieber, die Vergangenheit würde noch lange ruhen, noch besser, sie würde nie mehr aufwachen. Fünfundzwanzig Jahre nach dem Mauerfall leben noch Hunderttausende Menschen, die intensiv mit dem DDR-System verbunden waren. Es sind unsere Nachbarn, unsere Banknachbarn auf der Seniorenfahrt in den Süden, die Großeltern bei der Einschulung der Enkel oder Urenkel, der LPG-Vorsitzende, der jetzt Unternehmer ist, und der Stasi-Offizier, der bei einem großen Wachdienst im Westen angestellt ist. Nicht zu vergessen der Psychologe aus den labyrinthisch aufgeschichteten Betonkisten in der Normannenstraße, der jetzt als Freiberufler praktiziert. Es ist der alte Film von Wolfgang Staudte aus dem Jahr 1946, »Die Mörder sind unter uns.« Mörder würde ich streichen, aber die Täter des Systems würde ich in den Titel einsetzen.

Klaus Feld:
Beginnt nach Ihrer Meinung die Arbeit an der Aufarbeitung der Vergangenheit jetzt oder erst später?

Berndt Seite:
Die vierzig Jahre DDR unterscheiden sich doch erheblich von den Jahren des Nationalsozialismus. Bis auf einige Filme über das Leben in der DDR und auch gut verfasste Bücher dümpelt das Interesse an der DDR dahin wie ein alter Kahn auf dem toten Arm eines Flusses. Die DDR war als Staat so hausbacken, miefig und piefig, dass da nicht viel an Ereignissen zu holen ist. Mauer, Stacheldraht, Menschenterror bis 1953, Großraumgefängnis und Häftlingsverkauf wie auf einem Sklavenmarkt sind die Höhepunkte. Und die Personen in dem Stück sind so austauschbar, dass man mit dem Schreiben darüber gar nicht erst beginnt. »*Die DDR verließ als kleine, schmutzige, Menschen verachtende Lüge die Welt*«, schreibt Wolfgang Berghofer, ehemaliger SED-Oberbürgermeister von Dresden. Der muss es wissen.

Klaus Feld:
Ist das nicht etwas zu einfach, was Sie da sagen?

Berndt Seite:
Ich möchte nur Aspekte benennen, warum das Interesse an der DDR gering ist, obwohl auch diese Diktatur sehr gefährlich war. Die Arbeit an der Vergangenheit beginnt erst dann als Thema interessanter zu werden, sobald unsere Kinder, Enkel, Urenkel in das Alter kommen, wo sie nach den Wurzeln der Familien

fragen. Ich hoffe, dass dann unser Gespräch noch als Buch in einem Regal steht.

Klaus Feld:
Von einer zweiten Chance halten Sie wenig?

Berndt Seite:
Das muss man differenziert betrachten. Nach meinem Verständnis bleibt eine Tat nie ungeschehen. Auch die verbüßte Gefängnisstrafe ändert daran nichts. Sie/er ist und bleibt der Täter. Warum sollte einem IM des MfS eine gesamtgesellschaftliche Aufgabe übertragen werden? Das geht nicht, weil er im sozialen Miteinander versagt hat. Auch die hauptamtlichen Mitarbeiter haben nichts im Staatsdienst einer Demokratie zu suchen. Noch einmal, bei allem, was mit der res publica zu tun hat, verbietet sich eine zweite Chance. Trotz aller meiner Vorbehalte sind diese Menschen ein Teil der Gesellschaft, und sie sollen es auch bleiben.

Klaus Feld:
Wenn man Ihren Ausführungen folgt, dann wäre ein beträchtlicher Teil der ostdeutschen Bevölkerung von politischen Aktivitäten ausgeschlossen.

Berndt Seite:
Das gehört zur gesellschaftlichen Hygiene nach zwei Diktaturen. Die heutige Gesellschaft ist so großzügig, dass es viele andere Betätigungsfelder für diese Leute gibt. Die Aufarbeitung der Vergangenheit muss verhindern, dass Unrecht wieder aufersteht. Sie muss differenzieren. Die Gutwilligen und Demokratietauglichen müssen aufgenommen werden, aber die der Ideologie Verhafteten gehören nicht in verantwortliche Positionen.

Klaus Feld:
Also doch Ausgrenzung?

Berndt Seite:
In unserem Gemeinwesen gibt es viele Möglichkeiten, Neues zu beginnen, da muss man den aktiven Gestaltern der vergangenen Diktatur in bestimmten Bereichen der Gesellschaft keine neue Chance geben. Sie haben im erwachsenen Alter versagt, gezeigt, dass sie nicht in der Lage sind, verantwortungsvoll für die Gemeinschaft zu wirken. Ein IM darf nicht Lehrer bleiben, Professor schon gar nicht und als Landtagsabgeordneter nicht über die Zukunft eines Bundeslandes mitbestimmen. Und dann kommen wir wieder zu den Opfern, die man mit all ihren Forderungen als gewisse Zumutung empfindet.

Klaus Feld:
Als Landrat hatten Sie nach dem Mauerfall mit einem Mann zu tun, der von Ihnen Geld forderte. Worum ging es da?

Berndt Seite:
Es war ein ehemaliges Ratsmitglied des vergangenen Rates des Kreises, der vom neuen Landratsamt für »erlittenes Unrecht« 30- oder 50-Tausend DM forderte, so genau weiß ich das nicht mehr. Als Leiter der Abteilung Inneres beim Rat des Kreises wurde er einige Jahre vor dem Mauerfall abgelöst, bekam aber einen weniger dotierten Posten im Amt, weil er am kirchlichen Begräbnis seiner Mutter als »führender Genosse« teilgenommen hatte. Wegen dieser Mutprobe – ich finde es normal, dass er das getan hat, also entgegen der Weisung seiner Genossen – wollte er vom Landratsamt die Nachzahlung des entgangenen Verdienstes erreichen.

Klaus Feld:
Wie haben Sie reagiert?

Berndt Seite:
Ich habe mich gefragt: Was treibt den Mann an, so eine Forderung zu stellen? *»Auf den Prozess freue ich mich«*, habe ich ihm geantwortet, *»den er gegen das Landratsamt führen will.«* Es ist seit dieser Zeit noch mehr geschehen. Nachdem die ehemaligen Funktionäre merkten, dass sie als Mitglieder des staatlichen verordneten Unterdrückungsapparates kaum zur Rechenschaft gezogen werden, begannen sie, Forderungen zu stellen. Sie gingen dabei ganz pragmatisch vor. Gestern war Sozialismus, sagten sie sich, heute steht Kapitalismus auf der Agenda. Wir, die die Ablösung des Systems betrieben, hatten sie dazu ermutigt: Stasi in die Produktion!

Klaus Feld:
Ich spüre, dass Sie mit der Aufarbeitung des Unrechts der SED und des MfS durch die Gesellschaft nicht einverstanden sind.

Berndt Seite:
Als Politiker kenne ich die Zwänge, mit denen man im Regierungshandeln zu tun hat. Trotzdem bleibt, dass die Gesellschaft sich mit der Aufarbeitung des Unrechts durch den DDR-Staat sehr schwer tut. Wenn Sie sich ansehen, wie hartleibig sich der Gesetzgeber zeigte, bevor eine Opferrente auf den Weg gebracht wurde, dann erkennen Sie das gesamte Dilemma. Und dazu die Hürden, die innerhalb des Gesetzes zu überspringen sind. Bei Revolutionen ist es immer so: Was danach kommt, ist der schwierigere Teil. Und dann haben sie es im Regierungshandeln mit einem Personal zu tun, das nicht unterschiedlicher sein kann. Die einen wollen Genugtuung, vielleicht auch Rache. Die anderen hätten es lieber etwas weicher und Gerechtigkeit. Gerechtigkeit aber gibt es nicht. Und über allem steht die Maxime: In unserer Gesellschaft sollen alle mitgenommen werden. Ein Trugschluss, weil nicht alle das wollen. In der Demokratie gilt das freie Wort, ob es dem Bürger passt oder nicht. Zum Eingriff in die allgemeinen Freiheitsrechte darf es nur kommen, wenn gegen Gesetze verstoßen wird.

Klaus Feld:
Seit Jahren sollen die zerrissenen Akten in den Papiersäcken wieder lesbar gemacht werden. Ein Fraunhofer-Institut versucht, eine Software zu entwickeln, damit dies gelingt. Das würde bei der Aufarbeitung bestimmt neue Akzente setzen.

Berndt Seite:
Ich hatte in dieses Vorhaben große Hoffnungen gesetzt, aber irgendwie kommt es nicht recht voran. Es begann schon mit dem Gezerre um die Bewilligung der 50 Millionen Euro im Bundestag für die Durchführung der Maßnahme. Ich bin kein Anhänger von Verschwörungstheorien, aber über dem Projekt liegt kein Segen, würde meine Großmutter sagen. Es gibt vermutlich eine Reihe von Leuten, die die Schnipsel lieber in den Säcken lassen wollen.

Klaus Feld:
Also doch Verschwörung?

Berndt Seite:
Ach nein. Ich weiß, wie Regierungen handeln. Manche Dinge bleiben aus unerfindlichen Gründen einfach liegen. Zukunftsaufgaben z. B. werden erst angefasst, wenn es absolut dringlich ist, dann kann man auch einen Mars-Rover in Gang setzen, schneller, als irgendwelche Säcke zu öffnen. Vielleicht ist auch nichts Wichtiges in den Säcken, nur allgemeine Vorgänge innerhalb des Ministeriums. Die wirklich brisanten Vorgänge haben die Mitarbeiter des MfS bestimmt entsorgt, denn Zeit war ausreichend nach dem Mauerfall. Und auf den Magnetbändern, die der »Runde Tisch« in einer spektakulären Aktion hat vernichten lassen, waren bestimmt sehr interessante Dinge verzeichnet. Da fragt man sich: Welcher böse Geist schwebte über dem »Runden Tisch«, dass dies geschehen konnte? Vertrauen sieht anders aus!

Klaus Feld:
Wie kann man fröhlich weiterleben, wenn man erfuhr, wozu Menschen und Gesellschaftssysteme fähig sind, um Menschen zu unterdrücken?

Berndt Seite:
Ich erspare mir, die Vergleiche zu den Verbrechen von Hitler und Stalin zu ziehen, von Mao und den Roten Khmer ganz zu schweigen. Meine Familie ist von den Unterdrückungsmaßnahmen nur gestreift worden, wir sind nicht darin umgekommen. Viele der Inhaftierten und Unterdrückten sind seit der DDR-Zeit traumatisiert, ihnen zu helfen, ist Aufgabe der Gesellschaft. Was die Zukunft betrifft, ist es wichtig, nicht wieder in eine Diktatur zu schlittern, obwohl das immer wieder möglich ist. Aber es gibt positive Ansätze, dass das so bald nicht geschieht. In Teilen der Welt ist die Erkenntnis gereift, dass Kriege kein probates Mittel mehr sind, langfristig Erfolge für sich zu verbuchen. Diktatoren jeder Couleur müssen fürchten, eines Tages vor einem internationalen Tribunal zur Rechenschaft gezogen zu werden. Allein und sozial ausgegrenzt zu leben, ist wegen der gegenseitigen Abhängigkeit nicht mehr möglich. Die neuen Aufgaben global zu lösen, ist so gigantisch, dass nur

gemeinsame Anstrengungen das möglich machen. Da ich der Evolutionstheorie anhänge, weiß ich, dass der Mensch in seinem Steinzeit-Korsett sehr schnell wieder anders reagieren kann. Seine kulturelle Haut ist dünn. Wehe, sie wird zu arg strapaziert!

Klaus Feld:
Das heißt, einen Unterdrückungsapparat zu installieren, IM auf den Weg zu bringen, ist immer möglich, wenn die Rahmenbedingungen es hergeben?

Berndt Seite:
Leider überall, manchmal auch mit Verzögerung ist das möglich. In München oder Stuttgart wäre das im Kalten Krieg auch geschehen, wenn die Kommunisten dort regiert hätten. Ohne Erziehung zum Frieden, zur Freiheit und zur Demokratie ist noch immer alles möglich.

Klaus Feld:
Worüber wir sprechen, liegt länger als fünfundzwanzig Jahre zurück. Erleben Sie nicht eine gewisse Erosion der Beurteilung der Zustände von damals?

Berndt Seite:
Das ist so, denn es leben noch viele Menschen, die ihre Taten lieber vergessen lassen wollen. Die Welt dreht sich weiter. Andere Themen stehen zur Debatte, und eine neue Generation von Menschen bestimmt jetzt den politischen Alltag. Trotzdem ändert sich an dem Faktum der vergangenen Diktatur nichts. Die Erinnerungskultur läuft in Wellen ab, daher ist es wichtig, genügend aufbereitetes Material über die Diktatur zur Verfügung zu stellen. Natürlich unterliegen die Fakten auch anderen Interpretationen als zum Zeitpunkt der Transformation, aber im Kern bleiben die Fakten dieselben.

Entschuldigung und Schlussstrich?

Klaus Feld:
Was tun die Hauptamtlichen des MfS und die IM jetzt?

Berndt Seite:
Da in der Demokratie für jeden die gleichen Rechte gelten, ganz im Gegensatz zu der Gesellschaft, in der die Täter wirkten, sind sie ein Teil der Gesellschaft. Die juristische Beurteilung ihrer Vergehen wurde beendet. Sie leben jetzt oft maskiert unter uns.

Klaus Feld:
Aber sie, die Täter, sind doch moralisch gezeichnet?

Berndt Seite:
Schon, aber empfinden sie es selbst so und nehmen wir das wahr? Kaum. Sie haben sich den Rock der Anonymität angezogen und mit den Ärmeln das Gesicht verdeckt.

Klaus Feld:
Also ist das mehr oder weniger ein Schlussstrich?

Berndt Seite:
Nein, einen Schlussstrich gibt es nicht, auch wenn viele Menschen in der Gesellschaft so tun, als sei der schon gezogen. Die Ereignisse im Spanien der Franco-Diktatur oder im Argentinien der Militärdiktatur sprechen eine andere Sprache. Das ist alles so tief im historischen Bewusstsein der Menschen verankert, dass es nie vergessen wird. Aber es gibt die Tendenz zu vergessen – wie bei der SPD in Thüringen, die einen Linken zum Ministerpräsident mitwählte. 25 Jahre nach dem Mauerfall wäre eine neue Situation eingetreten, meint sie.

Klaus Feld:
Und gibt es Anzeichen von Entschuldigungen allgemein?

Berndt Seite:
Vom Einzelnen kann man sie kaum erwarten, wie ich bereits dargelegt habe. Aber es gibt sie von bestimmten Gruppen und der LINKEN. Das sind mehr oder weniger Lippenbekenntnisse, Scheinentschuldigungen, sie sind nicht ernst gemeint. Das würde an ihrem Selbstverständnis rütteln, denn die linke Fraktion will einen anderen Staat, wie alle Linken auf der Welt.

Einzeltäter-Nachweis – Die SED-Mitglieder – Die Aufarbeitung der Vergangenheit

Klaus Feld:
Herr Seite, in unserer Rechtsprechung ist der Einzeltatnachweis das entscheidende Kriterium. Teilen Sie diese Auffassung?

Berndt Seite:
Ja, denn dieser Nachweis schließt jeden Zweifel aus und befriedigt das Bedürfnis nach klaren moralischen Verhältnissen. Inzwischen ist aber eine Veränderung in der Rechtssprechung eingetreten. Im Mai 2011 wurde der Amerikaner John Demjanjuk wegen Beihilfe zum Mord in 28 060 Fällen verurteilt, obwohl ihm in keinem einzigen Fall eine Mitwirkungshandlung nachgewiesen werden konnte. Mit diesem Urteil nähern wir uns wieder der Kollektivschuld. Sollte das Bestand haben, dann müsste man die SED nachträglich als kriminelle Gruppe deklarieren, ihre führenden Funktionäre unter Anklage stellen und sie wegen ihrer Taten zur Verantwortung ziehen. So weit möchte ich mit meinen Forderungen nicht gehen, aber für die Geschichte der DDR wäre es sehr hilfreich gewesen. Damit wäre die Verantwortung klar benannt worden.

Klaus Feld:
Und wie beurteilen Sie die Biografien ehemaliger SED-Mitglieder?

Berndt Seite:
Sie sind oft gebrochen. Es lässt sich heute kaum vereinbaren, dass ein Politoffizier der NVA Ortsvorsitzender der CDU in einem Stadtverband wurde. Oder der Leiter eines Volkspolizeikreisamtes seinen katholischen Glauben wiederentdeckte und heute in einem Landtag sitzt. Glauben Sie, dass dies die neuen Demokraten sind? Ich weiß es nicht, aber glaube es auch nicht.

Klaus Feld:
Wenn ich Sie recht verstehe, dann würden Sie auf die Mitarbeit von 2,8 Millionen SED-Mitgliedern und Hunderttausenden Menschen aus den Blockparteien und den anderen DDR Organisationen verzichten. Welche Lösung bieten Sie an?

Berndt Seite:
Nein, aber eine gewisse Differenzierung hätte man schon vornehmen können. Der Umschlag der Generationen läuft schnell und kann die entstandene Lücke in wenigen Jahren füllen. Das wäre eine saubere Lösung und vor Überraschungen aus der Vergangenheit sicher. Aber ich weiß, mit den politischen Rahmenbedingungen war das nicht kompatibel. Talleyrand lässt grüßen! Wer SED-Mitglied wurde, tat es aus Überzeugung, weniger, um Karriere zu machen. In der Endphase der DDR gab es das vermehrt auch. Der später in Westdeutschland hoch angesehene Musikwissenschaftler Hans Heinrich Eggebrecht, der 1941 auf der Krim mit einer Einheit der Wehrmacht Spalier stand zur Erschießung von 14.000 Juden, schreibt in seinem Tagebuch: *»Man glaubte, ich sei hier her nach Russland gekommen, um Offizier zu werden ... aber ich bin ja aus ganz anderen*

Gründen hier und hab zur Sache einen großen reinen Willen.« Das war die Nazi-Diktatur. Noch einmal: Wer in die SED eintrat und dieses einzigartige, fast religiöse Verfahren durchlief, der war mit den Ideen und den Zielen der Partei, ihrer Ideologie einverstanden. Mit ihrer Mitgliedschaft haben sie zum Erhalt der DDR entscheidend beigetragen. Dass viele von ihnen sich jetzt geirrt haben wollen, ist eine andere Sache.

Klaus Feld:
Am Ende der DDR hatte die SED ca. 2,3 Millionen Mitglieder. Wir haben schon über das Informationssammeln der Massenorganisationen, Parteigliederungen, Blockparteien etc. gesprochen. Welchen Beitrag leisteten die SED-Mitglieder?

Berndt Seite:
Das Parteistatut war die »Herzkammer« der SED. Da heißt es: *»Mitglied der SED zu sein ist eine große Ehre./ Von unten nach oben baute das arbeitende Volk seine antifaschistisch-demokratische Staatsmacht auf, die den Charakter der demokratischen Diktatur der Arbeiter und Bauern hatte./ Jedes Mitglied hat politische Wachsamkeit zu üben und sich stets bewusst zu sein, dass Wachsamkeit der Parteimitglieder auf jedem Gebiet und in jeder Lage notwendig ist./ Niemals ist eine Rückkehr zum Kapitalismus möglich«.*

   Daraus folgte, dass man die Parteimitglieder ständig schulen und ihnen einbläuen musste, dem »Klassenfeind« keine Chance zu geben, ins sozialistische Leben einzudringen. Die Furcht der Oberen vor »bürgerlich-revanchistischen« Angriffen war groß. Hier zeigt sich, dass die SED als Partei sich ihrer Sache nicht sicher war. Am Ende der DDR haben Hunderttausende SED-Mitglieder ihre Mitgliedschaft aufgekündigt. Und wie soll man das werten? Waren sie alle Opportunisten oder wurden sie neue Demokraten?

Klaus Feld:
Wie stand es mit dem Informationsfluss zwischen den »Parteioberen« und den Mitgliedern?

Berndt Seite:
Ich gehe vom Statut aus. Da die Mitglieder oft befragt wurden, ständig das Gespräch mit ihnen gesucht wurde und ihnen in den Parteiversammlungen die jeweils neue Linie der Partei »erklärt« wurde, kann sich heute kein SED-Mitglied herausreden, es hätte von allen Vorgängen in der und um die Partei nichts gewusst. Tief lässt blicken, dass viele ehemalige SED-Mitglieder heute behaupten, das Parteistatut nie gelesen zu haben.

Klaus Feld:
Glauben Sie das?

Berndt Seite:
Nein, natürlich nicht, denn alle Mitglieder waren in irgendeiner Form eingebunden. Aber immer kommt es auf die Persönlichkeit des Einzelnen an. Es wurden von den Mitgliedern auch viele Berichte verfasst, Einschätzungen, wie es im Partei-Jargon hieß. Aber unter ihnen handelten auch viele nach dem Motto: Bestimmte Dinge tut man nicht.

Klaus Feld:
Also doch Kollektivschuld?

Berndt Seite:
Herr Feld, wir drehen uns im Kreis. Die Demokratie als Staatsform hat sich eine Ordnung gegeben, dass dem Einzelnen die Tat nachgewiesen werden muss, um die Spirale der Gewalt und Gegengewalt nicht wieder in Gang zu setzen. Dass es in dieser Situation eine »Grauzone des allgemeinen Mitmachens« gibt, ist das Problem.

Klaus Feld:
Aber Sie hadern damit?

Berndt Seite:
Nein, das hindert mich nicht, das Vergangene zu schmähen, es immer wieder zu verurteilen, damit die Diktatur nicht wieder Auferstehung feiert. Obwohl alles möglich ist.

Klaus Feld:
Sie waren auch für ein Verbot der SED nach dem Fall der Mauer.

Berndt Seite:
Ja. Die SED als verbrecherische Organisation zu verbieten, hätte verstärkt zur politischen Hygiene

beigetragen. Die einfachen SED-Mitglieder dafür zu ächten, wäre nicht notwendig gewesen.

Klaus Feld:
Es fällt auf, dass Sie wenig Unterschiede zwischen der kommunistischen und der nationalsozialistischen Diktatur machen. Ist das so?

Berndt Seite:
Es gibt einen entscheidenden Unterschied. Die Nationalsozialisten haben gehandelt wie ein Dieb, ein gewöhnlicher Verbrecher und innerhalb des Gemeinwesens neue Regeln aufgestellt und damit die anderen Mitglieder der Gemeinschaft drangsaliert. Die Nazis waren der Typus eines neuen Verbrechers, der sich gegen die universale Gemeinschaft stellte, indem sie versuchten, ein Volk auszurotten. Sie waren zum Feind der Menschheit geworden, ein hostis generis humani, wie es Hannah Arendt in ihrem Buch »Eichmann in Jerusalem. Ein Bericht von der Banalität des Bösen« beschreibt. Und noch einmal: »*Die DDR wird nicht dadurch besser, dass es in Deutschland ein noch schrecklicheres System gegeben hat. Sie bleibt trotzdem ein Verbrecherstaat*« (Ralf Giordano).

Klaus Feld:
Und wie steht es mit den Opferzahlen in beiden Diktaturen?

Berndt Seite:
Jedes Opfer war eines zu viel.

Klaus Feld:
Und für den Bolschewismus/Kommunismus trifft das nicht zu?

Berndt Seite:
Auch der Kommunismus hat in der Geschichte der von ihm dominierten Länder eine tiefe Blutspur hinterlassen. Es verbietet sich mir, mit Opferzahlen zu jonglieren. Der Unterschied besteht im vorsätzlichen Genozid an den Juden. Und, was in der gegenwärtigen, historischen Betrachtung eine Rolle spielt, die Sowjetunion hat nie einen Krieg gegen den Westen geführt, wie ich schon früher ausgeführt habe.

Klaus Feld:
Kommen wir jetzt auf die jüngere Vergangenheit zu sprechen, von der Machtergreifung der Kommunisten nach dem Zweiten Weltkrieg bis zum Ende der DDR. Wie steht es mit der Aufarbeitung der Vergangenheit?

Berndt Seite:
Schon Ihre Frage macht deutlich, dass heute die Vergangenheit **aufgearbeitet** werden soll, ganz im Gegensatz zu 1945, wo sie **bewältigt** werden sollte. Nach 1945 trat ein Jahrzehnt großer Leere und Stille ein. Ich glaube, dass der Terminus »aufarbeiten« bereits impliziert, dass es diverse Möglichkeiten gibt, sich aus der Schuld, die die Protagonisten des vergangenen Systems auf sich geladen haben, zu verabschieden. Die Mitarbeiter des MfS machten die »Drecksarbeit«, waren Hetzer und Jäger zugleich. Einmal, um die Menschen müde zu machen und letztlich zur Strecke zu bringen. Sie warfen ein Netz aus, in dem sich die Menschen verfingen, und je mehr sie daran zogen, desto dichter wurden sie umschnürt. Ihre Lippen wurden durch die Maschen verschlossen und die Nase so abgeknickt, dass sie nur noch mühsam Luft bekamen. Dann schwinden die Kräfte und der Gefangene ist zu jeder Aussage bereit.

Klaus Feld:
Sie erzählten mir von den Kleinigkeiten in den Akten, Nebensächlichkeiten, Dingen aus dem Alltag. Wie kann ich das verstehen?

Berndt Seite:
Wenn ich von Nebensächlichkeiten sprach, so meinte ich die auch so. Als ich einmal einen LPG-Vorsitzenden scherzhaft fragte, als er von einer Reise nach Ungarn zurückkam: »*Was macht der Gulaschkommunismus?*«, fand ich das in der Akte wieder. Oder als berichtet wurde, wie viel Fleisch ich im Konsum bestellt hatte, wurde daraus geschlossen, wie viele Gäste wir haben werden. Wirklich Kleinigkeiten, aber auch damit wurde man beim MfS denunziert und die Behörde erhielt wieder ein Puzzleteil, um ihr Bild von unserem Leben zu vervollständigen.

Klaus Feld:
Herr Seite, ich habe immer mehr den Eindruck, dass Sie mit den Folgen des Mauerfalls nicht ganz einverstanden sind.

Berndt Seite:
Wir haben bereits an anderer Stelle darüber gesprochen. Ja, ich bin glücklich, im vereinigten Deutschland zu leben und von der Diktatur losgekommen zu sein. Unzufrieden bin ich, dass wie nach 1945, aber nach 1989 noch mehr, die Täter ihre gerechte Strafe nicht erhalten konnten. Ich weiß, dass dies nach 1989 aus Staatsräson geschehen ist, um das Werk der Einheit Deutschlands nicht zu gefährden. Es gibt auch im Ausland dafür Beispiele wie in Spanien. Nach der Franco-Diktatur wurde eine allgemeine Amnestie verhängt, um den Start der neuen Republik nicht zu erschweren und die Gräben innerhalb der Gesellschaft langsam einzuebnen. Die Folge ist, dass die Vergangenheit nie aufgearbeitet wurde. Die neuen Generationen verlangen Aufklärung, denn der Unrat der Diktatur stinkt weiter, den die Amnestie unter den Teppich gefegt hatte. Ein Hoffnungszeichen gibt es schon. Die internationalen Strafgerichte zur Verfolgung von Verbrechen gegen die Menschlichkeit haben schon einige Täter zur Rechenschaft gezogen. Aber auch die erlassenen Gesetze zur Rehabilitierung der Opfer in der DDR-Diktatur lassen noch immer Lücken zu, sodass noch immer Opfer um ihre Anerkennung kämpfen müssen.

Klaus Feld:
Welche Rolle spielen die Intellektuellen aus der DDR bei der Aufarbeitung?

Berndt Seite:
Von den damalig staatsnahen Intellektuellen hören sie wenig. Camus sagte sinngemäß bei der Verleihung des Nobelpreises: Wir Schriftsteller des 20. Jahrhunderts dürfen uns niemals mehr der gemeinsamen Misere entziehen. Und wenn es eine Rechtfertigung gibt, dann diese, für jene zu sprechen, die es nicht können. Für mich ist es inakzeptabel, dass die Kommunisten Menschen für eine angeblich höhere Idee opferten und dies dann noch mit ihren hehren Zielen rechtfertigten. Der angeblich gute Zweck heiligt nicht die Mittel. Was nützt es, theoretisch den Menschen zu befreien, wenn man zulässt, dass der Mensch unter bestimmten Bedingungen unterjocht wird, fragt Albert Camus.

Klaus Feld:
Und wie verhielt sich die Literatur der DDR?

Berndt Seite:
Der Missstand kann nicht reden. Die Literatur hätte es gekonnt, aber sie schwieg auch in der Diktatur meistens. Die DDR-Literatur war mit wenigen Ausnahmen eine hörige Literatur. Wer das »Versteckspielen zwischen den Zeilen« nicht mitmachen wollte, der emigrierte. Den Leser ließ er zurück.

Sind Sie glücklich?

Berndt Seite:
Was ist schon Glück? Es gibt kein grenzenloses Glück. Jeder ist seines Glückes Schmied? Man darf nicht jeden Vorteil wahrnehmen, um das Glück zu erzwingen. Vielleicht ist Glück auch eine Erwartung, dass endlich eintritt, was man sich wünschte? Es ist eingetreten, dass ich nach der Diktatur in einem demokratischen Gemeinwesen leben darf. Meine geträumten Erwartungen sind wahr geworden. Ich habe die Glücksphase von 1990 bis 2000 mit durchlebt, als wir glaubten, ein schöner, wolkenloser Himmel sei für immer über Deutschland aufgezogen. Der Traum ist vorbei, und

wir sind aufgewacht. Die Welt ist noch immer böse, noch gefährlicher in anderen Teilen der Welt. Wir sind ein Teil der Welt, aber sehr privilegiert. Damit das so bleibt, erfordert es große Anstrengungen und kann nicht auf Partymeilen erlebt werden.

Klaus Feld:
Sie misstrauen dem Feierzustand der Republik.

Berndt Seite:
Ja, die Party ist längst vorbei. In unserer Feierlaune glaubten wir, wir seien nur von »Freunden umgeben«. Nun stellt sich heraus, dass unser Freund Russland keiner ist und sein wahres Gesicht zeigt. Demokratien müssen wehrhaft bleiben. Das sind wir nicht genug. Wer den Krieg bannen will, muss auch stark im Frieden sein, ohne kriegerisch aufzutreten. Leider wird das »Wehrhafte« in der Demokratie nur als ein Übel betrachtet, als eine hemmungslose Geldvernichtungsmaschine.

Reden vom Kommunisten – Kennen Sie nur die Farbe Schwarz-Weiß?

Klaus Feld:
Mir fällt auf, dass Ihre Frau und Sie immer »von den Kommunisten« sprechen, wenn sie über die Machthaber in der DDR reden. So wie bei Ihnen habe ich das bei anderen Gesprächspartnern noch nicht erlebt. Hat das einen besonderen Grund?

Berndt Seite:
Diese Terminologie mögen viele Menschen in der ehemaligen DDR nicht, da sie sich selbst betroffen und angegriffen fühlen. In den 80er-Jahren des vergangenen Jahrhunderts bezeichnete sich die SED so. Die Propaganda-Losungen zu den Staatsfeiertagen priesen die Taten der Kommunisten. »Die SED ist ein fester Bestandteil der internationalen kommunistischen und Arbeiterbewegung«, steht in ihrem Statut. Heute sind die Nachfolger der SED nur noch »sozialistisch«, das klingt weicher, denn sozial wollen doch alle sein.

Klaus Feld:
Mein Eindruck ist, dass Sie bei der Auseinandersetzung mit der Stasi bisher nur Schwarz oder Weiß kennen.

Berndt Seite:
Der Eindruck mag entstehen, denn das Thema ist emotional aufgeladen, und nicht immer kann ich Abstand halten. Aber so ist das nicht; im Leben und in der Haltung zu den gesellschaftlichen Dingen gab es eine Zone dazwischen, eine Grauzone, wie es heute heißt. »Die Wahrheit hat auch Nebengeräusche«, denn ich habe während der DDR Zeit auch taktiert, war nicht immer der »Nein-Sager«, »Revolutionär«, »Gegner« des Systems, sondern auch der Bürger im System. Vermutlich wäre ich nicht zum Studium zugelassen worden, wenn ich nicht der FDJ-Sekretär der Klasse gewesen wäre und mich wie die anderen meiner Klasse freiwillig zur NVA gemeldet hätte. Wir haben unsere Kinder konfirmieren und zur Jugendweihe gehen lassen. Ich war ein Befürworter der »Kirche im Sozialismus«, damit meine Kirche überleben durfte. Meinem Sohn habe ich geraten, sofort seinen Grundwehrdienst abzuleisten, doch bald danach fiel die Mauer. Er hadert noch heute mit meinem damaligen Rat. Ich habe auch manchmal geschwiegen, wenn ich hätte aufschreien müssen. Ich wollte nicht ins Gefängnis. Dort oder von dort aus hätte ich nichts mehr bewirken können. Nach einer Bedenkzeit wollten wir auch nicht ausreisen, dann wäre ich politisch neutralisiert und unglaubwürdig gegenüber meinen Freunden geworden.

Annemarie Seite:
Aber eines ist mir wichtig: Wir haben uns in der DDR auch nicht korrumpieren lassen, z. B. um für mehr Geld einen anderen Posten anzustreben, sondern mein Mann und ich haben einen unbequemen Weg eingeschlagen, der gefährlich war. Das Dach der Kirche hat uns auch beschützt.

Klaus Feld:
Hat es sich für Sie und Ihre Familie »gelohnt«, diesen Weg einzuschlagen?

Annemarie Seite:
Was heißt gelohnt? Wir sind unseren Weg gegangen und ich bin dankbar, dass wir geblieben sind, aber ohne den Druck der vielen Ausreisewilligen hätten wir noch länger im System leben müssen. Wir haben schon darüber geredet, warum Diktaturen entstehen, wie sie agieren. Daher hat unser Gespräch auch die Aufgabe, gewisse Illusionen zu zerstören. Dass es immer wieder Diktaturen geben wird, zeigt, dass wir keine Antwort wissen und als Erkenntnis ihre Sinnlosigkeit feststellen.

Klaus Feld:
Das sind keine guten Aussichten für die Zukunft.

Berndt Seite:
Leider ist es so. Wenn ich meinen letzten Lebensabschnitt betrachte und auf die zurückgelegte Strecke schaue, dann verschwimmen mehr und mehr die Ereignisse. Zuletzt sehe ich nur noch das Nichts. Vermutlich ist das normal am Ende eines Lebens. Aber ich kann mich auch an Jean Paul halten, der meinte: *»Die irdische Sphäre ist mit Ritzen und Löchern durchsetzt, durch die uns das Transzendente, die Reflexe des Unendlichen erreichen ... dass man der Welt auch ein Stück der anderen malen sollte, damit diese vollständig sein sollte.«*

Die Ständige Vertretung und die friedliche Revolution

Klaus Feld:
Kommen wir noch einmal zur »Ständigen Vertretung der Bundesrepublik in der DDR« zurück, dem »Objekt 499«, wie es im Stasi-Jargon hieß. Haben die Mitarbeiter der StäV die friedliche Revolution in der DDR gefördert oder sogar erst ermöglicht?

Berndt Seite:
Sie kennen die Lebensweisheit, dass mit dem Abstand zu den Ereignissen die Lebensläufe oder die Sicht von den Ereignissen mit den Jahren geschönt, verdreht oder »aufgearbeitet« werden. Die StäV war ein Stachel im Fleisch der DDR. Schon dass es sie gab, ist ein großes Ärgernis für die Mächtigen gewesen und ein Vorteil für uns. Wir lernten schon zeitig Menschen aus dem anderen Teil Deutschlands kennen und erfuhren viel über die politischen Verhältnisse in Westdeutschland, und wir sahen, wie sie ihr persönliches Leben gestalteten. Sie waren anders sozialisiert, wie es heute heißt. Mit der StäV gelangten auch immer mehr Journalisten aus dem Westen in die DDR, die aufmerksam die Vorgänge in und um die DDR beobachteten und darüber berichteten. Sehr zum Leidwesen der DDR-Mächtigen. Dazu kam, dass die Mitarbeiter der StäV als »Konterbande« sackweise Zeitschriften und Bücher mitbrachten, die auch den Weg in das flache Land fanden.

Klaus Feld:
Das war aber zu wenig.

Berndt Seite:
Auch bekam der Geist der Freiheit mit ihnen Flügel. Sie haben mitgeholfen, dass die »Aktivisten, Reformer, Dissidenten, Bürgerrechtler« oder wie Sie die aktiven

Veränderer in der DDR bezeichnen wollen, ein kleines Sprachrohr besaßen, um Teile ihrer Botschaft in die Welt zu bringen. Das Wort ist oft stärker als eine verriegelte Tür, weil es sich überall Lücken sucht und unsichtbar auf der Zunge weitergetragen wird. Natürlich haben sie die sogenannte »friedliche Revolution« nicht erfunden, aber etwas gefördert.

Klaus Feld:
Aber Irrtümern ist die Vertretung auch erlegen?

Berndt Seite:
Ja, besonders im Bereich Ökonomie. Sie wollten nicht wahrhaben, dass der »Scheinriese DDR« (Stefan Wolle) hohl und schwach war. Die DDR war pleite, richtig pleite. Die »Einwürfe« aus unserem Leben taten unsere Freunde mit einer Handbewegung ab. Ihr aus der Provinz!

Klaus Feld:
Also menschlich taten sich schon Unterschiede zwischen Ihnen und Ihren Bekannten aus dem Westen auf?

Annemarie Seite:
Wir hatten durch die Bekanntschaften mit den Mitarbeitern bereits eine »gewisse Vorerfahrung«, die viele im Osten erst nach dem Mauerfall erlangten. Ihre andere Sozialisierung haben wir schnell erkannt, die sich durch die lange Trennung in den verschiedenen Systemen manifestiert hatte. Es gab auch welche, die traten so vorwitzig auf, als wollten sie mir das Entstehen des Regenbogens erklären, aber sonst gab es in der Grundhaltung zum Leben keine Unterschiede. Der Baum war der gleiche, nur die Reiser, die aufgepfropft wurden, waren andere.

Klaus Feld:
Kann es nicht etwas genauer sein?

Annemarie Seite:
Die Bedeutung des Geldes, der Wettbewerb untereinander und eine gewisse Hemdsärmligkeit sowie die Darstellung der eigenen Person waren einige Unterschiede. Im Umgang mit ihnen hatten wir damals und auch heute keine Schwierigkeiten.

Klaus Feld:
Werden sich die Unterschiede in diesem Bereich zwischen Ost und West einebnen?

Annemarie Seite:
Die neuen Generationen sind schon etwas dabei, denn der Wohlstand ist eine süße Verführung. Der Osten muss sich dem Westen nicht angleichen, sondern jedes Bundesland hat seine Eigenheiten, ein besonderes Heimatgefühl mit Bräuchen und eigener Kultur. Einheit in Vielfalt in einem Bundestaat.

Klaus Feld:
Noch einmal: Hat die StäV zur friedlichen Revolution beigetragen?

Berndt Seite:
Davon habe ich nichts bemerkt. Einzelne interessierte Mitarbeiter waren mit Informationen in der Endphase der DDR aktiv dabei, aber die Leiter in ihrer Außendarstellung hielten sich mehr an die »Großkopfeten« der DDR. Außerdem war die StäV löchrig wie ein Schweizer Käse. Dort gab es einige schwergewichtige IM, die alles dem MfS zugetragen haben. Die Mitarbeiter waren sehr vorsichtig, um keine Fehler zu machen, aber geholfen haben sie schon.

Tätige Reue der IM – Geht von ihnen noch eine Gefahr aus? – Die Intellektuellen der DDR – Die Gesellschaft lebt von der Partizipation der Bürger

Klaus Feld:
Es gibt in der jüngeren Vergangenheit Beispiele, dass sich ehemalige SED-Kader aktiv an der Installierung der Demokratie in den neuen Bundesländern beteiligen. Kann man das nicht als »tätige Reue« bezeichnen?

Berndt Seite:
Der Historiker Martin Sabrow stellt in einem Interview im Jahre 2014 fest: »*Ich glaube, dass es nach heutigen Maßstäben eine Relativierung von Schuld im Sinne von Wiedergutmachung nicht geben kann. Die Frage ist nur, ob wir uns nicht alle dazu bekennen sollten, dass fast alle Menschen, die in Epochewechseln gelebt haben, in der Regel – um mit Lessing zu reden – mittlere Charaktere waren. Helden finden wir selten.*«

Klaus Feld:
Wie beurteilen Sie diese Aussage?

Berndt Seite:
Natürlich haben viele von uns, mich eingeschlossen, in einer Grauzone am Rande der Diktatur gelebt. Wir sind aber nicht zu Tätern geworden. Täter sein bedeutet, mit Absicht zu handeln. Mit ihrer Bereitschaft zur Mitarbeit ist dieser Tatbestand erfüllt. Und das trifft auf alle IM zu, wir reden ja besonders über diesen Personenkreis. Die meisten IM sind nicht gezwungen worden, Informeller Mitarbeiter zu werden. Das MfS schreibt, »*der Kandidat ist aus Überzeugung bereit mitzuarbeiten.*«

Und wird der IM enttarnt, dann geistert er oft wie ein Nachtvogel, der sich in der Zeit geirrt hat, durch den Tag. Ich glaube, dass diese Leute der »tätigen Reue« nur vor sich selbst bestehen wollen. Besser wäre es, sie würden sich aus dem öffentlichen politischen Leben zurückziehen und einer wirtschaftlichen Tätigkeit nachgehen. Ich habe einige IM aufgeführt, wie sie sich in »tätiger Reue« verhalten haben.

Klaus Feld:
Sie glauben also nicht daran, dass aus einem »überzeugten Anhänger« der Diktatur ein Demokrat werden könnte.

Berndt Seite:
Der Historiker Eckard Conze hat für die Entnazifizierung das Bild »als Drehtür für ein neues Leben« gefunden. Man kommt auf der einen Seite als alter Nazi herein und verlässt sie auf der anderen Seite als Demokrat. Die Drehtür bietet sich auch als Metapher für das Jahr 1989 bei uns an. Ersparen Sie mir bitte die Aussage, dass man ein neues Leben beginnen könnte und ein »Überzeugter«, wie wir die ganz »scharfen« SED-Mitglieder nannten, zu einem Demokraten mutiert. Von vielen Mitläufern kann ich mir das bedingt vorstellen, da sie immer mitlaufen. Und die Vorstellung, dass politische Grundeinstellungen mit dem Lebensalter zusammenhängen, hatte schon immer ihre Schwäche.

Klaus Feld:
Zahlreiche Intellektuelle der untergegangenen DDR »fremdeln« mit dem System des vereinigten Deutschlands.

Berndt Seite:
Ich habe davon schon gesprochen. Sie »fremdeln« nicht nur damit, sondern begegnen ihm mit Ablehnung. Die DDR war ihr Leben, dem sie nach wie vor anhängen. Sie wollen einfach nicht wahrhaben, dass sie einem gesellschaftlichen Irrtum aufgesessen sind. Daher versuchen sie bei jeder sich bietenden Gelegenheit, den Westen mit Hohn und Spott, auch mit Hass, zu überschütten und ihm dabei nachzuweisen, dass das DDR-System das lebenswertere war. Sie wollen nicht anerkennen, dass die untergegangene DDR wie ein Kerkermeister gegenüber den Menschen gehandelt hat. Natürlich gibt es auch andere Intellektuelle, also nicht systemkonforme, aber die treten in Ideologien kaum in Erscheinung. In der Revolution von 1989 in der DDR spielten die Intellektuellen fast keine Rolle, obwohl

sie das heute heftig bestreiten. Als die Würfel bei den Demonstrationen auf dem Leipziger Ring schon gefallen waren, versuchte die intellektuelle Nomenklatura auf dem Alexanderplatz in Berlin noch zu retten, was nicht mehr zu retten war: den DDR-Sozialismus. Die anschließende Wiedervereinigung traf die Intellektuellen völlig unvorbereitet, und mit ihrem propagierten Antifaschismus und Sozialismus war kein Staat mehr zu machen. Es war das erste Mal bei einer Revolution in Deutschland, dass die Intellektuellen, und nicht zu vergessen die Studenten, keine Stichwortgeber der Revolution waren, denn in früheren Zeiten traten sie oft für die Unmündigen ein.

Klaus Feld:
Es gab aber auch Intellektuelle, die dem nicht gefolgt sind?

Berndt Seite:
Ja. Es gab auch Schriftsteller und Dichter, die sich nicht unter den Schirm der Mächtigen begaben und dann auch keinen Verlag fanden. Oder Erfinder, die im stillen Kämmerlein vor sich hin werkelten. Diktaturen zerstören die Kreativität, denn die braucht eine freie, befriedete Seele.

Klaus Feld:
Heutige Wahlergebnisse zeigen auch, dass Menschen noch immer am untergegangenen System festhalten, die Demokratie kritisieren und sich empört geben. Macht Sie das nicht nachdenklich?

Berndt Seite:
Nein. Menschen sehnen sich oft auch nach der Vergangenheit, wo angeblich alles besser war. Ich glaube, diese Empörung ist auch gespielt. Man macht es sich in einer angenehmen Ecke – die in der DDR-Zeit ökonomisch kaum existierte – bequem, mit dem moralisch guten Gewissen. Die Kritik ist zurückzuweisen, weil sie im Namen einer Ideologie erfolgt. Diese Leute geben sich als Empörte, um ihr »reines Gewissen« zu demonstrieren. Sie wollen vergessen machen, dass sie mit ihrem gesellschaftlichen Ansatz in der Vergangenheit gescheitert sind. Nichts hilft ihnen mehr als das Vergessen, besonders den nachfolgenden Generationen gegenüber.

Klaus Feld:
Geht von ihnen noch eine Gefahr aus?

Berndt Seite:
Die Demokratie ist selten stabil, sie lebt von der Partizipation ihrer Bürger. Die Empörung der Kommunisten/ Sozialisten aus der Vergangenheit sehe ich nicht als Anlass zum Handeln. Empörung ist ein Bruch mit den Gegebenheiten, mehr nicht. Trotzdem sollte man bedenken, was Margot Honecker in Chile auf die Frage antwortete, was das Erbe der DDR sei. Sie antwortete: »*Wir haben den Samen gelegt, die Saat wird aufgehen.*«

Klaus Feld:
Also alles in Ordnung, alles bestens in der Gesellschaft.

Berndt Seite:
In den neuen Generationen fallen mir Menschen auf, die an jeder Sache zwei Seiten entdecken, jene moralische Ambivalenz, der ich nichts abgewinnen kann, dieses ständige sowohl-als-auch. Dazu kommt, dass ältere Menschen infolge der Diktatur oft unfähig sind, ein Urteil abzugeben.

Das Volk, die Gemeinschaft mit ihrem Wertekanon ist immer nur so gut, wie der Bürger sich am Gemeinwesen beteiligt. Der Ausgang jeder Form der Gesellschaft ist ungewiss. Wer weiß, wie es in hundert Jahren aussieht?

Das Ende des MfS, aber nicht das Ende der Verdächtigungen

Klaus Feld:
Kommen wir noch einmal auf das Ende der Stasi zurück und das Fortwirken der Akten. Lassen Sie uns das vertiefen. Ihre Frau hat schon über die Fraktionssitzung der CDU im Landtag von Mecklenburg-Vorpommern vom 8. Juni 1993 berichtet. Da hat die Stasi-Krake noch einmal versucht, Sie zur Strecke zu bringen. Man beschuldigte Sie, in der DDR mit Geheimdiensten zusammengearbeitet zu haben. Ihre Frau hat am Anfang unseres Gesprächs schon etwas dazu gesagt.

Berndt Seite:
Im Frühjahr 1993, als ich schon ein Jahr Ministerpräsident war, kam das Gerücht auf, ich hätte für das MfS und andere Geheimdienste gearbeitet. In dieser Zeit wurden Politiker, die aus dem Osten stammten und nun hohe politische Ämter innehatten, mit solchen Vorhaltungen konfrontiert. In der Medienwelt ging man – als Metapher gesprochen – »auf die Jagd«: »Heute noch keine Beute gemacht?«

Klaus Feld:
Es gab auch ausreichend Anlässe.

Berndt Seite:
Ja und nein, wir haben schon zu Beginn unseres Gesprächs darüber geredet. Aber was in dieser Zeit geschah, war einmalig. Später hat sich das verflüchtigt, nachdem alle Personen »durchgeprüft« waren.

Klaus Feld:
Da waberte das Gerücht durch den Raum, dass auch Sie zu den Zuträgern des Systems gehörten? War das nicht ein Schlag, den man Ihnen aus dem Nichts heraus versetzt hatte, und empfanden Sie das nicht als tiefe Kränkung?

Berndt Seite:
Ja, so etwas war mir noch nicht passiert. Ich war noch immer neu in der Politik und unter ganz anderen Voraussetzungen in die Politik gekommen als die Politiker in Westdeutschland. Ich kam ohne politische Vorerfahrung mit dem Vorsatz, die eingetretenen Veränderungen mit den Menschen in unserem Land zu bewältigen. An »Heckenschützen und Fallstricke in der Politik« dachte ich da nicht. Als dann die Anschuldigungen kamen, nahm ich das nicht klaglos hin, sondern mein Widerstand wuchs. Ich fühlte mich beleidigt, aber auch herausgefordert. Mein Inneres bäumte sich auf, weil ich mich auf der sicheren Seite fühlte.

Klaus Feld:
Fanden Sie es nicht merkwürdig, dass Ihr Vorgänger im Amt des Ministerpräsidenten, Alfred Gomolka, von der eigenen CDU Fraktion gestürzt wurde, zwar nicht mit Stasi-Anwürfen, aber mit einem anderen Sachstand, den er vertreten hatte und den die Fraktion nicht mittrug? Waren das nicht Machtspiele, die da abliefen?

Berndt Seite:
Das hatten wohl auch andere inzwischen erkannt. Frau Merkel, die damals Ministerin für Jugend, Familie und Senioren in Bonn war, riet mir, in die Offensive zu gehen.

Klaus Feld:
Sie wollte Sie also retten.

Berndt Seite:
In der Politik geht es zweitrangig um Personen, sondern um die Machterhaltung der Gruppe. Mich zu stürzen hätte bedeutet, dass die CDU in Mecklenburg-Vorpommern ihren Kredit bei den Wählern endgültig verspielt hätte. Der Wahlkreis von Frau Merkel lag in unserem Land.

Klaus Feld:
Und Günther Krause?

Berndt Seite:
Günther Krause hatte 1990 zusammen mit Schäuble den Einigungsvertrag ausgehandelt und war dann Bundesminister für Verkehr und Landesvorsitzender der CDU. Der hatte schon damals die Bodenhaftung verloren und war wie trunken vom Machtzuwachs. In dieser Auseinandersetzung hielt er sich zurück. Außerdem wurde er zur Gefahr für mich und die CDU. Angela Merkel war die Alternative für den Landesvorsitz der CDU in Mecklenburg-Vorpommern, und den hat sie dann erfolgreich für ihren weiteren politischen Aufstieg genutzt. In dieser politischen Auseinandersetzung erging es mir wie dem Papst, als Stalin meinte, wie viele Bataillone er hätte.

Klaus Feld:
Und Sie gingen dann in die Offensive?

Berndt Seite:
Das fiel mir leicht, weil ich glaubte, nein sicher war, als verfolgtes Opfer der Stasi, nicht als Zuträger irgendeines Geheimdienstes geführt gewesen zu sein.

Klaus Feld:
Da mussten Sie also das erste Mal in Ihrem Leben eine politische Bewährung bestehen.

Berndt Seite:
Bewahren kommt von wahren, etwas behüten. Das war nur eine Intrige, ein Reden um des eigenen Vorteils willen. Es war ein politisches Spiel mit gezinkten Karten, das ich bis dahin nicht beherrschte und auch nicht beherrschen wollte. Der Anstifter zu dieser Kabale war der Landtagsabgeordnete der CDU Georg Diederich. Vermutlich konnte er es in seinem Ehrgeiz nicht verwinden, dass er bei der Nominierung zur ersten Wahl 1990 meinem Vorgänger als Spitzenkandidat unterlegen war.

Klaus Feld:
Da ist das MfS, obwohl es als Institution seit drei Jahren nicht mehr existierte, in seinen Akten noch einmal, vielleicht das letzte Mal, »auferstanden«.

Berndt Seite:
Meine Frau hat schon davon gesprochen, wie entsetzt sie war, als die Leiterin der Außenstelle der BStU von Neubrandenburg, Frau Pagels, und ihr Mitarbeiter, Andreas Niemann, unser Leben vor der CDU-Fraktion im Landtag von Mecklenburg-Vorpommern ausbreiteten. Ich hatte erkannt, dass es für mich eine gute Gelegenheit war, mit Widersachern in meiner Fraktion abzurechnen, und zwar auf die elegante Tour, indem ich die Akten sprechen ließ.

Klaus Feld:
Da haben die Akten in der politischen Auseinandersetzung Ihnen einen Vorteil gebracht. Bisher ging es nur darum, Ihre Familie zu zersetzen.

Berndt Seite:
Makaber, aber wahr. Seit 1990, also nach den ersten Landtagswahlen, mussten vier Mitglieder aus der CDU-, eins aus der SPD- und zwei aus der PDS-Fraktion wegen Tätigkeit für das MfS aus dem Landtag ausscheiden. Da sehen Sie, mit welcher Chuzpe sich diese Leute wählen ließen. Den Fraktionsmitgliedern der CDU wurde jetzt eine Akte vorgestellt, vermutlich das erste Mal überhaupt in so einer Öffentlichkeit, die sich grundsätzlich von den Akten der Ausgeschlossenen unterschied.

Klaus Feld:
Da waren Sie mit den Akten des MfS politisch erfolgreich? Was für eine Situation!

Berndt Seite:
In der Sache schon, aber innerlich war ich getroffen, weil die Spiele um die Macht genauso wichtig erschienen wie die schwierige Situation von Mecklenburg-Vorpommern – oder wichtiger.

Klaus Feld:
Sie haben sich in der Folgezeit neu ausgerichtet?

Berndt Seite:
Ich musste, leider, und mein Misstrauen wuchs. Ich war nicht mehr der »Unbescholtene«, sondern ich achtete jetzt genau darauf, was um mich herum im politischen Spiel vor sich ging.

Klaus Feld:
Sie befanden sich jetzt in einer neuen Situation, es erfolgte also der Umschlag »in eine neue Qualität«, wie die Marxisten in der Staatsbürgerkunde der DDR lehrten.

Berndt Seite:
Ich merkte jetzt, und da werden Instinkte geweckt, dass man als Politiker, je nach Erfolg, mit Größe oder Gemeinheiten nach oben steigen kann. In unserer Demokratie geschieht das oft mit zur Seite geschobenen Menschen. In Diktaturen erleben sie, dass man dann wahrlich »über Leichen geht«. Besonders für uns, die wir neu in der Politik waren, erschienen diese Vorgänge wie aus der Zeit gefallen. Heute gehört in der politisch-parlamentarischen Auseinandersetzung das Gerangel um die Macht dazu. Aber, wer falschspielt, wird früher oder später erkannt.

Klaus Feld:
Ihre erste Akteneinsicht erfolgte im Dezember 1992, also noch vor den Anschuldigungen des Abgeordneten Diederich. Hatten Sie eine Ahnung, dass Ihnen vielleicht Ungemach drohte?

Berndt Seite:
Nein, meinen Antrag hatte ich schon im Januar 1992 gestellt, als ich Generalsekretär der CDU im Mecklenburg-Vorpommern war. Ich wollte wissen, was das MfS über mich berichtet hatte, nachdem im Land die »Enttarnungswelle« lief.

Klaus Feld:
Als Sie dann die Akten gesehen hatten, wurde da so manches anders in Ihrem Leben?

Berndt Seite:
Ich habe schon davon erzählt. In meinem Beruf musste ich mit den Gefahren anders umgehen, sie waren direkter, betrafen unmittelbar Dinge, mit denen ich zu tun hatte. Der Schwerpunkt lag nicht beim Menschen, sondern in den Sachzusammenhängen.

Annemarie Seite:
Zuerst habe ich geschrien, dann nur noch lautlos geweint, von soviel Niedertracht umstellt gewesen zu sein. Das war mir bisher so nicht begegnet. Als ich dann etwas Abstand bekam zu den Ereignissen insgesamt in den neuen Bundesländern, auch wegen meiner neuen Ämter im Landtag und als Bürgermeisterin, habe ich mich den politischen Zwängen gebeugt und zur Kenntnis genommen, dass die meisten Täter der Diktatur straflos ausgingen. Mein Mann spricht oft von dem »Landfrieden«, den es zu wahren galt. Ich kann und will mich damit nicht abfinden. Heute ohne politische Verantwortung schon gar nicht. Nach 25 Jahren erleben es viele Menschen so, als hätte es die DDR als Unterdrücker-Staat nie gegeben. Als Erwachsener war man in der DDR sowieso in der SED, warum darüber reden? Entschuldigen muss man sich auch nicht, denn jeder wollte nur das Beste für das Land, so lautet der allgemeine Tenor der Leute von gestern. Den neuen Generationen wird das schon allein durch das Schweigen der Altvorderen so suggeriert.

 **CDU**-Fraktion
Landtag
Mecklenburg/Vorpommern

08.06.1993

CDU-Fraktion spricht Ministerpräsident Berndt Seite das volle Vertrauen aus

In der heutigen Fraktionssitzung hat die Landtagsfraktion der CDU dem Ministerpräsidenten Dr. Berndt Seite in einer sachlichen und konstruktiven Atmosphäre geführten Diskussion das Vertrauen ausgesprochen.

Der Ministerpräsident hat in einer ausführlichen Erklärung zu den gegen ihn erhobenen Vorwürfen Stellung genommen und diese eindeutig widerlegt. Dies aufgrund der schon in der Öffentlichkeit bekanntgewordenen Tatsachen, daß

1. der Ministerpräsident Dr. Seite Beobachtungsobjekt der Staatssicherheit und somit Opfer war,
2. keine weiteren Erkenntnisse beim Bundesamt für Verfassungsschutz bzw. bei der Verfassungsschutzabteilung des Innenministeriums in Schwerin vorliegen,
3. Herr Dr. Seite zu keiner Zeit vom Bundesamt für Verfassungsschutz beobachtet wurde.

Somit sind die von Dr. Diederich vorgebrachten Unterstellungen und Vorwürfe ad absurdum geführt worden. Dies wurde von allen Mitgliedern der Landtagsfraktion so gesehen. Lediglich der Abgeordnete Dr. Georg Diederich blieb weiter bei seinen Darstellungen.

Aufgrund der o. g. Tatsachen und der geführten Diskussion hat die CDU-Landtagsfraktion dem Ministerpräsidenten einmütig - bis auf den Kollegen Dr. Diederich - das Vertrauen ausgesprochen.

Die Fraktion brachte deutlich zum Ausdruck, daß sie weitere Querelen und Störungen der politischen Arbeit der Landesregierung und der Fraktion nicht weiter hinnehmen wird. Es wurde deutlich angemahnt, daß alle Miglieder der Landtagsfraktion zu einer sachorientierten Arbeit zurückfinden.

Verantwortlich: Lorenz Caffier, Parlamentarischer Geschäftsführer
Pressestelle der CDU-Fraktion

25 Jahre nach dem Fall der Mauer: Gibt es einen Stimmungsumschwung?

Klaus Feld:
Es fällt mir auf, dass Sie beide mit der Verfolgung und dem »Zur-Rechenschaft-Ziehen« der Verantwortlichen der DDR-Diktatur hadern, um es vorsichtig auszudrücken. Man merkt Ihnen an, dass Sie mit bestimmten Vorgehensweisen der politisch Verantwortlichen in der neuen Bundesrepublik Deutschland, zu denen Sie, Herr Dr. Seite, auch gehörten, nicht einverstanden sind. Sie mögen die Täter nicht.

Berndt Seite:
Nach 1989 wurden von ca. 100.000 Beschuldigten des DDR Unrechts 750 verurteilt, davon 40 mit Gefängnis ohne Bewährung. Bei einer Diskussion im Dezember 2014 fand der Bundespräsident die juristische Aufarbeitung gelungen, ganz im Gegensatz zu der nach dem 2. Weltkrieg. Da habe ich meine Zweifel.
  Nein, meine Sympathie gehört den Opfern. In der Demokratie, zu der ich mich bekenne, bekommt auch der Täter das Recht, sich zu verteidigen und nach einer eventuellen Bestrafung in die Gesellschaft zurückzukehren. Das muss verkraftet werden, aber es fällt mir schwer.

Klaus Feld:
Nun haben Sie mehrfach im Gespräch erklärt, dass Sie eine pauschale Verurteilung aller systemtreuen »Mitläufer« ablehnen. Sie stehen zur Einzeltäter-Beurteilung, wenn ich recht gehe?

Berndt Seite:
Ja, doch schiebe ich sofort ein »Aber« hinterher. Die Diktatur verleitet viele Menschen dazu, sie ermuntert sie sogar noch, selbst die eigenen erlassenen Gesetze zu missachten und sich damit an den vielfältigen Formen des Terrors zu beteiligen. Die Einzeltat erwächst also aus einem vorgeschaffenen Umfeld. Um es mit einer Metapher zu konkretisieren: In einem Rudel Wölfe beißt nicht nur der Anführer, sondern alle anderen auch, nur merkt man es nicht so sehr.

Klaus Feld:
25 Jahre nach dem Mauerfall hat sich »die Stimmung« bei der Beurteilung der DDR-Diktatur etwas gedreht. Alles nicht so schlimm gewesen. »*Da wurde zu viel Schlechtes ins Gute gemengt*« (Musil) heißt es, aber prinzipiell war der Sozialismus in Ordnung?

Berndt Seite:
Das ist ein bekanntes Phänomen nach dem Ende von Diktaturen. Die Stichwortgeber, Täter und Mitläufer entfachen ein Rechtfertigungsfeuer, um von den eigenen Taten abzulenken. Sankt-Florian-Prinzip! Bei den Intellektuellen fällt mir auf, dass sie von der vergangenen DDR-Diktatur reden, als seien sie nur Zuschauer gewesen und nicht Mitglied der SED, Kampfgruppenkommandeur, Professor, Mitglied der SED-Bezirksleitung etc. Sie schauen wie selbst ernannte Historiker auf das vergangene Geschehen und reflektieren es in ihrem Sinn.

Klaus Feld:
Werden diese Personen nach den Rechtsprechungen der Gerichte nach 1989 nicht noch ermutigt, so ein Verhalten an den Tag zu legen?

Berndt Seite:
Nach dem Stasiunterlagengesetz können Daten über Personen, die dem MfS zugearbeitet haben, für die historische Aufarbeitung genannt werden. Man kann ihre Klarnamen nennen. In einem Urteil des Landgerichtes München vom 15.4.2009 wird das bestätigt. Schon im Februar 2000 entschied auch das Bundesverfassungsgericht, 1 BvR 1582/94, so. »*Allein der Umstand, dass eine Person als IM bezeichnet werde, führe nicht ohne Weiteres zu sozialer Ausgrenzung und Stigmatisierung*«, so das Urteil. Aber, so schreibt Konstantin Margis, »*immer wieder haben deutsche Gerichte Menschen Recht gegeben, die eine Berichterstattung über ihre Stasi-Tätigkeit unterbinden*

wollten. Die Opfer, denen sie damals einen Maulkorb anlegten, werden nun zum zweiten Mal zum Schweigen gebracht.«

Klaus Feld:
Die Persönlichkeitsrechte der IM stehen also zum größten Teil über den Rechten der Opfer, damit der »Landfrieden« gewahrt bleibt?

Berndt Seite:
Nicht generell, aber die Opfer sind verunsichert. Es gab bereits Urteile, wo entschieden wurde, dass der Bericht eines IM vor 25 Jahren kein erhebliches gesellschaftliches Interesse hat und die Persönlichkeitsrechte des IM dementsprechend höher zu bewerten sind als die Nennung des Klarnamens. Es spricht sich herum in den Opferverbänden, wenn solche Urteile gefällt werden.

Klaus Feld:
Besteht hier eine Lücke im Gesetz, dass manchmal so entschieden wird?

Berndt Seite:
Vielleicht. Die Richter sind unabhängig. Ihre Auslegung der Gesetze ist unterschiedlich, vermute ich. Der Staat ist gefordert. Er muss klare, unmissverständliche Regeln erlassen, die es bestimmten Gruppen in der Gesellschaft nicht erlaubten, Rechte für sich in Anspruch zu nehmen, die andere unerträglich finden.

Klaus Feld:
Die Opfer empfinden es also so, obwohl inzwischen doch eine Reihe von Gesetzen erlassen wurde, um einen Ausgleich zu schaffen? Ich denke da an Rehabilitation, Opferrente und Entschädigungen. Und das reicht alles nicht aus? Es bleiben Defizite?

Berndt Seite:
So empfinden es viele Opfer, das ist menschlich, und man will mehr beachtet werden für das erlittene Leid. Für mich ist die Täter-Opfer-Problematik ein permanenter Punkt der Aufmerksamkeit. Täter besitzen oft in den Gesellschaften eine höhere Beachtung als die Opfer. Die zur Tat schreiten, aus welchen Gründen auch immer, sind der aktivere Teil. Opfer sind Dulder, ja, fordern Täter sozusagen heraus. Bei der Täter-Opfer-Beziehung liegt die Schmach immer bei den Opfern. So sehe ich die Grundstimmung in der Gesellschaft. Denken Sie nur an den oft vergeblichen Aufwand, der betrieben wird, um bestimmte Tätergruppen bald wieder zu resozialisieren.

Klaus Feld:
Ist das nicht eine zu einfache Sicht der Dinge?

Berndt Seite:
Mag sein, aber es ist eine klare Meinung, nicht verklausuliert wie viele Stellungnahmen, die mehr Nebel erzeugen, statt den Horizont zu lichten.

Klaus Feld:
Die DDR doch ein Staat von Spitzeln, wie es ihn noch nie gab?

Berndt Seite:
Nein, wenn man nach der Zahl der Menschen geht, die vom System zur Nachrichtenbeschaffung eingespannt wurden, könnte man davon ausgehen. Aber bedenken Sie, das sind nur Zahlen. Ob die Menschen immer in erheblichem Umfang tätig geworden sind, ist sehr zu bezweifeln. Zuletzt hätten sie sich selber überwachen müssen.

Klaus Feld:
Als Sie später in einer neuen Funktion an Ihre alte Arbeitsstätte zurückkamen, sahen Sie doch, was da an Informationen durch Spitzel aufgetürmt wurde.

Berndt Seite:
Ich sah nicht mehr viel, als ich im Sommer 1990 ins Landratsamt zurückkam. Vor der ehemaligen Abteilung Inneres des vergangenen Rates des Kreises stand noch der neue, aus dem Westen gekaufte Aktenvernichter. Im Archiv waren von der »Informationsbeschaffung« keine Spuren mehr vorhanden. Als ich die IM »Elke« fragte, wo meine vermutlich umfangreichen Akten geblieben wären, begann sie zu weinen.

Klaus Feld:
Sind das mehr als Vermutungen von Ihnen?

Berndt Seite:
Wenn die Stasi-Akten aussagen, dass das MfS Berichte von der IM »Elke« entgegengenommen hat, dann hätten entsprechenden Vermerke zu mir und meinen kirchlichen Aktivitäten auch in der Abteilung Inneres vorliegen müssen, denn IM »Elke« war schließlich stellvertretende Leiterin der Abteilung.

Klaus Feld:
Sie und Ihre Mitstreiter in den revolutionären Tagen haben sich von der Alleinschuld der Stasi täuschen lassen?

Berndt Seite:
Ja, leider. Wir hatten uns nur auf das MfS konzentriert, und das war zu wenig. Vielleicht reichte damals auch unsere Kraft nicht aus, überall zu sein. Nach dem 9. November begann die Zeit der zerrissenen Akten. Sehr wichtiges Material ist in allen Institutionen in großem Maßstab entsorgt worden. Ich glaube, gerade die Denunziationen von Personen, die Gesprächsnotizen über solche Informationen, die Tonbänder, die Lageberichte, die mündlichen geäußerten Vermutungen über Personen, oder nur die Anspielung »man hätte gehört«, all das hätte das Bild der Diktatur noch schärfer gezeichnet.

Klaus Feld:
Haben Sie einmal später einen Mitarbeiter solch einer Institution darüber befragt?

Berndt Seite:
Da herrscht nur Schweigen bzw. die Aussage, mit solchen Dingen sei man nicht befasst gewesen. Mit nach wie vor »linientreuen« Menschen muss man darüber überhaupt nicht reden. Für sie war alles rechtens. Bestärkt werden sie durch die Urteile der gesamtdeutschen Prozesse, die immer auf das theoretisch ja vorhandene »DDR-Recht« abheben, das aber nicht immer angewandt wurde.

Resümee und Ausblick

Klaus Feld:
Und wie ist nun Ihr Ausblick, nachdem wir so lange über Ihre Akten gesprochen haben? Wie darf ich das beurteilen?

Berndt Seite:
Beurteilen müssen Sie nichts. Meine Absicht war es, mit unserem Gespräch einen kleinen Beitrag zur Aufarbeitung der vergangenen DDR-Diktatur zu leisten. Dieses Buch kommt zu den anderen Büchern, die schon geschrieben wurden, und zu denen, die noch geschrieben werden, oder den ungeschriebenen, die geschrieben werden sollten. Sollte es später einer einmal lesen, hoffe ich, dass er Schlüsse für sich daraus zieht. Er wird es tun, da bin ich optimistisch.

Klaus Feld:
Wir schreiben jetzt das Jahr 2014, und über zwanzig Jahre ist es her, dass Sie das erste Mal Einsicht in Ihre Akten nehmen durften. Was ist Ihr Resümee?

Berndt Seite:
Das zwanzigste Jahrhundert war fürchterlich. Es war geprägt von zwei Kriegen, wie sie die Welt bis dahin noch nie erlebt hat. Der Erste Weltkrieg war der Beginn der Materialschlachten und der Zweite Weltkrieg endete in einem atomaren Inferno. Flankiert wurden die Kriege von unmenschlichen Diktaturen. Aber solche gibt es auch heute noch. Schon 1974 erklärte der Philosoph Leszek Kolakowski über die Aussichten des Kommunismus: »*Dieser Totenkopf wird nie wieder lächeln.*« Ob das in einigen Jahrzehnten noch so sein wird, ist zu bezweifeln, denn viele »Reaktionäre« (Biermann) sind unterwegs, um das »System«, die Demokratie, zu bekämpfen.

Klaus Feld:
Und wie fühlen Sie sich heute?

Berndt Seite:
Meine Generation ist glimpflich davongekommen. Glück gehört auch zum Leben. Für das demokratische System, in dem ich jetzt leben darf, bin ich dankbar. Bestehen kann die Demokratie nur, wenn sie wehrhaft bleibt, und die Fähigkeit der Landesverteidigung im Bündnis gehört mehr denn je dazu. Was ich erlebt habe, kann wieder geschehen. Die »Verderber« und Feinde der Demokratie sammeln sich immer an den Rändern. Aber auch in der Mitte der Gesellschaft, wo der Wohlstand zu einem weiteren Feind heranwächst. Nach all den Geschehnissen hoffe ich: Nicht nur die Erinnerung an die Verbrechen der Nationalsozialisten an den Juden, sondern auch die Erinnerung an die 44-jährige Herrschaft der Kommunisten in der Sowjetischen Besatzungszone und dann in der DDR, all das gehört zur Erinnerungskultur unseres Volkes. Es darf nicht eintreten: *»Wenn niemand mehr etwas weiß, kann jeder alles behaupten«* (Egon Flaig).

Klaus Feld:
Sie haben es noch nicht gesagt, aber schon in unseren Vorgesprächen angedeutet, dass die Angst bei Ihnen wiedergekommen ist. Was muss ich darunter verstehen?

Berndt Seite:
Die Angst hat etwas mit der Seele zu tun, denn sie ist zart und empfindlich und wehrt sich nur schwer gegen die Stürme des Lebens. Angst ist ihr Versuch, sich dagegen aufzulehnen. Trotzdem legte sich die Angst wie ein kaltes Eisen um meinen Hals. Jahrzehnte habe ich es verdrängt, mich auch lustig darüber gemacht, dass mir das nicht passieren könne: das traumatisierte Kinderleben im Krieg. Obwohl ich erst 5 Jahre alt war, muss sich das Grauen des Erlebten tief in meine Seele eingebrannt haben, sodass ich jetzt im Alter damit konfrontiert werde. Die Ereignisse um die Krim und die Ukraine haben mich vom ersten Tag an verstört, als stände ich in den Auseinandersetzungen. Die Angst ist wiedergekommen, noch einmal in einen Krieg hineingezogen zu werden.

Klaus Feld:
Bei den nachfolgenden Generationen ist mir das noch nicht aufgefallen.

Berndt Seite:
Nein, denn diese Generationen sind mit solchen Gefahren bisher nicht konfrontiert worden, bis auf die Soldaten der Bundeswehr in den Auslandseinsätzen. Ähnliche Reaktionen sehen Sie auch im täglichen Leben: Setzt Starkregen auf der Autobahn ein, dann wird das Tempo mit dem PKW nicht gedrosselt. Aquaplaning dringt erst ins Bewusstsein, wenn es zum Unfall kommt.

Klaus Feld:
Sie haben mit anderen Ihrer Generation eine aufregende Zeit durchlebt. Hätten Sie es leichter haben wollen?

Berndt Seite:
Nein. Jeder Mensch hat in dieser Welt seine Stunde, seine Aufgabe in der Geschichte, die das Leben schreibt. Ob Sie das theologisch interpretieren oder als Schicksal bezeichnen. Vermutlich habe ich den schwersten Teil meines Lebens in der »Stasi-Zeit« durchquert.

Klaus Feld:
War die Zeit als Ministerpräsident in Mecklenburg-Vorpommern nicht noch wagemutiger?

Berndt Seite:
Nein, denn da hatte ich es in der Hand, nicht ausgeliefert zu sein, obwohl man in der Demokratie, einem System der strikten Gewaltenteilung, nur teilweise Herr des Geschehens ist.

Klaus Feld:
Das klingt irgendwie nach Abschied.

Berndt Seite:
Ist es nicht. Die Tage kommen und gehen, und kurz bevor sie damit aufhören, bemerken wir, dass das Leben selber unterwegs gewesen ist. So ähnlich hat es ein Dichter einmal gesagt.

Klaus Feld:
Klingt das nicht zu poetisch?

Berndt Seite:
Die Poesie ist unterwegs wie der Wind, immer, wann und wo sie will. Man muss sich davon tragen lassen.

Klaus Feld:
Etwas Pessimismus schwingt aber bei Ihnen mit, Herr Seite!

Berndt Seite:
Das ist immer so, wenn man am Ende steht. Aber eines bleibt: »*Man kann seiner eigenen Zeit nicht böse sein, ohne selbst Schaden zu nehmen*« (Musil). Die Hoffnung bleibt, dass die nächste Generation wieder hoffnungsvoll startet.

Klaus Feld:
Bei dem bisher Besprochenen kann man den Eindruck haben, dass über der DDR nie die Sonne aufging, obwohl es dort hieß: Ex oriente lux!

Berndt Seite:
»*Doch, die Sonne schien auch in der Diktatur, aber nicht für jeden*« (Roland Jahn). Natürlich gab es nicht nur Täter, Opfer, die Diktatur mit all ihren Schattierungen, Indoktrination, Gefängnis, den gewollten Verlust der Persönlichkeit. Nein, meine Mutter sagte immer, wenn mein Vater wieder einmal verbale Attacken gegen »Pieke-Witz« (Wilhelm Pieck, Präsident der DDR) und den »Spitzbart« (Walter Ulbricht, Vorsitzender des Staatsrats) ritt: Auch bei den Kommunisten muss Getreide wachsen, damit wir Brot haben.

Klaus Feld:
Also doch ein normales, angepasstes Leben?

Berndt Seite:
Die meisten Menschen wollen friedlich leben und über die Runden kommen, wie es landläufig heißt. Die Familie ist der Kern der Gesellschaft, wird der zerstört, bricht das Chaos aus. Die Menschen in der DDR trifft keine Schuld, so angepasst gelebt zu haben. Ihnen wurde ein Bekenntnis abgerungen, an das die wenigsten glaubten. Diktaturen gleichen Dämonien, die Menschen verführen, missbrauchen und sie am Ende zerstören. Die Ideologen von gestern schieben das normale Leben in der DDR jetzt in den Vordergrund, um sich zu rechtfertigen, von ihren Schandtaten abzulenken.

Klaus Feld:
Erlaubt die Diktatur ein ganz normales Leben?

Berndt Seite:
Man setzt sich nicht ständig mit der Diktatur auseinander, denn das würde man nicht überleben. Das »normale Leben« war nicht das Verdienst der Machthaber, sondern das haben die Menschen versucht selbst zu gestalten. Meine Mutter war in der DDR Buchhalterin in einer LPG. Und wenn sie den Jahresabschluss machte, konnte sie nächtelang nicht schlafen, wenn die Bilanz nicht aufging, z. B. 4 kg Stroh fehlten, obwohl zur gleichen Zeit vor dem Dorf eine Strohmiete verfaulte. Das nennt man Arbeitsethos, das muss stimmen. Nassim Nicholas Taleb sagt dazu: »*Ein ethisch denkender Mensch stimmt seinen Beruf mit seinen Überzeugungen ab und nicht umgekehrt.*«

Klaus Feld:
Frau Dr. Seite, wie sieht Ihr Resümee nach diesem Gespräch aus?

Annemarie Seite:
Ich bin froh, dass wir es geführt haben. Danach ist es leichter. Obwohl ich immer noch mit dem Rechtsstaat hadere, ist die Form der Demokratie, wie wir sie heute haben, ein großes Geschenk. Die Demokratie ist uns nicht verordnet worden, sondern wir haben sie in freien und geheimen Wahlen mehrheitlich gewählt. Das gibt es nicht allzu oft in dieser Welt. Meine Fürsorge gilt jetzt meiner Familie und meinen Enkeln, damit die eine gute Ausbildung erhalten und für die Zukunft gewappnet sind.

Sibylle Seite:
Als die Mauer fiel, war ich 23 Jahre alt und jung genug, um meinen Weg zu gehen. Ich spürte keinen anhaltenden Groll gegen das System oder einzelne Menschen, die Gegenwart beschäftigte mich mehr als die Vergangenheit. Ich hatte Glück gehabt und war unbeschadet

davongekommen. Für meine Kinder und Schüler sind die DDR und die Staatssicherheit heute so weit entfernt wie der Zweite Weltkrieg in meinen Kindertagen. Ich kenne ihn nur aus Erzählungen, er ist für mich immer Geschichte gewesen, obwohl ich Zeitzeugen stundenlang zugehört habe. Inzwischen bin ich selbst Zeitzeugin und werde immer wieder daran erinnert, dass meine Geschichte für andere Geschichte ist. Aber das macht das Erzählen nicht überflüssig.

Berndt Seite:
Zur Betrachtung von Ereignissen gehört Abstand, denn dann wird das Geschehen plastischer, auch klarer, und die Nebel verziehen sich. Nach unserem Leben in der DDR sind wir dankbar, dass wir in der Einheit Deutschlands leben dürfen. Für meine Familie ein Gewinn, ein großer Gewinn, denn wer weiß, was mit uns in der DDR noch geschehen wäre. Das Böse in der Welt ist auch nach der Einheit Deutschlands nicht verschwunden. Jedes politische System lebt nur durch die Partizipation seiner Bürger, auch wenn sie Jahrzehnte unter einer diktatorischen Knute leben mussten. Die Bürger in der DDR haben das 1989 gezeigt. Das Leben auf der Welt ist in den letzten 100 Jahren materiell besser geworden. Aber mental, in ihrer Geisteshaltung ist sie archaisch, dumpf und aggressiv geblieben. Denken wir immer daran, dass der Mensch ein ambivalentes Wesen ist. Er ist zu den größten Verbrechen fähig wie zur »Kritik der reinen Vernunft« (Immanuel Kant). Wenn die Rahmenbedingungen es gestatten, kann er mit den gleichen Überlegungen beides schaffen. Als Regulativ und als Beruhigungsmittel hat der Mensch sich Bildung verordnet, aber ob die hilft, ist mehr als fraglich. Hier stagniert die Welt, aber immer wird die nächste Generation von der Hoffnung beseelt, dass es doch erträglicher in der Welt zugehen könnte. Das ist der Motor für die Evolution. Ich weiß, mit Überzeugung und Haltung geht der Mensch, wie mit einem Licht in der Hand, viel sicherer durch die Dunkelheit der Welt. Mein Ausblick ist vorsichtig positiv. Wir dürfen uns aber auch nicht von dem Bösen in allen Schattierungen auf die Schlachtbank legen lassen.

Klaus Feld:
Wie wird es nach dem Erscheinen des Buches weitergehen?

Berndt Seite:
Es wird wie immer sein: In der Literatur wird der Bote mit der schlechten Nachricht geköpft oder – wie im Alten Testament – als ausgemachter Sündenbock in die Wüste gejagt. Da so viele Menschen in die Machenschaften involviert waren, gibt es eine gewisse Solidarität der Betroffenen. Ich vertraue der Demokratie.

Anhang

Die IM

IMS »Dietrich«: Dietrich A.
IM »Günther«: Siegfried A., Eva-Maria A.
GMS »Joseph Adler«: Ernst B.
IM »Ohne«: Dr. Otto Peter B.
IM »Köhn«: Günther C.
IM »Christian«: Christoph G.
IM »Alfred Specht«: Volker J.
IMS »Elke«: Elke K.
IM »Blitz«: Peter K.
IM »Biene«: Walter K.
IMB »Hans Habicht«: Dr. Peter K.
GMS »Frank«: Frank L.
IM »Etzdorf«: Prof. Dr. Paul M.
IMS »Dathe«: Dr. Herbert N.
IM »Heinz Krüger«: Manfred P.
MS »Bruder«: Harry S.
IMS »Enke«: Günter S.
IMS »Werner Hein«: Günter Sch.
IMS »Wilhelm«: Hans-Joachim S.
IM »Hans Wickord«: Herbert S.
IM »Andre«: Ernst T.
IMS »Meyer«: Dr. Klaus-Dietrich U.
IM »Mathias«: Dr. Alexander V.
IM »Otto«: Wolfgang W.
IMS »Blumenthal«: Johannes W.
IMS »Schlossgarten«: Franz W.
IM »Max«: Dr. Jürgen W.
IM »Zwinsel«: Dr. Wolfgang Z.
IMS »Meier«
GMS »Erich«
IM »Ingeborg«
IM »Heike Stern«
IM »Inge Bauer«
IM »Jörn Bartels«
IM »Ralf Kort«
IM »Klaus Kruse«
IM »Manfred«
IM »Klaus Neiß«
IM »Kaltenhofer«
IM »Markus«
IM »Siegmund«
IM »Schulz«
IM »Planitz«
IM »Heinz Müller«

IM, die auf Sibylle Seite angesetzt wurden oder angesetzt werden sollten

IM »Frank«
IM »Ivon«
IM »Andreas Harms«
IM-VL »Jeremia«
IM-VL »Uwe«

Auskunftspersonen

Wolfgang F.
Anneliese R.
Horst H.
Dr. N.
Dr. M.

Hauptamtliche Mitarbeiter des MfS

Roß, Scheel, Fencik, Fischhaber, Roahl, Bartz, Dallmann, Hagel, Rüh, Schulz

Verzeichnis von Begriffen und Abkürzungen

- Abt. 26: MfS, Telefonabhörung
- Abt. M: MfS, Postkontrolle
- ADN: Allgemeiner Nachrichtendienst in der DDR
- Agit. Prop: Agitation und Propaganda

- BStU: Bundesbeauftragter für die Akten des MfS der ehemaligen DDR
- BGL: Betriebsgewerkschaftsgruppe
- Brüsewitz: evangelischer Pastor, der sich 1976 aus Protest gegen die Unterdrückung von Kindern und Jugendlichen in den Schulen der DDR verbrannte

- Club of Rome: internationale Vereinigung zur Reflexion globaler Menschheitsprobleme

- DE: Diensteinheit
- Dekonspiration: Aufhebung der Geheimhaltung
- Demokratischer Aufbruch: Partei in der DDR nach dem Fall der Mauer

- FDJ: Freie Deutsche Jugend
- FDGB: Freier Deutscher Gewerkschaftsbund
- FBI: USA, Bundesamt für Ermittlungen
- Führungsoffizier: leitete die IM an

- GPU: früherer Geheimdienst der Sowjetunion
- GMS: Gesellschaftlicher Mitarbeiter

- HA20: Hauptabteilung XX des MfS
- HUB: Humboldt-Universität Berlin

- IM: Informeller Mitarbeiter des MfS
- IMS: Informeller Mitarbeiter Sicherheit
- IMB: Informeller Mitarbeiter mit Feindberührung
- IM-VL: Informeller Mitarbeiter (Vorlauf), der geworben werden sollte
- ITER: International Thermonuvlear Experimental Reactor

- JP: Junger Pionier

- KAP: Kooperative Abteilung Pflanzenproduktion
- KD: Kreisdienststelle
- KGB: Komitee für Staatssicherheit in der Sowjetunion
- KP: Kommunistische Partei
- KZ: Konzentrationslager
- K/S Fonds: Kultur und Sozialfonds in staatlichen Einrichtungen der DDR
- KSZE: Konferenz für Sicherheit und Zusammenarbeit in Europa

- LPG: Landwirtschaftliche Produktionsgenossenschaft
- Lagefilm: Ablauf einer Beobachtung durch das MfS
- LDPD: Liberal Demokratische Partei Deutschlands in der DDR
- LINKE: Partei, Zusammenschluss von PDS und WASG in der Bundesrepublik

- MfS: Ministerium für Staatssicherheit der DDR
- Malteser: Hilfsorganisation
- ML: Marxismus-Leninismus

- NKWD: ehemaliger Staatssicherheitsdienst der Sowjetunion
- NVA: Nationale Volksarmee
- NSW: Nichtsozialistisches Wirtschaftssystem
- NSDAP: Nationalsozialistische Arbeiterpartei
- NSA: Nachrichtendienst der USA
- NF: Neues Forum
- OPK: Operative Personenkontrolle des MfS
- OV: Operativer Vorgang des Mfs
- »Ochsenauge«: Bezeichnung des SED Abzeichens im Volksmund
- Objekt 499 (MfS-Bezeichnung): Sitz der Ständigen Vertretung der Bundesrepublik in der DDR

- PDS: Partei des Sozialismus

- Rat des Kreises: Leitungsgremium eines Landkreises in der DDR

- StäV: Ständige Vertretung der BRD in der DDR
- Sozialistischer Wettbewerb: Wettbewerb, um höhere Leistungen in der DDR zu erbringen
- StGB: Strafgesetzbuch
- StUG: Stasiunterlagengesetz
- SBZ: Sowjetische Besatzungszone
- Staatsrat: Gremium in der DDR im Range eines Staatspräsidenten
- Subbotnik: freiwilliger Arbeitseinsatz auch in der DDR, von russisch »kleiner Sonnabend«.
- Synode: Kirchenparlament

- Talleyrand: französischer Politiker, der mehre Male politisch die Seiten gewechselt hat

- VdT: Verband der Tierärzte in der DDR nach dem Mauerfall
- VPKA: Volkspolizeikreisamt
- VP: Volkspolizei
- VEG: Volkseigenes Gut

- Warschauer Pakt: militärisches Bündnis des Ostblocks im Kommunismus
- Werwolf: jugendliche Widerstandgruppe gegen den Einmarsch der Alliierten am Ende des Krieges 1945

- ZV: Zivilverteidigung

Für die Unterstützung und Beratung
bedanken wir uns herzlich bei

Dr. Monika Broschart-Raabe,
Dr. Horst Denzer,
Thomas Lenz,
Andreas Niemann,
Marita Pagels-Heineking,
Peter Sense,
Falk Stirner und
Thomas Walther.

Bisher erschienene Publikationen von Berndt Seite

Weißer Rauch
(Erzählung)
Konrad-Adenauer-Stiftung
2004

Nimmt die Windbraut doch den Schleier
(Lyrik)
Selbstverlag
2005

Miszellen
(Notate)
Selbstverlag
2006

Neues vom Mond
(Lyrik)
Selbstverlag
2007

Strandgut
(Inseltagebuch)
Selbstverlag
2008

Schneeengel frieren nicht
(Biografie)
Theater der Zeit
2009

Hypomnemata, Notizen am Ende eines Tages
Books on Demand
Norderstedt
2011

Strandgut
Bertuch Verlag Weimar
2013

Die Rampe oder An der Lethe wachsen keine Bäume
(Erzählung)
Theater der Zeit
2013

N wie Ninive
Bertuch Verlag Weimar
2014

Impressum

Bertuch Verlag GmbH
Schwanseestraße 101
D-99427 Weimar
www.bertuch-verlag.com

Alle Rechte vorbehalten.
© 2015

Grafische Gestaltung: Thomas Walther, BBK
Realisierung: www.oe-grafik.de
Druck: Druckerei Thieme Meißen GmbH

ISBN 978-3-863-97-052-9